世界历史极简本

WORLD HISTORY

张顺洪　郭子林　甄小东　著

中国社会科学出版社

图书在版编目(CIP)数据

世界历史极简本／张顺洪，郭子林，甄小东著. —北京：中国社会科学出版社，2017.10（2021.6 重印）
ISBN 978-7-5203-1244-8

Ⅰ.①世… Ⅱ.①张… ②郭… ③甄… Ⅲ.①世界史—研究 Ⅳ.①K107

中国版本图书馆 CIP 数据核字（2017）第 261086 号

出 版 人	赵剑英
责任编辑	王 茵
特约编辑	范晨星
责任校对	闫 萃
责任印制	王 超

出　　版	中国社会科学出版社
社　　址	北京鼓楼西大街甲 158 号
邮　　编	100720
网　　址	http://www.csspw.cn
发 行 部	010-84083685
门 市 部	010-84029450
经　　销	新华书店及其他书店

印刷装订	北京君升印刷有限公司
版　　次	2017 年 10 月第 1 版
印　　次	2021 年 6 月第 3 次印刷

开　　本	880×1230　1/32
印　　张	12.625
字　　数	215 千字
定　　价	49.00 元

凡购买中国社会科学出版社图书，如有质量问题请与本社营销中心联系调换
电话：010-84083683
版权所有　侵权必究

图 1　埃及新王国时期的女性木雕

图 2　两河流域神话生物拉玛苏

图 3 阿旃陀石窟壁画

图 4 张骞出使西域

图 5 　阿拔斯王朝哈里发哈伦拉希德接见查理大帝使团

图 6 　卡诺莎之辱　中世纪教权王权斗争的标志性事件

图 7　圣维塔教堂内部的拜占庭艺术装饰

图 8　北宋王希孟名作　千里江山图（局部）

图 9 地理大发现时期欧洲地图师绘制的已知世界地图

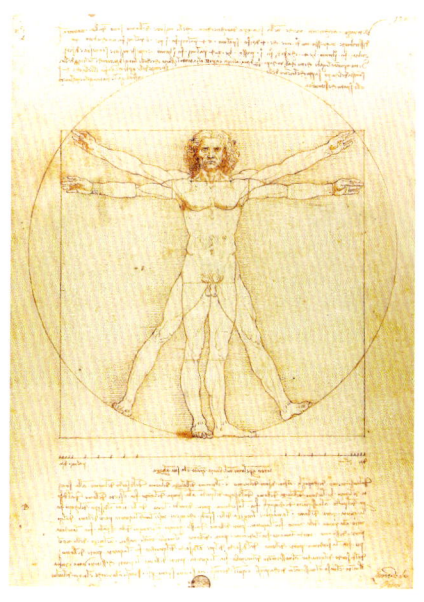

图 10 达芬奇画作《维特鲁威人》

图 11　欧洲列强签署《威斯特伐利亚和约》

图 12　带有西方元素的中国产瓷器　马尼拉大帆船运载的重要商品

图 13 英国资产阶级革命领袖"护国公"克伦威尔

图 14 富兰克林、亚当斯、杰斐逊起草独立宣言

图15　1792年8月巴黎人民起义

图16　反映康乾盛世的姑苏繁华图（局部）清代徐扬名作

图17　19世纪英国物理学家法拉第

图18　德国统一

图 19　第一次世界大战　堑壕中的士兵

图 20　第一次国际联盟大会

图 21　修建中的柏林墙

图 22　搜索越南村庄的美军

图 23　世界上第一台通用计算机 ENIAC

图 24　"东方一号"返回舱　该航天器将苏联飞行员加加林送入太空

前　言

我们怀着忐忑不安的心情把这部世界简史献给读者。人类社会文明已有几千年的历史，在这部约二十万字的书中，要把世界几千年来的发展历程大致讲个明白，对我们来说是极大的挑战。我们担心本书不能满足读者了解世界历史的渴望。在这本薄书中，我们努力尝试用简朴无华的文字，清晰地展现人类社会几千年来从低级阶段向高级阶段、从相对孤立到紧密联系的发展演变历程，力图揭示人类社会发展的基本线索和规律。在撰写过程中，我们在借鉴学界同仁已有研究成果的同时，也力图向读者汇报多年来我们作为专业历史工作者学习和研究世界史的心得体会。

我们非常希望这本书具备一些新特点。第一，我们坚持以唯物史观为指导，坚持论从史出，客观实际地考察和阐述人类社会不同社会形态的演进历程。第二，我们力图将中国史写进世界史，并作为世界史中的一条主线。这一点既符合世界史学科的含义，也符合中国历史在人类社会发展进程中的实际地位。中国是世界上唯一一个文明发展进程没有中断的伟大国度，我们今天使用的文字就是在几千年前祖先们发明创造的元初文字基础上不断进化形成的。第三，我们力图推出一部比较平衡的世界史。而要做到这一点，就特别要注意排除中外学术界世界史撰写中的积弊——以西方史为中心或深受"西方中心论"影响。第四，我们注意揭示人类社会发展进程中重大时期世界历史的"横断面"，以便读者了解同一时代世界不同地区的发展状态。同时，在叙述当中，我们也重视阐明不同地区和国度历史事件的相互联系，同一地区或国度历史发展的前后脉络。人类社会几千年文明发展史，事件、人物浩如烟海，在撰写世界史时不可避免地要做出选择。我们力图用更多篇幅考察和阐述最赋有时代特征、最能代表世界历史发展趋势的重大历史事件和人物。本书用心避免"抽象"议论，努力撷取活生生的史实，以展现历史的真实场景。

  我们坚信世界历史不是杂乱无章的，而是有规律的。现实是历史的延续，今天的世界是由过去的世界发展演变而来的。真诚地希望此书能够有助于读者了解当今世界的由来及其发展趋势。

目　　录

一　早期文明 …………………………………… 1
   1　人的由来 ………………………………… 3
   2　原始社会 ………………………………… 4
   3　耀目的尼罗河文明 ……………………… 7
   4　从苏美尔到巴比伦 ……………………… 17
   5　中国早期文明 …………………………… 22
   6　印度早期文明 …………………………… 24
   7　克里特—迈锡尼文明 …………………… 25
   8　美洲早期文明 …………………………… 27

二　古代奴隶制国家的嬗变 …………………… 29
   1　亚述帝国 ………………………………… 30
   2　新巴比伦王国 …………………………… 33
   3　波斯帝国 ………………………………… 35
   4　孔雀王朝 ………………………………… 38

5　西周至魏晋 …………………………………… 43
　　6　希腊城邦 ……………………………………… 48
　　7　亚历山大帝国 ………………………………… 54
　　8　罗马共和国 …………………………………… 57
　　9　罗马帝国 ……………………………………… 63
　　10　美洲的奥尔梅克城邦与查文王国 …………… 67

三　亚非封建国家的形成与发展 ……………………… 69
　　1　隋、唐、宋中国 ……………………………… 71
　　2　新罗与高丽 …………………………………… 76
　　3　日本大化改新 ………………………………… 78
　　4　李朝大越国 …………………………………… 82
　　5　笈多和戒日王朝 ……………………………… 82
　　6　阿拉伯帝国 …………………………………… 85
　　7　法蒂玛和阿尤布埃及 ………………………… 90

四　欧洲封建国家的形成与发展 ……………………… 97
　　1　拜占庭帝国 …………………………………… 98
　　2　保加利亚 …………………………………… 101
　　3　基辅罗斯 …………………………………… 103
　　4　法兰克王国 ………………………………… 104
　　5　9—10 世纪的西欧 ………………………… 107

  6 西欧庄园制与封君封臣关系 …………… 109

  7 皇权与教权之争 ……………………………… 111

  8 英国和法国 …………………………………… 112

  9 十字军东侵 …………………………………… 115

  10 西欧封建教会 ……………………………… 117

 五 封建国家的深入发展与变化 ………………… 122

  1 蒙古扩张 ……………………………………… 123

  2 东亚封建国家 ………………………………… 127

  3 印度德里素丹国 ……………………………… 131

  4 马木路克埃及 ………………………………… 133

  5 奥斯曼帝国的崛起 …………………………… 137

  6 莫斯科公国 …………………………………… 139

  7 波兰 …………………………………………… 142

  8 捷克 …………………………………………… 145

  9 约翰·胡司宗教改革 ………………………… 147

  10 胡司战争 …………………………………… 149

  11 西欧封建社会的变化 ……………………… 151

  12 英法等级代表会议 ………………………… 154

  13 英法百年战争 ……………………………… 156

  14 德意志神圣罗马帝国 ……………………… 160

  15 意大利 ……………………………………… 162

16 西班牙国家的形成 …………………………… 164

17 中南非洲的国家 ……………………………… 166

六 封建王朝的嬗变与资本主义的兴起……………… 170

1 15世纪的世界格局 …………………………… 172

2 亚洲的封建王朝 ……………………………… 174

3 郑和下西洋 …………………………………… 179

4 非洲的王国 …………………………………… 181

5 中南美洲的印第安社会 ……………………… 184

6 资本主义萌芽 ………………………………… 187

7 文艺复兴运动 ………………………………… 189

8 欧洲国家早期探险和殖民扩张活动 ………… 193

9 欧洲的宗教改革与资产阶级革命 …………… 199

七 欧洲列强的扩张与世界格局的变化…………… 205

1 西欧国家的海外殖民扩张 …………………… 205

2 彼得大帝改革与俄国扩张 …………………… 209

3 奴隶贸易 ……………………………………… 212

4 欧洲列强争霸战争 …………………………… 214

5 17世纪亚非拉地区的反殖斗争 ……………… 218

6 欧洲科技革命 ………………………………… 221

7 欧洲启蒙运动 ………………………………… 224

  8 英国资产阶级革命·················· 227

  9 美国独立战争····················· 230

  10 法国大革命与拿破仑战争············ 233

  11 奥斯曼帝国······················ 238

  12 萨非王朝························ 241

  13 莫卧儿帝国······················ 242

  14 明清易代与"康乾盛世"············ 244

  15 西方殖民帝国···················· 248

  16 18世纪亚非拉地区的反殖斗争······ 250

  17 世界格局的变化·················· 253

八 工业革命的完成与资本主义的全球扩展········ 256

  1 英国工业革命的完成··············· 256

  2 工业革命的传播··················· 260

  3 拉丁美洲独立战争················· 262

  4 1848年欧洲革命·················· 267

  5 俄国的农奴制改革················· 271

  6 西方列强殖民扩张的加强(约1800—1870年)·················· 273

  7 两次鸦片战争····················· 276

  8 工人阶级走上历史舞台与马克思主义的诞生···· 279

  9 亚非拉人民的反殖斗争(约1800—1870年)····· 285

10　中国的洋务运动 …………………………… 287
　　11　日本的明治维新 …………………………… 289
　　12　中国的戊戌变法 …………………………… 291
　　13　亚非其他国家变革图强的尝试 …………… 294

九　帝国主义与国际共产主义运动……………………… 299
　　1　科学技术的重大发展 ……………………… 299
　　2　帝国主义的形成 …………………………… 303
　　3　德国、美国、日本的崛起 ………………… 305
　　4　列强瓜分和重新瓜分世界 ………………… 309
　　5　帝国主义军事集团的形成 ………………… 313
　　6　巴黎公社与第一国际、第二国际 ………… 314
　　7　列宁主义 …………………………………… 318
　　8　亚非拉民族觉醒与反帝反封建斗争 ……… 320

十　两次世界大战与世界格局的变化………………… 325
　　1　第一次世界大战 …………………………… 326
　　2　十月革命 …………………………………… 330
　　3　巴黎和会与凡尔赛体系 …………………… 332
　　4　华盛顿体系 ………………………………… 335
　　5　第一次世界大战结束后初年世界形势的变化 …… 336
　　6　两次世界大战之间的亚非拉民族解放运动 ……… 339

7 经济大危机(1929—1933年) ………………… 341
  8 罗斯福新政 ………………………………… 343
  9 苏联社会主义建设成就 …………………… 346
  10 中国共产党的诞生与中国人民的革命斗争 …… 350
  11 两次世界大战之间的英国与法国 ………… 357
  12 德、意、日法西斯主义 …………………… 361
  13 慕尼黑阴谋 ………………………………… 365
  14 第二次世界大战 …………………………… 368
  15 联合国的建立与世界秩序 ………………… 375
  16 战后世界的新变化、新挑战、新趋势 …… 378

部分中文参考文献 …………………………………… 387

后记 …………………………………………………… 394

一 早期文明

人类经过几百万年的发展演变,在距今1万年左右,进入新石器时代。在新石器时代,磨制石器和陶器的发明与使用促进了生产力的发展。农业的产生和发展改变了人类的生产方式和生活方式,导致剩余产品出现,促使私有制和阶级剥削逐渐形成。公元前4千纪末期至公元前2千纪末期,北非和西亚出现了古代世界最早的国家和文明。黄河流域和印度河流域也出现了国家,进入了文明社会。学界大体上以国家的产生为分界线,将之前的人类社会称为原始社会,国家的产生标志着人类进入文明社会。

原始社会,有学者称之为史前社会,也有学者称其为"蒙昧时代"或"野蛮时代",是人类社会发展的第一个阶段,始于人类的出现,终于国家的产生,大约经历了三四百万年的时间。各地国家产生的时间不一,最早的国家大约产生于公元前4千纪中后期,有的地方直到很晚时期还处于原始社会阶段。各地的原始社会有一些区别于后来的阶级社会的显著特征，如生产力水平非常低下，社会发展速度相当缓慢，血缘关系占统治地位，婚姻以群婚为主，生产资料是氏族部落的公有制，氏族部落的成员共同劳动、共同消费，不存在生产资料私有制，也不存在阶级和国家，没有用于记录历史事件的成熟文字体系。

一般来说，最早的阶级社会是奴隶社会。奴隶社会以奴隶主占有奴隶和生产资料为基础。在奴隶社会，社会生产力比原始社会有了很大发展。尽管各国奴隶数量和生产者的名称存在差异，但它们有一些共同特征。如人们的生产工具以青铜器为主，后来还使用了铁器；奴隶主阶级与奴隶阶级的对立是当时社会的主要阶级关系；国家机器以维护奴隶主阶级的利益为根本。从整体上来看，奴隶主完全掌握着对奴隶生杀予夺的大权，奴隶的生活悲惨，只是奴隶主"会说话的工具"，没有人身自由，甚至连基本的生存权利都没有。世界上最早出现的文明社会就是奴隶社会。这些早期文明在长期发展过程中创造了辉煌灿烂的文化。

1　人的由来

一般来说，人和现代类人猿存在亲缘关系，具有共同的祖先。从猿到人的过渡大概发生在3000万—1000万年前。大约550万—380万年前，出现了一种直立行走的古猿，已经朝着人的方向发展，被称为南方古猿。现代人就是从南方古猿的一个分支进化而来的。自然环境的变化、劳动的驱动作用和遗传变异等共同促成了从猿向人的转变，先后经历了早期猿人（能人，距今约380万—175万年前）、晚期猿人（直立人，距今约200万—20万年前）、早期智人（尼人，距今约50万—5万年前）和晚期智人（新人，距今约10万—1万年前）等演变阶段。其中，中国的山顶洞人是晚期智人的典型代表之一，距今约1.8万年。

世界各地的人类是从哪里来的呢？一些专家认为人类是从世界各地起源的，也有人认为最早的人类是从东非起源的。后面这种观点被称为"东非起源说"，有一定影响。根据"东非起源说"，受环境变化的影响，东非人先后三次离开非洲，向世界其他地区迁移。大约于190万年前，东非直立人开始了最早的迁徙，离开非洲，主要向亚洲移动，最远可能到达了亚洲的中国和爪哇等地。在欧洲方面，直立人可能通过陆路步行到达了现在的英格兰。大约 40 万年前，东非智人开始了第二次迁移，先进入西南亚地区，再从这里进入中亚，但并未进入欧洲。从距今 6 万年、5 万年开始，东非的智人迅速地迁入距离非洲大裂谷和埃塞俄比亚高原几万英里的地区，如欧洲、澳洲和亚洲的中国。这是第三次人类迁移。智人继续向北、向东迁移。至少约 6 万年前，人类足迹已经踏上澳洲。距今 4 万—1 万年前，源自中国华北、活动在亚洲东北地区的原始人群陆续越过白令海峡进入美洲。他们起初活动在今加拿大和美国西部地区，而后沿太平洋海岸和落基山脉东麓南下，距今 2 万年前后进入墨西哥，距今 1 万年前后到达南美洲。最迟到大约 1 万年前，东非智人已经遍布全球。这种学说的观点可以借用美国进化论生物学家提姆·怀特的一句话来概括："我们都是非洲人。"

2 原始社会

人类区别于其他动物的本质特征是人类能够有意识地制造工具，而人类最早制造的工具以石器为主。目前，人们通常根据石器的特征，将原始社会划分为"旧石器时代"和"新石器时代"。世界各地经历旧石器时代和新石器时代的时间长短和起止时间都不尽相同。一般来说，旧石器时代相当于早期猿人向晚期智人转变的整个过程，人类使用粗糙打制石器，过着狩猎采集生活。人类社会组织长期处于原始群状态。

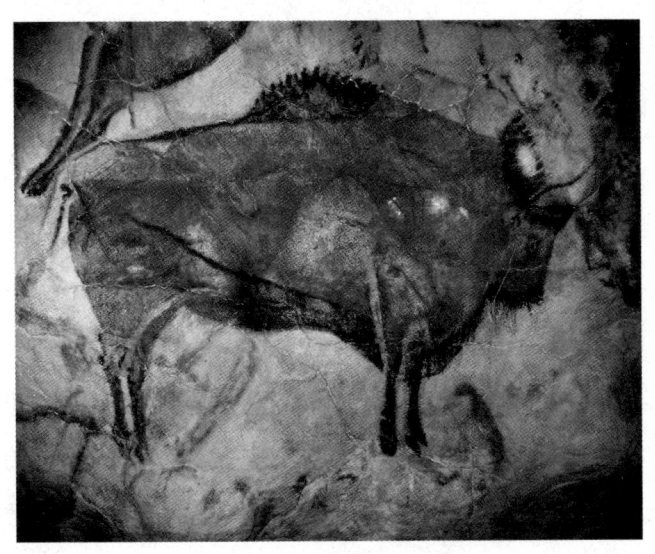

图1　西班牙阿尔塔米拉洞穴壁画

大约距今1万年前，人类社会进入新石器时代。在新石器时代，地球人口或许已经达到100万左右。人类制作和使用精细的磨制石器和陶器。随着生产工具的改进，生产力的提高，人口的增加，农业和畜牧业得以产生和发展。世界上出现了三个早期农耕中心：西亚（小麦和大麦）、东亚和南亚（粟和水稻）、中南美洲

一　早期文明　5

（玉米）。在古代，农耕地带周围还有与之并存的游牧地带。当然，相较于畜牧业，农业的产生和发展对于人类社会发展所起的作用更大。

农业产生以后，人类从旧石器时代的狩猎采集生活转变为定居农业生活，从攫取性经济转变为生产性经济。人类聚集在村落里，建造适宜长期居住的房屋。村落和房屋的建构使人类社会组织得以形成。

农业生产促进了生产力的发展，导致剩余产品出现，进而促成手工业与农业分离，城市出现。在此基础上，私有制和阶级剥削产生，最终在阶级矛盾不可调和的情况下，国家产生。国家的产生是人类社会进入文明阶段的重要标志之一。

原始社会的人类在创造物质文化的同时，还创造了原始精神文化。早期人类在全球扩散过程中，形成数支语族。到原始社会后期，人们发明了图画文字，后来将这些图画文字抽象化和系统化，创造出文字。古埃及象形文字和两河流域的楔形文字最早出现于公元前4千纪末期，并在公元前3千纪早期逐渐发展成熟。中国的成熟文字——甲骨文在商代使用，但或许早在公元前5000年就出现了文字雏形。我国学者刘凤君认为在甲骨文之前的一千多年里存在过渡状态的文字，那就是"骨刻文"。原始人类在生产生活实践中，发明了原始艺术，包括绘画、浮雕、音乐和舞蹈等。西班牙北部和法国西南部洞穴的壁画展现了令人惊叹的原始艺术。原始社会还出现了原始崇拜，其突出特点是万物有灵和自然崇拜。

3　耀目的尼罗河文明

古代世界最早的国家出现在北非和西亚地区的大河流域。非洲东北角的埃及，作为"尼罗河的赠礼"，在大约公元前4500年开始的一千多年时间里，向着文明社会演进。大约公元前3100年，埃及国王那尔迈将上埃及和下埃及统一起来。在接下来四百多年的时间里，古埃及国王们努力建设一个稳固统一的国家，使埃及在政治、经济和文化等方面都获得发展。到古王国时代（约公元前2686—前2181年），古埃及确立起强大统一的中央集权王国。国王被宣称为神，掌握国家的最高统治权。国王之下设有宰相，帮助国王处理行政、司法、经济和神庙等事务。在宰相之下，设有管理国家军事、税收、司法、公共工程等事务的部门和大臣，下设若干附属官员。整个埃及划分为40个左右的省，由省长管理。省下设区和村等行政单位。各级行政单位都设有专门的行政、军事（总督）、司法、税务和书记官等官员。全国臣民以亲吻法老脚前的土地为荣。

这种政治制度是以繁荣的经济为基础的。古王国时期的埃及农业经济因青铜工具的广泛使用而获得快速发展，同时畜牧业、采矿业、冶金业、玻璃制造业、纺织业以及对外贸易等都获得快速发展。在这种经济体系中，王室经济、神庙经济和官僚贵族奴隶主的经济占有绝对支配地位。王室、神庙和贵族奴隶主构成统治阶级，而被统治阶级是广大农民和奴隶。

古王国时期的国王追求永生，宣称自己是太阳神的儿子，希望去世以后能够到父亲那里去，因此，他们依靠强权政治和相对发达的经济，举全国之力，为自己建筑高耸入云的坟墓。这些坟墓是角锥体石头建筑物，像高高的塔一样，四个面都像汉字的"金"字，所以中国人称之为"金字塔"。古王国时期最大的金字塔是由国王胡夫建造的，原高 146.5 米（相当于约 60 层楼的高度），基底原长 230.38 米，倾斜角为 51 度 51 分，据估计总共用了 230 万块平均重 2.5 吨的石材建成。胡夫的后代哈弗拉和孟考拉分别在胡夫金字塔附近建筑了一座大金字塔。这三座金字塔都位于现在开罗南郊的吉萨高地上，被称为"吉萨三大金字塔"，是世界十大奇迹之一。到埃及开罗旅游的人，一般都要到吉萨金字塔参观。面对巍峨壮观的金字塔，人们不禁对古埃及劳动人民的创造力和智慧备加赞叹！

古王国的国王们建造金字塔，动用了大量人力和物力，在一定程度上消耗了国力。据希罗多德记载，胡夫金字塔建造后期，出现资金短缺，胡夫命自己的女儿卖淫以换取钱财。这很可能是一个传说，但也从侧面反映出国王建造金字塔造成了一些社会问题。

古王国末期，气候变化导致农业歉收，普通民众生活困苦，国内阶级矛盾不断升级，最后走向崩溃。在古王国结束之后的六百多年时间里，埃及经历了动荡、复兴、再动荡的历史过程。在大约公元前17世纪中期至公元前16世纪中期，亚洲的希克索斯人在埃及三角洲地区建立王朝，统治了埃及部分地区。希克索斯人基本按照古埃及人传统的政治、经济和文化模式进行统治。希克索斯人给古埃及带来了一些新技术，包括马匹和轻便的马拉二轮战车，这为古埃及后来的军事征伐提供了条件。

公元前16世纪中期，一个在埃及古都底比斯兴起的王室家族，驱逐希克索斯人，再次统一埃及，并通过军事征服，将埃及版图扩展到叙利亚—巴勒斯坦地区。埃及从此进入了鼎盛阶段，这就是新王国时期（约公元前1550—前1069年）。新王国时期的鼎盛与对外战争有着密切关系。图特摩斯三世（约公元前1479—前1425年在位）是新王国时代著名的战争国王，他曾在

20年内先后对西亚发动17次战争，将埃及东北方边界线推进到幼发拉底河。他还发动对南方努比亚的战争，将埃及南部边境扩展到尼罗河第四瀑布。这使埃及的版图达到最大，成为人类历史上第一个地跨亚非两大洲的帝国。战争给埃及带来了巨额财富，一定程度上刺激了埃及经济的发展。随着桔槔（一种类似杠杆的提水装置，人们通过这种装置将水从低处提到高处，既节省劳动力，又提高生产效率）等生产工具的发明与使用，埃及的奴隶占有制经济得到空前发展，农业、手工业和远程贸易都获得大发展。这一时期，埃及的人口可能已经达到300多万。埃及的君主专制统治也达到鼎盛阶段。正是从图特摩斯三世开始，古埃及国王被称为"法老"。在古埃及人看来，法老比国王更能表达其统治者的神圣性。在新王国时期的雕像中，法老拥有骄傲、自信的面孔。

图特摩斯三世之后的几位国王当中最著名的是埃赫那吞（约公元前1352—前1336年在位）。他因推行宗教改革而闻名。为了消除阿蒙祭司集团对国王统治的干预，削弱其势力，埃赫那吞采取了一系列措施，包括用太阳圆盘神阿吞代替阿蒙神，关闭阿蒙神庙，没收阿蒙祭司的财产，从神庙墙壁的浮雕上铲除阿蒙神的肖像和名字，建立新都埃赫塔吞（今阿玛尔那），等等。由于他在推行宗教改革过程中依靠的是中小奴隶主阶层，无法与宗教大祭司和军事奴隶主阶层对抗，最终改革失败。尽管宗教改革没有达到预期的政治目的，但它却在客观上促使古埃及文学和艺术风格从理想主义向现实主义转变。从埃赫塔吞城的界碑以及浮雕和雕像上，我们看到了埃赫那吞的形象：嘴阔鼻长、大腹便便、丰乳肥臀。一些浮雕还描绘了埃赫那吞偕妻子和儿女向太阳圆盘神祈祷的场面，还有浮雕描绘了埃赫那吞一家人其乐融融的生活画面。当然，近期的考古发现和木乃伊解剖实验表明，埃赫那吞并非如浮雕和雕像描绘的那样大腹便便。基于此，学者们也对埃赫那吞统治时期的艺术风格的现实主义性质提出了质疑。

新王国时期的另一个著名国王是拉美西斯二世（约公元前1279—前1213年在位）。据说，他活到96岁，是古埃及历史上活的时间最长的一位国王。他一生妻妾成群，至少有48个儿子和53个女儿，这些儿女是至少9个、至多20多个妻子所生。当然，这些并不是令其名垂千古的主要原因。拉美西斯二世是一位非常有抱负的统治者，一心想着恢复图特摩斯三世时期的埃及版图，不断发动对叙利亚—巴勒斯坦和努比亚等地的战争。恰恰在拉美西斯二世试图在西亚扩张领土的时候，西亚的赫梯王国兴起，并向叙利亚—巴勒斯坦地区扩张势力。结果，埃及与赫梯在叙利亚—巴勒斯坦地区展开了长达20多年的争霸战争。拉美西斯二世为了在这一地区取得决定性胜利，曾亲自率军深入到叙利亚—巴勒斯坦地区的卡叠什，与赫梯人展开了一场大战。拉美西斯二世的远征军由4支大军组成，约2万人。他亲自率领的是以阿蒙为名的大军，行进速度最快。他在即将到达卡叠什时，抓获了一个赫梯间谍。经审问"得知"，赫梯军队已经离开卡叠什城，向更远处撤退。实际上，这个细作是赫梯人故意派来传递假信息的。拉美西斯二世和他的军事委员会信以为真，便率领自己的阿蒙大军急进。当拉美西斯二世的阿蒙大军到达卡叠什城外时，早就埋伏在那里的赫梯人的伏兵突然出现，将拉美西斯二世及其军队围住。拉美西斯二世并未慌乱，而是从容应对。他身先士卒，驾驭着自己的战车，奋勇杀敌。他的军队面对突如其来的变故，显得有些惊慌，有退却的意思。拉美西斯二世注意到这点之后，一边左突右杀，挡住敌军的攻势，一边鼓舞其军队的斗志。但埃及军队还是寡不敌众，开始败退。赫梯士兵没有集中精力攻击拉美西斯二世，或许并没有意识到他们面对的正是拉美西斯二世本人；很多赫梯士兵开始将注意力转移到抢夺埃及士兵丢下的财物，这为拉美西斯二世及其被困军队赢得了宝贵的战机。埃及后续部队及时赶到，与拉美西斯二世亲自率领的军队形成内外夹击之势，令赫梯军队大惊失色，慌乱逃窜。拉美西斯二世的军队得以脱险。双方损失都很大，都没有取得真正胜利。在之后的对阵中，双方也都不能取得决定性胜利。这样，约在公元前1259年，拉美西斯二世和赫梯国王哈吐什里三世签订了停战条约，这是目前所知的人类历史上第一个国际性和平条约。

新王国时期的国王们崇拜太阳神阿蒙，将战功归于阿蒙神，从而大规模建造神庙。他们在底比斯尼罗河东岸中王国时期建筑的卡尔纳克神庙和卢克索神庙的基础上，不断扩建，最终使这两个神庙成为世界上最大的神庙。这两大神庙经过几千年的岁月轮回，已经残破，但目前的残垣断壁依然令参观者惊叹不已。在卡尔纳克神庙由塞梯一世和拉美西斯二世建造的多柱大厅里，134根高达十几米至二十几米的巨大石柱向世人展示着新王国建筑艺术的高超，也展现着第19王朝时期埃及财富的雄厚，更彰显着古埃及新王国时期宗教信仰的巨大力量。

新王国时期的国王们充分汲取了古王国国王们的经验教训，为了防止自己的坟墓被盗，不再在地面上建筑目标明显的金字塔，而是将自己的坟墓隐藏在底比斯尼罗河西岸干燥的山谷里，从悬崖峭壁上开凿和修建岩窟墓。埋葬国王的这个山谷后来被称为"帝王谷"。帝王谷中有62座坟墓，目前已经确认24座是国王的。这些王墓当中最长的达230米以上，面积最大的超过1800平方米。图坦哈蒙墓是帝王谷中最后发现的一座坟墓（1922年发现），结构很简单，由甬道、前厅、耳室、棺室和宝库构成，其规模并不大，总面积112平方米。这座坟墓只是前厅曾被盗墓贼打开过，但也没有被完全盗劫，许多陪葬品得以保留下来。这座墓的陪葬品异常丰富，近5000件，全部黄金重量为1128.9公斤，被誉为"埃及宝库"。墓中的陪葬品经10年清理，直到1933年才清理完毕。这些珍贵文物被送到开罗博物馆收藏、展览，其中最具特点的是图坦哈蒙棺，共8层，从外往里依次是4层木质圣棺，一层石棺，二层贴金棺和一层纯金人形棺。黄金棺最为精美，长1.85米，用厚2.5—3.5毫米的黄金片锤打而成，重110.4公斤。覆盖在法老木乃伊头部的黄金面具，面部表情极富青春色彩，美妙绝伦，是目前所见最精美的面具。另外，图坦哈蒙的立身像（一对）、图坦哈蒙王座、图坦哈蒙金床和一个精美的彩绘木箱等，都堪称稀世佳品。

新王国后期，由于王室将大量土地和财富捐赠给神庙祭司，大规模修建神庙和坟墓，耗费了巨大财富，王室财力逐渐衰微。宗教祭司集团的财力则获得提升，其政治影响力也相应提高。到拉美西斯二世统治结束以后，来自欧亚大陆的移民开始从地中海攻击埃及，埃及人称他们为"海上民族"。到新王国末期，埃及内部的起义不断。最终，新王国时期的埃及在内忧外患中走向崩溃。

古代埃及人民以农业发展为基础，在创造强大的政治制度和丰富的物质财富的同时，还取得了辉煌灿烂的文化成就。古代埃及人的象形文字既是交流的工具，也是具有装饰效果的图画符号，与神庙和坟墓墙壁上的浮雕壁画浑然一体，美妙无比，展示着古埃及人的智慧。古埃及人用这种神秘的文字创作着宗教文学，也记录着激情涌动的世俗作品。一份纸草文献的作者描写了一位姑娘的美丽："笔直的项颈，光彩的乳房；头发如纯色青金石，双臂胜于黄金，手指宛若莲芽。庄重的大腿，纤细的身腰，适中的双脚，都展现了她的美丽。"接下来，诗歌描述了姑娘对一个小伙子的热恋："我的心一想到他就痛苦，我已经被他的爱情所占有；真的，他是一个呆子，而我也与他一样。他不知道我多么想拥抱他……"古埃及人还用自己的双手创作了惊世骇俗的雕刻和绘画艺术。古王国时期的"群鹅图"堪称古埃及绘画艺术的杰作。这幅彩色绘画发现于美杜姆第四王朝一座墓的墙壁上。画中的6只鹅与现实中的鹅的大小基本相等，左右各3只，非常对称。它们朝着相反的方向漫步前进，悠闲自得。两侧低头觅食的两只鹅更是栩栩如生。整个画面色泽鲜艳、和谐唯美、笔法纯熟、意境深刻。

图2 三个女音乐家——第十八王朝墓穴画

当然，古埃及人还在天文学、历法、医学、数学、建筑等领域取得了很多令人赞叹的成就。古埃及文字、文学、天文、历法、医学、建筑、宗教等都间接或直接地对希腊罗马文明产生了影响。西方人撰写的《黑色雅典娜》一书称古埃及文明为西方文明的非洲之根，便是以此为根据的。从这个意义上讲，古埃及文明对以希腊罗马文明为源头的西方文明影响深远。古埃及人创造的灿烂文化对人类社会做出了重要贡献。

4　从苏美尔到巴比伦

在西亚的幼发拉底河和底格里斯河流域（又称"两河流域"，或称"美索不达米亚"）周围地区，最早的农业文化或许出现在距今8000多年的时候。约从公元前4300年到前2600年，两河流域的社会向着文明过渡，到大约公元前3500年出现了文字，到公元前3100年左右已经有大约2000个文字符号，用于记载经济活动。从文字的发明与应用来看，两河流域比非洲的埃及稍早进入文明社会。但埃及在公元前3100年已经有了统一的地域王国。因此，西亚的两河流域和北非的埃及究竟谁先进入文明社会，仍是一个存有争议的问题。

到大约公元前2800年，两河流域南部出现了众多城邦，进入了苏美尔文明时期（约公元前2800—前2371年），也称苏美尔早王朝时期。各城邦都建立王朝，由王进行统治，但王不是世袭的，其权力受到长老会议和公民大会的制约。各城邦的土地划分为神庙土地、公社土地和私人土地。神庙经济占据重要地位。城邦之间频繁发生争霸战争，长期没有形成统一的地域王国，最终被后起的阿卡德王国消灭。苏美尔人使用的文字符号形状酷似楔子，故而称为楔形文字。楔形文字源自图画文字，由表意符号、表音符号和限定符号三部分组成，大约有 600 多个，常用的有 300 多个。除了苏美尔语，两河流域后来的其他语言，如阿卡德语和赫梯语，都采用楔形文字，但不同语言中的楔形文字具有不同的含义和表达方式。

在萨尔贡一世（公元前 2371—前 2316 年在位）统治时期，阿卡德王国（公元前 2371—前 2191 年）统一苏美尔和阿卡德，征服广大地区，建立起王国，实行君主专制统治，建有常备军，经济获得较大发展。阿卡德王国后期，古提人从苏美尔地区向阿卡德地区进犯。公元前 2191 年阿卡德王国灭亡。随后，古提人统治两河流域。乌尔第三王朝（约公元前 2113 年—前 2006 年）统治两河流域，采取了一系列加强中央集权、发展经济和稳定社会的措施，使社会经济得以发展，王室经济在其中占有相当比例。乌尔第三王朝灭亡以后，两河流域陷入列国征战时期。乌尔第三王朝对人类的重大贡献是颁布了历史上最早的成文法典——《乌尔纳木法典》。在古代世界，无论实行君主制的国家，还是实行共和制或民主制的国家或城邦，都用法律来约束人们的行为，维护统治秩序。然而，并非所有国家都具有撰写成文法或法典的传统。两河流域因为《乌尔纳木法典》的颁布而形成了制定法典的传统。

公元前1894年，苏姆·阿布建立古巴比伦王国以后，两河流域逐渐进入鼎盛时期。经过几代国王的征伐，在汉谟拉比统治时期（公元前1792—前1750年在位），古巴比伦王国变成了疆域涵盖从波斯湾到地中海的广大区域的奴隶制大国，两河流域得到空前统一。汉谟拉比建立了高度的中央集权专制统治，称自己为"众王之王"，拥有行政、经济、军事、司法和文化等最高权力。他还制定了著名的《汉谟拉比法典》。该法典是古代两河流域内容最丰富、最翔实、保存最完整的法典。根据法典，巴比伦的土地制度基本格局是王室土地和私人占有土地并存；社会上存在阿维鲁（拥有公民权的自由民）、穆什钦努（无公民权的自由民）和奴隶三个等级；商品经济较为活跃。古巴比伦的强大在很大程度上是以《汉谟拉比法典》作为保障的。随着汉谟拉比的去世，法典不再得到严格遵守，社会逐渐陷入内外交困局面。由此看来，古巴比伦王国尽管有法典，但并非法治国家，而是人治社会。公元前1595年，赫梯人入侵巴比伦城，古巴比伦王国灭亡。

赫梯是公元前2千纪早期（约公元前20世纪和前19世纪）在小亚细亚兴起的一个国家，到公元前16世纪中期逐渐强大起来，吞并了包括巴比伦在内的一些国家。随后，国王铁列平（约公元前1525—前1500年在位）针对王室内部的斗争等问题进行了一系列改革，稳固了国家和政权。赫梯在公元前1400—前1200年之间达到鼎盛，成为古代西亚地区的强国，一度与新王国时期的埃及争夺叙利亚—巴勒斯坦的霸权。赫梯之所以在这一时期迅速兴起，主要是因为它在公元前14世纪首先使用了铁器。铁器比青铜器更锋利坚韧，是一种先进的生产工具，在很大程度上促进了赫梯生产力的发展。

除了两河流域，西亚其他地区也在公元前3千纪和前2千纪出现了一些国家。公元前3千纪上半期，伊朗高原西南部的埃兰王国兴起，一度控制了苏美尔的一些城邦，与两河流域保持着密切关系。西亚两河流域北部的亚述约于公元前19世纪建立国家，公元前15—前11世纪曾一度处于埃及、赫梯等强国的包围之中。叙利亚的埃勃拉古国约存在于公元前3千纪后期至前2千纪前期，之后从历史上消失。公元前2千纪末期，希伯来人在巴勒斯坦境内建立国家。

腓尼基人于公元前3千纪早期起在腓尼基地区（今黎巴嫩和叙利亚的沿海地区）陆续建立一些以城市为中心的国家，其中最著名的有乌加里特、推罗、西顿。腓尼基人善于造船，织布业和染布业都享有盛誉。腓尼基人是世界上著名的商业民族。他们发明的字母，对阿拉美文字、阿拉伯字母和希伯来字母等都产生了深远影响。古希腊文就是在腓尼基字母的基础上发展起来的。古希腊文是希腊文明的官方文字，对后世文字体系的发展影响深远。现代西方人将古希腊文明视作西方文明的先驱。我们这里要注意的是，西方人顶礼膜拜的古希腊文明的语言文字，是在西亚地中海沿岸的腓尼基文字基础上发展起来的，而腓尼基文字则受到古埃及文字的影响。

　　古代西亚的人们，尤其苏美尔人和古巴比伦人，在文化上取得了对后世影响深远的成就。《吉尔伽美什史诗》是古代两河流域最著名的文学作品。在艺术领域，古巴比伦《汉谟拉比法典》上的浮雕非常具有表现力。古巴比伦人不仅知道十进位制，还知道六十进位制，后者对后世影响较大。他们发明了1至10的数字符号。他们在

图3　汉谟拉比法典局部

历法方面的突出贡献是将 1 个月分为 4 个"星期",每个"星期"7 天。我们今日所说的"星期"便受到了巴比伦人的影响。

5　中国早期文明

中华文明源远流长,多元一体。红山文化(约公元前 4500—前 3000 年)、良渚文化(约公元前 3300—前 2000 年)、龙山文化(约公元前 2500—前 2000 年)、陶寺文化(约公元前 2500—前 1900 年)等都展现了中国早期文明的特征。约公元前 21 世纪,禹的儿子启在中原地区建立起夏王朝(约公元前 2070—前 1600 年),此前的"公天下"变成了"私天下"。夏是中国中原地区历史上第一个以国王为最高统治者的奴隶制王朝。夏王朝统治着很多附属的小国。夏王是夏朝的最高统治者,王位继承实行世袭制。夏朝设有中央行政机构,还将王权与神权、族权紧密结合起来。夏朝晚期的都城位于二里头。夏王朝共有 17 位国王,统治了 470 多年。夏朝最后一个王——桀荒淫暴虐,引起民愤,最终被商汤所灭。商王朝(约公元前 1600—前 1046 年)由汤建立,有 31 个国王,统治了约 500 年。商王朝以相当成熟的文字体系甲骨文和灿烂夺目的青铜文化著称于世。

图4 甲骨文

商朝直接控制着王都及其附近的地区。商王是全国最高统治者。商王对臣民掌握着生杀予夺的大权，初步建立起宗法制度，并借助宗教力量，强化统治。商朝的主要经济部门是农业。商朝的工业也得到发展，其主要部门是青铜铸造业。随着货币的出现，商朝的商业兴盛起来。商朝的国都几经变迁，最终盘庚迁都殷（今河南安阳小屯村）。迁都殷以后，商王朝最重要的王是武丁。他重视农业生产。在其治下，商王朝国力强盛起来。但他曾多次发动战争，消耗了国力。商朝末代国王纣穷兵黩武、纵酒享乐、虐待臣民，引起了人民不满和社会动荡。西周是反对商纣王暴行的主力军。周武王在吕尚等人的辅佐下，率领军队进攻商朝，在商朝朝歌（今河南淇县）附近的牧野（今淇县以南卫河以北地区）大败商朝军队，这是灭亡商朝的一次战略性决战，史称"牧野之战"，商王朝很快就被周武王灭掉。

6　印度早期文明

通过近一个世纪的连续考古，学者们基本揭示出了印度河流域的早期文明。公元前 3 千纪中叶—公元前 2 千纪中叶，印度河流域出现了哈拉巴（在今巴基斯坦旁遮普省境内）和摩亨佐·达罗（在今巴基斯坦信德省境内）等重要城市为代表的哈拉巴文化。当时的主要经济是农业，也出现了纺织和制陶等工艺以及商业活动。人们已经使用文字，主要见于考古发现的约 2000 枚印章上，所以称为印章文字，大约有 400 多个不同的符号。这里的国家衰亡的原因不详。学界有多种推测，如地震灾害说、外来征服说等。印度河流域接下来几百年的历史模糊不清。公元前 1500 年左右至公元前 900 年左右，印欧人的一支雅利安人在印度河上游、中游和恒河上游一代生活。因为反映这段历史的文献主要来自吠陀经，尤其是《梨俱吠陀》，因而这段历史被称为"早期吠陀时代"，以区别于后来的"后期吠陀时代"。

吠陀是梵语 Veda 的音译，意为知识，是印度最古老的宗教文献和文学作品的总称，约成书于公元前 2000—前 1000 年。最古老的《吠陀本集》共四部，分别是《梨俱吠陀》（颂诗）、《沙摩吠陀》（歌曲）、《耶柔吠陀》（祭祀仪式）、《阿闼婆吠陀》（巫术咒语）。其中《梨俱吠陀》收集诗歌 1028 首。这些文献所反映的时代在印度历史上被称为"吠陀时代"，分为早期吠陀时代（约公元前 1500—前 900 年）和晚期吠陀时代（约公元前 900—前 600 年）。《梨俱吠陀》主要反映了早期吠陀时代的历史，其他三部经典文献反映的是后期吠陀时代的历史。

7 克里特—迈锡尼文明

根据近些年的考古发现，在欧洲，希腊爱琴地区在公元前 3 千纪初期进入早期青铜时代，在公元前 2 千纪则为中、晚期青铜时代。希腊爱琴海南部的基克拉迪斯群岛较早步入了文明社会，建有大型城堡，表明当时可能出现了国家政权和国家之间的战争。这些岛屿的文明

一 早期文明　25

在公元前 2000 年衰落下去，让位于克里特文明。克里特岛和希腊半岛先后出现的国家和文明，统称爱琴文明或克里特—迈锡尼文明（公元前 20 世纪—前 12 世纪）。爱琴海地区的早期居民不是希腊人，学者们称他们为地中海民族，所以克里特文明并不是希腊人创造的，其文明受西亚和埃及的影响很大，但也具有自己的风格。大约公元前 2000 年，克里特岛上出现了早期国家，后来克诺索斯王国统一克里特岛，甚至一度统治着爱琴海的其他很多岛屿。该王国在克里特岛建立了规模宏大的米诺斯王宫。这是克里特文明的繁荣时期（公元前 17 世纪初—前 15 世纪中期），农业、手工业和商业繁荣发展，海外贸易兴盛。克里特文明时期，人们使用了欧洲地区最早的文字，呈线形，人称线形文字 A，至今未释读成功。公元前 15 世纪中期以后，克里特岛文明逐渐衰落，爱琴文明的中心转到希腊大陆的迈锡尼。迈锡尼文明是由属于印欧语系的希腊人创造的。迈锡尼人在公元前 2000 年前后定居于伯罗奔尼撒半岛，在克里特文明的影响下向着文明迈进，在大约公元前 1600 年建立国家，以迈锡尼城为中心的王国最为强大。迈锡尼王国实行君主制，国王下面有一批官僚。土地财产公有制与私有制并存；有奴隶主贵族、平民和奴隶三个等级。迈锡尼文明的鼎盛时代在公元前 13 世纪左右，一些王国曾联合起来，在阿伽门农的率领下，攻打小亚细亚的国家特洛伊。古希腊的两部著名史诗《伊利亚特》和《奥德赛》便是以这个事件为素材的。公元前 12 世纪中期，迈锡尼文明走向灭亡。迈锡尼人使用的文字被称为线形文字 B，属于古希腊语的一支，1952 年释读成功。

8　美洲早期文明

约公元前 2000 年，美洲出现了两大文明发达地区：中部美洲地区和南美的安第斯山中部地区。从约公元前 2000 年到约公元前 1000 年，这两大文明区的人口不断增加，村落由小变大，出现聚落群。手工业（如制陶业）从农业分离开来；贸易交换和人员往来得到发展。这些因素催生了共同的宗教观念、崇拜仪式和庙宇建筑。权贵阶层和平民阶层分离开来。在此基础上，今墨西哥西部地区、高原地带，墨西哥湾沿岸，尤卡坦半岛，恰帕斯州和危地马拉太平洋沿岸及今秘鲁，玻利维亚高原、山区，太平洋沿岸河谷地带先后出现了一些早期国家。在这些早期国家里，统治者管辖着一定的地域，掌握着公共权力。他们还掌握了神权，是宗教领袖。他们也享有一定特权，其统领职位由其子嗣世袭。

考察整个古代世界的历史，可以看到人类历史上最早的文明国家和社会首先出现在北非尼罗河流域和西亚的底格里斯河与幼发拉底河流域，这两个地区是早期文明的主要中心。古代埃及和巴比伦率先进入文明社会以后，实践了奴隶制度，在公元前3千纪至前2千纪创造了卓越的物质文明和精神文明。之后，亚洲的赫梯、中国、印度，美洲的中美洲和安第斯山地区，南欧的基克拉迪斯群岛和克里特（非希腊人创造的文明）以及迈锡尼地区，都在公元前2000年前后进入文明社会，实施奴隶制度，做出很多文明创举。到公元前1000年前后，世界主要大洲的很多地区都进入了文明社会，如非洲的埃塞俄比亚、亚洲的日本、欧洲的意大利半岛、大洋洲的澳大利亚，等等。到公元前1000年前后，人类历史的发展速度开始加快。在接下来的1500年时间里，随着生产工具的不断改进，亚、非、欧三大洲的文明中心发生转移，进一步体现了世界历史发展的不平衡性。

二 古代奴隶制国家的嬗变

公元前1千纪，亚、非、欧等文明地区先后进入铁器时代，一些国家和地区发展、强盛起来，文明重心逐渐从北非西亚转向地中海世界的希腊罗马和亚洲的中国、印度。新亚述建立起地跨亚非两洲的帝国，波斯建立了世界历史上第一个地跨亚、非、欧三大洲的帝国。希腊城邦在政治、经济和文化上都大放异彩、熠熠生辉，但公元前5世纪的希腊波斯战争和伯罗奔尼撒战争使希腊城邦逐渐走向衰落。马其顿后来居上，控制希腊很多城邦。马其顿国王亚历山大率军征服庞大的波斯帝国，在其基础上建立起辽阔的帝国。亚历山大去世以后，帝国分裂为几个王国。在希腊化各王国互相征伐的时候，罗马兴起，并征服了亚、非、欧三大洲的广大领土，建立起罗马帝国。印度的孔雀王朝一度统一北印度和中印度的广大地区。中国的秦汉王朝建立强盛国家。美洲出现了奥尔梅克诸城邦和查文王国。

当历史步入公元 1 世纪以后，古代世界的联系变得更加广泛。罗马帝国将亚、非、欧三大洲相当大的地区囊括进去。中国的丝绸之路将东亚、南亚、中亚和罗马帝国控制的亚非欧地区广泛联系起来。罗马在公元 3 世纪出现危机，4 世纪末分裂为东罗马帝国和西罗马帝国，到 5 世纪西罗马帝国灭亡。中国在公元 3 世纪经历了群雄征战的三国时期，经过晋朝的短暂统一，由于北方少数民族的南进，在 5 世纪又陷入南北朝分裂状态。

在这 1500 年时间里，亚非欧主要国家都经历了奴隶制的发展与衰落过程，有的地区则率先进入封建制时代。希腊和罗马集中表现了奴隶制的鼎盛状态；中国的周朝是中国奴隶制社会的最后阶段，而秦汉王朝便步入封建制时代。当然，新的社会形态取代旧的社会形态有一个较长的过程。

1 亚述帝国

约公元前 1069 年，非洲的埃及帝国时期结束，迈入长达千年之久的衰落时期。在这段时期里，埃及本土王朝再也没有达到新王国时期那种强盛程度，利比亚人、努比亚人、波斯人、希腊人、罗马人先后统治埃及。埃及失去了文明重心的地位，甚至本身的很多文明因素到公元6世纪已经丧失了。公元642年，阿拉伯人占领埃及之后，古埃及文明寿终正寝。这个曾经在人类历史上创造了辉煌文化成就的古老文明就这样终结了，其兴衰历史和消亡原因都是值得认真思考的问题。

在亚洲，公元前1千纪，巴勒斯坦地区的王国获得发展。扫罗（约公元前1020—前1000年在位）成为希伯来人的第一个王。扫罗去世以后的国王大卫（约公元前1000—前960年在位）统一了犹太和以色列两个地区，征服了大片领土，建立君主专制统治。之后，所罗门王（约公元前970—前936年）建立了常备军、赋税和徭役制度，巩固了君主专制统治。所罗门去世以后，希伯来人的国家分裂为以色列和犹太两个国家。北方的以色列国家存在200多年便消失了。南方的犹太国家一直持续到罗马统治时期，其间受到埃及、亚述、新巴比伦、波斯、塞琉古王国和罗马的统治。希伯来人创立了以崇拜耶和华（上帝）为内容的一神教——犹太教，其教义经典是《旧约》。

公元前1千纪，西亚的亚述继赫梯之后，进入铁器时代，史称新亚述时期（公元前10世纪—前612年）。铁器的使用提高了生产力，促进了经济发展，增强了军事实力。与此同时，北非埃及新王国的衰亡和之后的混乱状态、西亚赫梯王国的崩溃以及西亚其他地区的无序

二 古代奴隶制国家的嬗变　*31*

状态，都为新亚述的崛起提供了有利的国际环境。公元前 10 世纪末，亚述开始复兴。从国王阿淑尔那西尔帕二世（公元前 883—前 859 年）开始，亚述对外进行大规模扩张，在几代国王的领导下先后征服了叙利亚、小亚细亚、巴比伦尼亚、埃及等地。到国王埃萨尔哈东（公元前 680—前 669 年）统治时，亚述成为地跨西亚、北非的大国。亚述的强大与其逐渐采用骑兵、战车兵，创造攻城器械，构筑堡垒，有着密切联系。

图 5　描绘亚述军队攻城的浮雕

新亚述实行君主专制统治，王位世袭。新亚述在被征服地区实行行省制，一般由王子担任行省总督。神庙祭司集团、军事贵族在政治上拥有雄厚实力，一些工商业奴隶主也拥有很大势力，一些城市实现了地方自治。国王主要依靠这些奴隶主集团进行统治，这不利于专制统治。公元前745年，提格拉特帕拉沙尔三世（公元前745—前727年在位）进行政治和军事改革。政治上，他削弱总督的权力，在被征服地区采取民族混合政策，建立了由国王控制的王家兵团等。经过改革，亚述国王的权力得到加强，国内矛盾减少，国家实力增强。新亚述以农业为主的经济获得大发展，奴隶制也得到加强，甚至普通亚述人都拥有奴隶和土地。到新亚述后期，随着国内统治集团内部矛盾的加剧和亚述国力的衰落，米底、埃及、巴比伦等地相继独立。公元前612年，新巴比伦王国和米底王国联合攻下了新亚述首都尼尼微，新亚述灭亡，其领土被这两个王国瓜分。

2　新巴比伦王国

新巴比伦王国（公元前626—前539年）是迦勒底人在巴比伦建立的，瓜分新亚述以后获得发展。在国王尼布甲尼撒二世（约公元前604—前562年在位）统治时期，新巴比伦王国一边与米底王国结盟，巩固后方，一边与埃及争夺叙利亚—巴勒斯坦。公元前586年，尼布甲尼撒二世攻占耶路撒冷，将大部分犹太居民掠往巴比伦城，史称"巴比伦之囚"。尼布甲尼撒二世在战争的同时，并未放松国内建设。他在城市建筑方面的突出成就之一是巴比伦城市的兴建。新巴比伦王国的农业经济和商品货币关系得到发展，出现了大商家。两河流域的奴隶制达到了十分繁荣的程度。奴隶人数大增，王室和神庙拥有成百的奴隶，一些私人也拥有几十个、上百个奴隶。奴隶被用于农业、手工业、商业贸易、家务等各种劳动，甚至被用作妓女。新巴比伦王国的一些奴隶获得了很多财产，但他本人仍是主人的财产，可以买卖、转让、继承等，奴隶与奴隶主之间的矛盾始终十分尖锐。新巴比伦王国的国王们注重巴比伦城的建设，将巴比伦城建得雄伟奢华，耗费了国力。新巴比伦王国后期，外有波斯入侵，内有社会动荡，在这种内忧外患中走向灭亡。公元前539年，波斯人征服了新巴比伦王国。

在亚美尼亚高原，乌拉尔图王国在公元前9—前6世纪有过自己的兴衰史。公元前1千纪上半期，在小亚细亚沿海地区有过众多希腊城邦，其中米利都以文化发达著称。公元前1千纪前期，吕底亚王国兴起于小亚细亚西部的介尔姆河谷地区，在公元前7—前6世纪成为小亚细亚的一个大国，曾与米底王国长期争夺领土。约公元前 630 年，希腊人在今利比亚境内建立昔勒尼。

3 波斯帝国

波斯人与米底人在伊朗高原建立了自己的国家。米底人于公元前 7 世纪上半叶建立王国，后来与新巴比伦王国联盟灭掉新亚述。公元前 6 世纪中叶，米底王国被波斯人征服。

公元前 558 年，波斯人居鲁士二世建立波斯王国，征服伊朗高原的其他王国，登上历史的舞台。之后，在居鲁士二世和冈比西斯二世的率领下，波斯人先后征服小亚细亚强国吕底亚、新巴比伦王国、埃及等地。公元前 522 年，在冈比西斯征服埃及的时候，波斯国内发生高墨达暴动。冈比西斯二世在从埃及返回波斯的途中去世。参与暴动的大流士一世谋杀了其他暴动领导者，镇压起义，夺取王位。这件事情被记录在用三种语言写成的贝希斯吞铭文里。大流士一世进而率军征服印度河流域和色雷斯、马其顿等地，建立了一个地跨亚、非、欧三大洲的强大帝国，史称"波斯帝国"。这可谓是人类历史上第一个"超级大国"。

图6　贝希斯吞铭文

波斯帝国版图如此辽阔，民族成分异常复杂，阶级矛盾和民族矛盾都非常尖锐，各地的政治、经济、文化发展不平衡，新建立的国家机器也较脆弱。因此，大流士一世的统治并不稳固。为了巩固波斯的统治，大流士一世采取一系列改革政策，加强王权，确立君主专制统治。他神化自己，控制行政、军事、司法等权力，建立王室经济，建立秘密监察组织以便监督地方总督。他将全国划分为20个行省，设总督治理。他还将帝国划分为五大军区，每个军区下辖若干省军区，军事长官与总督互相牵制，国王每年对军队进行检查。他还统一了铸币制度，建立了驿道制度以便于政令的上传下达，开通埃及尼罗河与红海之间的运河，采取宗教宽容态度。大流士还拉拢被征服地区的统治阶级，以扩大统治基础。改革巩固了波斯统治，但并未消除阶级矛盾和民族矛盾，也没能消除帝国国内政治、经济、文化发展的不平衡。波斯政府除了将各地的肥沃土地掠夺过来，分给王族成员、官僚贵族和军事殖民者以及神庙之外，基本维持各地的原有经济制度。在政治和文化上，波斯也基本上维持了各个行省的原有制度。然而，波斯从各地的税收和纳贡中获得了巨额财富，波斯本部的经济和文化事业都获得极大发展。

大流士统治时期，波斯处于鼎盛阶段。他并不满足于统治现状，挑起了希波战争，但以失败告终。这场战争削弱了波斯实力，激化了内部的阶级和民族矛盾，波斯逐渐衰弱。与此同时，王室内部的王位之争和各地的起义也加剧了国家衰落。最终，在马其顿亚历山大对大流士三世的征讨下，波斯于公元前330年灭亡。波斯产生了较为成型的宗教——琐罗亚斯德教，以善恶二神的斗争为教义，其宗教典籍是《阿维斯塔》。

公元前1千纪中后期，波斯先后两次在北非的埃及建立王朝统治，埃及处于其历史上一个较为混乱和衰弱的时期。北非的古国库什（今日苏丹）在公元前11世纪逐渐强盛起来，于公元前8世纪在埃及建立一个王朝。公元前6世纪初，库什王国迁都麦罗埃，进

二 古代奴隶制国家的嬗变　37

入麦罗埃时期（公元前6世纪—公元4世纪中叶）。埃塞俄比亚的阿克苏姆王国在公元4世纪之后强盛起来。公元前9世纪—公元前2世纪，西亚的腓尼基人在今突尼斯建立了迦太基。迦太基依靠较为发达的对外贸易，很快发展成为地中海的强国，并与罗马争夺西地中海霸权，展开了长达两百年之久的争霸战争。公元前3世纪至公元前1世纪，伯伯尔人在今阿尔及利亚北部、突尼斯、摩洛哥北部建立王国。公元前500年，诺克文化在今西北尼日利亚境内兴起，一直持续到公元200年。在乍得湖地区，萨奥文化于公元前5世纪末期兴起，持续到公元1700年。

4 孔雀王朝

公元前900—前600年是印度的晚期吠陀时代，雅利安人的各个部落基本上完成了向国家的过渡，形成了较为完备的严格的等级制度，即瓦尔纳制度。瓦尔纳原意为"颜色""品质"，后用于指代种姓制度。瓦尔纳制度将人们分为四个等级或种姓。婆罗门种姓属于第一等级，其职业是充任祭司、研究并传授婆罗门经典，不从事生产，人身不可侵犯，掌握着宗教和文化大权，甚至可以从政，充当国王的顾问。刹帝利属于第二种姓，其本职是进行统治，惩罚罪犯，从事战争，掌握国家的军事行政大权。吠舍种姓属于第三等级，其职业是从事农业、畜牧业和商业，是属于没有特权的普通公民。首陀罗种姓属于第四等级，其职业是为以上三个种姓服务，从事手工业和作奴仆，没有任何权利，是雇工或奴隶。此外，还有"不可接触的贱民"。前三个种姓是雅利安族，按照婆罗门教义可以死后转世为人，是"再生族"。第四种姓则为"一生族"，死后不能转世为人。各个种姓有严格的界限。晚期吠陀时代的各个国家将瓦尔纳制度与婆罗门教结合起来，作为统治阶级进行统治和压迫的工具。婆罗门教主张"业力轮回"（即因果报应）的理论，仍是一个原始状态的宗教，是维护印度种姓制度的理论工具。

公元前6—前4世纪是南亚次大陆由各国分立到逐渐走向统一的时代，史称"列国时代"，因佛教产生于这一时期，故又称"早期佛教时代"。列国时代出现了迦尸、居萨罗等16个较大的国家，还有许多较小的国家。大多数国家是君主国，常备军已经出现，大国之间为了争夺土地和霸权而不断进行战争。列国时代的农业经济迅速发展，手工业和商业也发展起来。社会经济的发展，尤其商品货币关系的发展，使列国时代的阶级关系发生了变化，旧的等级制度开始受到破坏，各个等级内部的人员在财富、权力和地位上有所变化，但瓦尔纳制度本身未受到撼动。这一时期的意识形态领域出现了众多宗教派别和思想学说"百家争鸣"的局面。释迦牟尼建立的佛教便是其中之一。佛教由释迦牟尼（约公元前566—前486年）所创，最初是作为反对婆罗门教的宗教派别出现的，否认种姓差别，不主张崇拜神祇和偶像，提倡"众生平等"，主张按照其基本教义"四谛"（即四种真理）修炼，就可以成佛，到达智慧和解脱的彼岸。由于佛教提倡"众生平等"，任何人都可以入教，任何人通过修炼都可以得到正果，而且教义简单易懂，因而发展迅速，在两三个世纪里就传播到了南亚、东亚和东南亚的大多数地区。公元1世纪，佛教分裂为大乘佛教和小乘佛教。小乘佛教基本坚持早期佛教的信仰和原则，而大乘佛教则崇拜神和偶像，甚至将释迦牟尼变成神。

约公元前321年，旃陀罗笈多建立了孔雀王朝（公元前324—前187年），并统一北部印度。经过频头沙罗和阿育王（约公元前273—前236年在位）的扩张，孔雀王国统一了北印度和中印度的广大地区，成为古代南亚统治区域最广的一个王朝。阿育王是孔雀王国繁盛时期的君主。据说，他通过政变登上王位，统治初期实行暴政，残酷地对待大臣，残忍地屠杀被征服者。但后来，他改行正法，不再杀戮，行善积德，甚至皈依佛教，支持佛教的发展壮大。

图 7 战车上的阿育王

阿育王还加强国家的政治和经济建设，促进南亚政治、经济和文化的繁荣，为佛教的传播做出贡献。孔雀王国实行君主专制制度，国王独揽一切大权，设有完备的军事官僚机器。土地归国王所有，但国王只是部分土地的实际所有者，对其他土地只享有征税权力，存在私有土地。孔雀王国时期是南亚奴隶制度最发达的时代。奴隶的种类很多，既从事家务劳动，也从事生产性劳动。

奴隶与奴隶主的斗争不断。阿育王去世以后，孔雀王朝统治下的很多地区独立。孔雀王朝末代国王被杀以后，巽伽王朝（公元前187—前75年）和甘华王朝（公元前75—前30年，又译"甘婆王朝"）先后统治孔雀王朝曾经统治的一些地区。从公元前2世纪到公元3世纪，印度北部多次受到外族入侵，如大夏的希腊人、安息人和月氏人等。

雅利安人在印度创造了辉煌的文化。古代印度除了吠陀时代的四部经文（《梨俱吠陀》《沙摩吠陀》《耶柔吠陀》《阿闼婆吠陀》）和后来的《佛经》以外，两部著名的史诗《摩诃婆罗多》和《罗摩衍那》也是重要的文学作品。雅利安人的佛教建筑物大量保留下来，包括佛庙和宝塔。公元前2—前1世纪的桑奇大宝塔是印度佛教石头建筑的著名遗存。古代南亚的艺术主要是佛教建筑中的壁画和雕刻。桑奇大宝塔四周栏杆上的雕刻、阿旃陀石窟壁画以及犍陀罗艺术都与佛教文化有关。雕刻作品形象逼真，栩栩如生，很多壁画可以归入世界优秀绘画之列。古代南亚人民发明的数字闻名于世（即现在所谓的阿拉伯数字）。他们还发明了"0"的概念，并最先将其运用到计算领域，这是印度在数学史上做出的一大贡献。

5　西周至魏晋

西周（约公元前1046—前771年）时期，中国并没有形成真正统一的大帝国，周天子是名义上的天下共主，"溥天之下，莫非王土，率土之滨，莫非王臣"。周天子拥有最高的政治、经济、军事、司法以及宗法祭祀等方面的大权，各地诸侯定期向周天子纳贡、朝觐，乃至出兵征战等，但仍有相对独立性。西周社会等级森严，社会阶级主要由奴隶主贵族、平民和奴隶构成。农业仍是西周主要的经济部门。

东周（公元前770—前221年）又称"春秋战国"时期。东周时期，一些诸侯国展开争霸战争，先后出现了几个霸主，分别是齐桓公、宋襄公、楚庄王、晋文公和秦穆公，史称"春秋五霸"。战国时期的诸侯国在相互征伐过程中，齐、楚、燕、韩、赵、魏、秦成为强国，史称"战国七雄"。秦国在商鞅变法以后，迅速强大起来，经过近1个世纪的纵横捭阖，结束了战国纷争时代。

公元前221年，秦王嬴政实现了统一，自称始皇帝。秦朝开辟了中国历史上第一个统一的中央集权君主专制的封建王朝。秦始皇采取一系列措施加强皇权，如实行郡县制，统一度量衡，统一货币制度，统一文字，修建"万里长城"。为了加强思想控制，他残暴地焚书坑儒。秦始皇去世以后，秦二世胡亥昏庸无道，农民起义不断。公元前206年，刘邦率领义军攻陷秦都咸阳，秦朝灭亡。

公元前202年，刘邦建立汉朝，定都长安，史称"西汉"（公元前202—公元8年）。西汉王朝最著名的皇帝是汉武帝（公元前140—前87年在位），他解决了长期以来地方势力不容易管理的问题，罢黜百家、独尊儒术，发展经济，开疆拓土，平定了中原周围的战乱，还使西汉的疆域比秦朝的疆域扩大了近一倍。

王莽篡夺西汉政权之后建立的新朝只维持了很短的时间。公元25年，刘秀在洛阳建立东汉王朝（25—220年）。光武帝刘秀（25—57年在位）用了十多年的时间恢复和巩固国家统一，恢复西汉时的国家规模，采取了很多发展经济的措施，最终东汉出现了繁荣局面，史称"光武中兴"。东汉末年政局混乱，各地割据势力并起，经过兼并战争，出现了魏、蜀、吴三国鼎立的局面。从220年到266年，蜀汉、吴国、魏国进行互相征伐，最终魏取得胜利。266年，司马炎篡夺魏的政权，建立了统一的王朝——晋朝，史称西晋（266—316年）。西晋因内部诸王斗争而灭亡。

西晋初年，统治者为了恢复生产，对人民占用土地和纳税等方面做了一些改革，颁行占田课田制和户调制，收到了一定成效。一些少数民族也被接纳入晋朝。司马炎为了巩固皇权，大封宗室，将司马家族的27人封为各个地方的王。王在自己的王国里可以任用百官，并可拥有适当数量的军队。这种政策虽然使非司马氏家族难以篡权，但也为司马氏家族成员之间的争斗准备了条件。290年，司马炎去世以后，西晋王朝内部的王国之间就展开了斗争。308年，匈奴贵族刘渊称帝，在平阳建立汉。汉军利用西晋诸王的争斗和"八王之乱"的时机，灭掉西晋。317年，晋宗室司马睿在建康（今江苏南京）称帝，建立东晋（317—420年）王朝。383年，发生了淝水之战，东晋谢玄率领8万军队大胜北方前秦的80余万大军。这是一场关键的战役，虽然延续了南北分治局面，但也使数千年形成的中华核心文化得以在南方延续和发展。

东晋的统治区域主要在长江以南，北方是从北方游牧地区迁徙而来的若干支游牧民族建立的若干个政权，笼统地称为"五胡十六国"。东晋灭亡以后，中国步入南北朝（420—589年）对立时代。

秦汉时期，中国与东亚的日本和朝鲜都发生了密切往来，中国的汉文化对日本和朝鲜的影响深远。汉朝时期，中国对东亚以外的地区也产生了多方面影响，这主要是通过"丝绸之路"实现的。陆路和水路"丝绸之路"的开通是汉朝对世界历史的一大贡献。公元前138年和公元前119年，张骞两次出使西域，开通了丝绸之路的东段。东汉的班超继续经营西域，取得了西域人民的支持，加强了西域与内地的联系。97年，甘英出使大秦（罗马），到达了安息的西部边界。这是汉代中国使者在"丝绸之路"上到达的最西点。汉朝还开通了通往西方的水路。这条线基本上是从中国的广东和广西出发，经马来半岛到达印度的东南海岸和斯里兰卡。159年、161年，印度使节两次从这条水路来中国。166年，罗马（大秦）使节访问东汉，也是从海路而来。

　　陆路和海路两条贸易路线开通以后，中国的丝绸大量远销西方，在罗马成为富有贵族的衣服和窗帘材料。中国的铁器和漆器等也输入西方。罗马帝国的玻璃器皿、毛织品，印度的宝石、香料等也进入中国。佛教也在西汉晚期东汉初年传入中国。陆路和海路两条交通路线的开通具有划时代的意义，将欧亚大陆的东西两端直接联系起来，甚至使世界古老文明和国家所在的亚、非、欧三个洲更广泛地联系起来。

　　秦汉至魏晋时期，中国的科技文化取得了卓越成就，很多成就在世界历史上占据重要地位。秦朝的雕塑艺术水平高超，秦始皇陵兵马俑阵容宏大，形态逼真，被誉为"世界第八大奇迹"。

图 8　秦始皇兵马俑

西汉司马迁的《史记》是中国历史上第一部通史性纪传体史书，开创了以人物为中心的纪传体新体例，为以后历代正史所遵循，也使中国的史书撰写传统在世界上独具特色。东汉的《九章算术》是我国现有古算书传本中最古老的数学著作，关于分数概念及其运算、比例问题的计算、负数概念的引入和正负数的加减运算法则等，都比印度早 800 年左右，比欧洲国家早千余年。祖冲之在世界上第一次把圆周率数值算到小数点后七位数字。华佗发明的麻沸散，比西医麻醉药的使用早 1600 多年。中国在西汉时期就已经发明了纸张，是中国人民对世界文化发展的伟大贡献。中国造纸术经进一步完善之后，逐步传入朝鲜、日本和中亚各国，又经阿拉伯传入欧洲，为世界文化的发展做出了巨大贡献。

6　希腊城邦

从公元前 11 世纪到前 9 世纪，希腊各地退回到原始社会时代，但铁器的采用促进了社会和经济的发展。公元前 8—公元前 6 世纪是希腊城邦广泛形成时期。希腊城邦的突出特征是公民集体的统治。在数百个城邦当中，最具代表性的是斯巴达和雅典。

斯巴达在公元前 8 世纪通过征服周围的拉哥尼亚地区和美塞尼亚，结合一系列政治和社会改革，逐渐形成国家。斯巴达社会有三个阶级：奴隶阶级，即黑劳士（又译"希洛人"）；没有公民权的自由人，即庇里阿西人；奴隶主阶级，即斯巴达公民。斯巴达城邦实行双王制，双王的权力受到极大限制，只是两位国家高级公职人员。元老会议、检察官会议和公民大会才是城邦的权力机构。斯巴达公民从出生之日起就接受严格的军事训练和教育，被培养成遵纪守法、勇敢坚毅的好公民和优秀军人。公元前480年温泉关战役的300名斯巴达战士就是这样炼成的。正因如此，斯巴达军队才能够长期称雄希腊战场。

大约公元前9世纪末8世纪初，雅典各个斗争的部落统一起来，建立了以君主（希腊语称"巴塞勒斯"）为首的世袭君主制国家。随后，王权衰落，贵族共和国于公元前7世纪建立起来，国家机构主要由执政官、贵族议事会和公民大会组成，公民大会只是贵族政治的附属物。因为土地和债务问题，贵族与平民矛盾激化。公元前6世纪初，平民准备以暴力推翻贵族政权。在这千钧一发之际，公元前594年，梭伦被推举为执政官，拥有立法和改革现存制度的非常权力，采取了一些有利于平民的改革措施，如颁布解负令，废除债务奴隶，限定公民拥有土地的额度，根据财产确定公民的权力义务，鼓励发展工商业，等等。梭伦改革提高了平民的政治地位，使城邦向着民主制发展，但只是缓解而并没有消除公民集体中的深刻矛盾，雅典的政治斗争仍在继续。庇西特拉图通过非法手段夺取政权，建立个人专权的僭主政治，使雅典暂时从混乱的派系之争中摆脱出来，打击了旧贵族，一定程度上巩固了梭伦的改革成果。僭主政治之后，雅典内部贵族派系之间的斗争再次活跃起来，平民与贵族的斗争仍在继续。为了解决这些问题，公元前509年或前508年，克里斯提尼进行改革，采取的措施包括组建10个地域部落，调整国家机构，创造陶片放逐法等。他的改革最终完成了雅典国家政体从奴隶社会的贵族制向民主制的过渡。

公元前8—前6世纪，希腊一些城邦人口过剩，向希腊东北和西北广泛殖民。到公元前550年左右，约44个城邦的公民在异族境内建立了139个殖民地。这些殖民地被视作子邦，是独立的城邦。

公元前5—前4世纪中叶是希腊的古典时代，希波战争是起点，伯罗奔尼撒战争是转折点。希罗多德的《历史》、修昔底德的《伯罗奔尼撒战争史》以及色诺芬的《希腊史》记录了这两次战争的历史。

公元前5世纪初，波斯人为了向希腊拓展领土，利用其统治的小亚细亚的希腊城市起义的机会，悍然大举进军希腊。希波战争（公元前492—前449年）以公元前479年为线分为前期和后期。在战争前期，波斯人采取攻势，曾三次进军希腊，一度占领雅典，但都被希腊人打败。其间发生了一些重要战役，如马拉松战役、温泉关战役、萨拉米斯海战和普拉提亚会战，等等。公元前490年的马拉松战役发生在雅典北面的平原上，雅典几乎所有公民参战，取得了战争的胜利。雅典胜利以后，派遣一名跑得很快的战士回雅典报信。这名士兵一口气跑了约四十公里，到达雅典城只说了一句话："我们胜利了！"话音刚落，他就倒地而亡。雅典人认为这是一件壮烈的事情，为了纪念这位战士，决定定期举行马拉松赛跑。这就是今日马拉松赛跑的起源。公元前480年的温泉关战役，希腊虽然失败，但300名斯巴达战士的英勇壮举可歌可泣。第二阶段，希腊城邦采取攻势，斯巴达退出战争。主战的其他希腊城邦与雅典结成提洛同盟，雅典变成了同盟领导者。雅典率领同盟军队与波斯大军展开周旋，互有胜负。同时，将提洛同盟变成了控制外邦的工具和增加财政收入的一个源泉。公元前449年，雅典派代表卡利阿斯与波斯签订和平条约，希波战争以希腊，尤其雅典的胜利而告终。希波战争以后，斯巴达一邦独大的局面被打破，雅典利用提洛同盟强大起来，从此希腊世界逐渐形成了分别以斯巴达和雅典为首的两大阵营。

古典时代的希腊经济最大的特点是发展极不平衡，但总体上看，希腊当时的经济仍以农业为主。各邦的工商业在经济活动中占据的比例不同。在古典时代，希腊奴隶制进入繁盛阶段。奴隶来源广泛，数量激增，普遍劳作于农、工、商等经济部门，甚至在雅典还充当下级公务人员和警察等。奴隶的地位极为低下，只是"一种有生命的工具"。

二 古代奴隶制国家的嬗变　51

值得一提的是，在古典时期，雅典的政治制度建设向成熟发展。经过一系列改革，尤其是公元前461年厄菲阿尔特的民主改革，到伯利克里时代，雅典民主制度更加完善。一切公职对所有公民开放，公民大会凌驾于一切，500人议事会、民众法庭和各级具体主管部门都充分体现了希腊公民的民主权利。然而，雅典的民主制度只是雅典公民的民主，外邦人和奴隶以及妇女都被剥夺了参政权利。尽管如此，这种民主制度充分调动了雅典公民的积极性，从而使雅典在古典时代迅速壮大起来。

公元前5世纪下半叶，以斯巴达为首的伯罗奔尼撒同盟和以雅典为首的提洛同盟为了争霸希腊世界，展开了长达27年之久的伯罗奔尼撒战争。从公元前431年到前421年是双方相持阶段。从公元前415到前413年，雅典一方逐渐趋于劣势。公元前413—前404年，斯巴达转入全面进攻，并取得胜利。这是一场希腊世界内部的争霸战争，雅典因为提洛同盟内部矛盾更加尖锐和几次重大战役的指挥失误而失败。战争使双方都遭到沉重打击，严重破坏了经济，加剧了社会矛盾，破坏了公民集体的团结，从此希腊世界进入了城邦危机时期。

古典时期的希腊人创造了辉煌的文化成就。古代希腊人使用的希腊文是字母文字，为现代很多字母文字奠定了基础。古典时代的希腊人用希腊文创作的很多喜剧和悲剧作品都是世界文学史上的奇葩。古希腊三大悲剧作家爱斯奇里斯、索福克利斯、幼里披底斯和喜剧之父阿里斯多芬的作品具有很强的感染力。

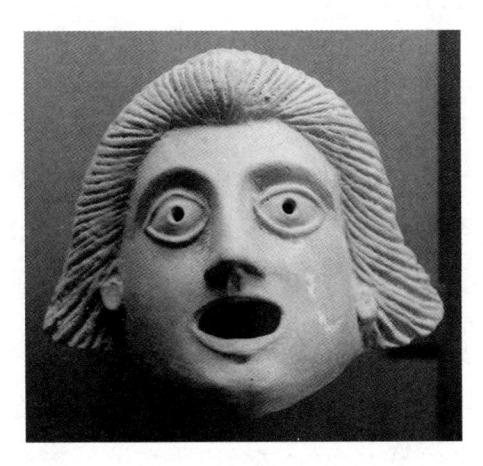

图9　古希腊戏剧面具

苏格拉底、柏拉图和亚里士多德是古典时代希腊三大哲学家。菲迪亚斯（公元前490—前430年）雕刻的奥林匹斯神庙宙斯像，秀雅自然、高贵完善，被誉为古代世界七大奇迹之一。米隆（约公元前492—前452年）的代表作"掷铁饼者"表现了运动员准备发力投掷前的一瞬间的姿势，极为自然准确。波里克利特（公元前460—前416年）的"执矛者"表现了一个裸体运动员肩负长矛向前行进的情景，是一尊理想化的健美男子雕刻。西方医学之父——科斯岛的希波克拉底（约公元前460—前377年）确定的职业道德仍是今天医生们所遵循的行医道德准则。

7　亚历山大帝国

希腊各个城邦在互相争斗和摩擦中走向衰落时，希腊大陆北方的马其顿悄然兴起。马其顿在公元前6世纪下半叶就形成了国家，实行君主制。到公元前4世纪，腓力二世称王以后，进行各种改革，使马其顿从一个贫穷落后的国家转变成为统一强大的国家，甚至控制了希腊部分城邦。公元前336年，腓力二世被刺杀。马其顿王位落到了年仅20岁的亚历山大身上。亚历山大在一年之内平定了希腊世界的叛乱，于公元前334年率领一支由3万名步兵、5000名骑兵构成的远征军，开始进攻波斯帝国。

马其顿军队与波斯大军在小亚细亚的格拉尼库斯河畔展开首次会战，取得大胜，很快占领整个小亚细亚。公元前333年，亚历山大军队在叙利亚的伊苏斯平原大败大流士三世率领的10万波斯军队，并俘获大流士三世的母亲、妻子和两个女儿。然后，亚历山大攻下腓尼基和巴勒斯坦，兵不血刃地占领埃及。在埃及短暂逗留后，公元前331年，亚历山大挥师东进，与波斯大军会战于高加梅拉，因大流士三世临阵逃跑，波斯军队全线溃败。马其顿军队轻取巴比伦和苏萨两座都城，缴获无数战利品。公元前330年，亚历山大又占领波斯波鲁斯，波斯帝国至此灭亡。之后，亚历山大穷追大流士三世，进入安息境内，但大流士三世被部将所杀。亚历山大厚葬了大流士三世，并将杀害大流士三世的部将处死。公元前329年，亚历山大继续追击叛逃的大流士三世余部，到达中亚的锡尔河一带。公元前327年，他被富庶的印度吸引，侵入印度河上游和五河地区，试图进军到"大地终端"。然而，在印度的战争并不顺利，损失惨重，士兵不愿继续远征，亚历山大被迫折返，于公元前324年返回苏萨，之后到达巴比伦城。至此，为期十年的亚历山大远征结束，庞大的亚历山大帝国建立起来。

亚历山大将马其顿君主制与东方的君主专制制度结合起来统治其庞大帝国。他基本沿袭波斯的行省制度，往各地派驻总督治理，并确保军事、财政和民政三权分离。他采取宗教宽容政策，并将自己神化。他还为了扩大统治基础，采取联姻和招募军队的方式打破民族界限，促进民族和文化融合，拉拢被征服地区的王公贵族，任命其统治这些征服地区。他还采取一些货币改革

图10 亚历山大大帝

措施，建造很多城市和希腊殖民地。通过征服和税收，亚历山大获得大笔财富。他并不满足于当时的战争成就，进一步征募和训练军队，准备进攻阿拉伯半岛地区。但是，公元前323年，就在出征之前，他突然病倒，很快去世，年仅33岁（公元前356—前323年）。亚历山大是杰出的军事统帅和历史上罕见的征服者，在一定程度上开创了亚非欧文化大交流的新时期。

亚历山大去世以后，帝国很快便解体，分裂为一些独立的王国，其中托勒密王国、塞琉古王国和马其顿王国最为强大。公元前334—前30年，随着亚历山大大帝的东侵和之后几个王国之间的战争，希腊文化在西亚和北非各地广泛传播，同时希腊文化与东方文化之间相互影响、互相融合，因此这三个世纪被称为"希腊化时代"。在希腊化时代，三个主要王国之间展开了长期战争，为意大利半岛上罗马的兴起提供了机会。

8　罗马共和国

古罗马位于地中海中部的意大利半岛上。公元前10世纪，意大利半岛进入铁器时代。公元前9—前8世纪，古罗马地方的各个村落开始联合，形成最早的罗马城，随即进入王政时代（公元前8—前6世纪），从氏族制度向国家过渡。公元前6世纪，塞尔维乌斯的改革完成了罗马从氏族制度到国家的转变。公元前509年，罗马贵族共和国建立，贵族掌握着主要国家权力，平民受到排挤，两者的矛盾越来越大，从公元前494年到公元前287年，贵族与平民之间进行了长期权力之争。经过斗争，罗马平民的地位得到提高，公民之间的团结程度加强了，国家制度逐渐完善起来。

罗马国家制度的完善也是通过征服完成的。从公元前4世纪上半叶到公元前3世纪中叶，罗马完成了对意大利的统一。从公元前264年到公元前146年，罗马对地中海世界发动征服战争，其中与迦太基人的三次"布匿战争"最为惨烈。布匿是罗马人对迦太基人的蔑称。

迦太基当时是西地中海的强国，拥有雄厚的经济实力和强大的海军。罗马与迦太基为了争夺西地中海的出海口和西西里岛等地的统治权而展开了长期战斗。

第二次布匿战争时期，迦太基的统帅是汉尼拔。汉尼拔年仅25岁便开始领导对抗罗马人的战斗。在这次战役中，汉尼拔的军事才能充分展示出来。他在分析了罗马的军事实力和经济实力之后，采取了令罗马人意想不到的战略：借助西班牙的势力，由陆路进军，翻越阿尔卑斯山，出人意料地出现在意大利，搅乱罗马同盟的阵脚，孤立罗马，最终打败罗马。这个战略不仅令人意想不到，也需要军事统领具有足够的胆识。公元前218年春季，汉尼拔率领9万名步兵、1.2万名骑兵和几十只战象，开始对意大利进行大规模远征。汉尼拔以令人难以置信的速度在特别艰苦的环境中行军。经过千辛万苦，甚至在损失惨重的情况下，汉尼拔于当年9月份，率领着剩余的2万名步兵和6000名骑兵突然出现在高卢。在短暂给养和补充军队之后，发动了对高卢地区罗马军队的进攻，并不断取得胜利。这令高卢地区的人们开始倒向汉尼拔，罗马人感到了巨大压力。罗马军队与汉尼拔的军队在康奈展开会战，结果汉尼拔以其卓越的指挥才能取得了康奈会战大捷。康奈会战成为人类历史上以少胜多的著名围歼战例。

图11 汉尼拔翻越阿尔卑斯山攻入意大利

汉尼拔的军事行动引起了意大利地区罗马同盟者的动摇和分裂。在这种情况下，罗马人采用了新任执政官费边担任独裁官时使用的战略，消耗迦太基军队的实力，不再与汉尼拔进行正面战争。经过一段时间的对峙，汉尼拔未能攻下罗马城，随后开始战略转移。由于迦太基统治集团内部对汉尼拔的猜忌，汉尼拔不能及时得到给养，并且罗马军队开始攻击迦太基在西西里岛和北非的基地，汉尼拔不得不逐渐撤离意大利。最后，汉尼拔含恨离开自己开辟了15年且没有重大失败的欧洲战场。虽然汉尼拔的远征活动可歌可泣，创造了古代战争史上的奇迹，但最终由于孤军深入和后续给养问题，未能实现打败罗马的宏愿，迦太基进一步失势。

第三次布匿战争时期，迦太基全城人民坚决抗战，罗马人围攻了两年多，才因为迦太基城内暴发瘟疫而得以攻下此城。迦太基人民与罗马人展开了短兵相接的巷战，历时六个昼夜，最后失败。罗马人攻下迦太基城之后，实施野蛮报复政策，将5万名俘虏全部卖为奴隶，纵火烧毁建筑物，将城市夷为平地。迦太基文明湮灭了，罗马成为西地中海的强大国家。与此同时，罗马人又通过三次马其顿战争征服希腊和马其顿，并逐渐征服塞琉古王国和托勒密王国，实现了对地中海地区的征服，建立起一个地跨亚、非、欧三大洲的帝国。

这些战争给罗马带来了大片土地和巨额财富，也引起土地兼并，奴隶制庄园迅速兴起。奴隶制得到极大发展。战俘是罗马奴隶的重要来源；家生奴也占有一定比例。奴隶在农业、矿业等领域从事最沉重的工作，过着最悲惨的生活。奴隶甚至被用于在斗兽场中与野兽打斗，为罗马公民提供娱乐。

公元前2世纪中叶以后，虽然罗马已经成为地中海世界的霸主，但内部矛盾逐渐彰显出来。奴隶与奴隶主之间的矛盾导致公元前137—前132年的西西里第一次奴隶起义。起义虽然失败，但它对罗马和地中海地区的影响很大。同时，平民与大土地所有者的矛盾、兵源不足等问题也很严重。为了解决这些问题，提比略·格拉古和盖约·格拉古兄弟先后于公元前134年和前124年提出改革土地的系列法案，主张把部分土地分给无地的农民，以便缓和矛盾和增加兵源，结果遭到大土地所有者和元老的反对，以失败告终，格拉古兄弟及其追随者惨遭杀害。改革的失败表明通过恢复小农的方法解决兵源问题是不可能的。公元前107年，马略利用朱古达战争的机会，对军事进行改革，采取了以募兵制代替征兵制等措施。他的改革提高了军队战斗力，为罗马的对外征服和镇压奴隶起义提供了强大军队保障，但也产生出一批唯利是图、经验丰富的职业军人，为后来的军事独裁统治奠定了基础。

公元前104年，西西里岛爆发第二次大规模奴隶起义，虽然于公元前102年被镇压下去，但沉重打击了罗马奴隶主，暴露了罗马共和制度存在的问题。公元前88年，苏拉为了保住自己的军事统帅职位而进攻罗马，大肆杀戮其政敌执政官马略的党羽。公元前82年，苏拉强迫元老院宣布其为无限制的独裁官，建立了罗马历史上第一个军事独裁政权，标志着共和政体的基本原则已经被废弃。苏拉独裁统治的深远意义在于罗马贵族奴隶主找到了摆脱共和国晚期危机的出路。公元前72年，罗马爆发了大规模的斯巴达克领导的奴隶起义，最终于公元前71年被克拉苏统率的罗马军队镇压。起义沉重打击了罗马奴隶制经济，使罗马奴隶主贵族深深感到罗马共和国这种政体已经不能保障他们的统治，加速了罗马向帝国过渡的步伐。

到公元前70年代，罗马统治阶级在对外战争中逐渐出现了一些势力集团。公元前60年，庞培、克拉苏、凯撒三人为了各自的利益和共同对付元老院而成为政治盟友，秘密结成"前三头同盟"。他们迫使元老院满足各自的政治要求，但随着克拉苏的去世和凯撒在高卢的军事成功，庞培和元老院开始走在一起，共同对付凯撒。结果是凯撒获胜。公元前44年，元老院任命凯撒为终身独裁官，随后他将罗马的一切大权都集中在自己手中，实行一些改革措施。凯撒进行独裁统治，触及元老贵族的利益，最后被暗杀。公元前43年，安敦尼、雷必达和屋大维公开结成"后三头同盟"，瓜分罗马的统治权。屋大维逐渐控制了罗马的西部地区，与安敦尼形成对峙之势。后来屋大维利用安敦尼与埃及女王克娄巴特拉七世结婚之机，兴兵讨伐，最终于公元前31年的亚克兴海战中打败安敦尼。自此以后，屋大维成为罗马大权在握的将军。他回到罗马以后，汲取历史经验，在维护共和制度与共和传统的幌子下，建立元首政治。

9 罗马帝国

公元 1 世纪前后，罗马进入帝国时代。屋大维从公元前 27 年开始，逐渐将各种权力集中在自己手中，建立起一种掩盖在共和制外衣下的独裁统治——元首政治。元首政治一直保持到公元 284 年。

屋大维为加强元首政治的社会基础和个人权力，采取了一系列举措。他五次调整元老院，将自己列为元老之首；元老可以担任高级长官、军事长官和行省总督；从骑士中选拔官僚；对平民采取镇压和收买相结合的政策；对奴隶则特别严厉，严禁随意释放奴隶；大兴土木、广建庙宇，塑造神像等；颁布有利于维护奴隶制度的婚姻法；对军队进行改革，牢牢掌握了罗马军队；对外发动了一系列战争，将北部疆界推进到莱茵河和多瑙河一线。

公元 14 年，屋大维去世以后，罗马帝国处于朱里亚·克劳狄王朝（14—68 年）的统治下。经过提比略、卡里古拉、克劳狄、尼禄四位皇帝的统治，元老院的权力和地位被架空和削弱，逐渐建立起官僚体系，基本维持了屋大维时期的帝国疆域。从公元 69 年开始，罗马帝国进入弗拉维王朝（69—96 年）。该王朝第一位皇帝韦帕芗出身行省骑士家庭。罗马帝国行省的地位在弗拉维王朝得到提升。韦帕芗进行军事改革，提高皇权，削弱元老院，扩大公民权的范围。图密善将罗马疆域推进到苏格兰边境，进一步加强皇权，但公元96年在政变中被杀。这一年安敦尼王朝（96—192年）建立。除了第一位皇帝涅尔瓦尔外，安敦尼王朝其他皇帝都出身行省，行省的地位得到极大提高，帝国首都罗马的重要地位逐渐丧失。图拉真将罗马疆域扩大至最大，北起莱茵河和多瑙河，南部包括整个北非地区，东自波斯湾，西至大西洋沿岸。哈德良在不列颠和北部边疆建起"边墙"加强防守，屠杀犹太人，几乎消除了元老院的权力，建立起了官吏由皇帝直接任命的制度。

公元1世纪和2世纪，罗马帝国在将近200年的时间里维持了比较稳定的统治，帝国范围内出现了所谓的"罗马和平"局面，这促进了帝国社会经济的发展。由于生产工具的改进和作物轮作制的推行，意大利和罗马帝国各个行省的农业都得到较大发展，手工业也有了显著发展，城市建筑和商业繁荣起来。罗马城的城市建筑尤为突出，成为地中海地区最为壮丽的城市，弗拉维圆形剧场、图拉真公共浴池和图拉真纪功柱等都是令人赞叹的建筑。罗马商人将北欧和北非的琥珀、黄金、象牙等远销中国，而中国的丝绸也在罗马各地找到了广阔市场。

图12 罗马斗兽场内景

从公元3世纪开始，罗马陷入严重的危机之中，经济、政治、社会和文化等各个领域都出现了混乱现象，史称"3世纪危机"。3世纪70年代以后，罗马的政治危机开始有所缓解，尤其是284年戴克里先称帝以后，罗马结束了元首制时代，正式进入君主制统治的时代。为了挽救罗马的危机，维护和加强奴隶主阶级的统治，戴克里先进行一系列改革。他改革行政，实行"四帝共治制度"，把帝国划为四个部分，由四个统治者统治，但最高权力归戴克里先。他还在军事、财政、货币和物价等方面进行改革。他的改革暂时稳定了国家统治，但他退位以后，这些政策就失去效用了，继承者们展开了混战。323年，君士坦丁再度统一罗马帝国，首先废除了"四帝共治制"，加强皇帝的个人独裁统治。他还将首都迁到君士坦丁堡，对官员实行等级严格的官阶制，重申主人对奴隶的处决权，通过《米兰敕令》（313年）承认基督教的合法性等。337年，君士坦丁去世以后，罗马又陷入混乱之中。395年，罗马分裂为西罗马帝国和东罗马帝国。与此同时，各地人民起义此起彼伏。日耳曼人、匈奴人等大举进攻和进入罗马境内，甚至在罗马疆域内部建立了蛮族国家，如西哥特王国和汪达尔王国等。在人民起义和蛮族进攻的沉重打击下，西罗马帝国土崩瓦解，于476年灭亡。

罗马帝国时期文化领域的最重大事件或许就是基督教的产生与发展。基督教大约产生于公元1世纪中叶，其基本教义是信仰上帝耶和华是宇宙间的唯一真神，上帝永远惠顾于世界上的所有民族；信徒因基督的牺牲而得救，不再需要其他人的牺牲，也不再需要任何烦琐的仪式。早期基督教的教义符合时代潮流，很快就获得大批信徒的支持，这对罗马帝国的统治者来说是一种威胁和挑战。因此，基督教在刚刚产生的一段时间里遭到了罗马帝国的镇压。到公元3世纪，基督教逐渐成为统治阶级可以接受和利用的宗教。公元313年，罗马皇帝君士坦丁颁布《米兰敕令》，正式宣布基督教为合法宗教。基督教获得合法地位以后，以更快的速度传播开来，后来成为世界三大宗教之一。

10　美洲的奥尔梅克城邦与查文王国

公元前1200年以后，美洲人创造了较为先进的文明。约公元前1200年，奥尔梅克人在今日的墨西哥中南部建立起美洲第一个城邦，至约公元250年结束，史称"奥尔梅克城邦"。奥尔梅克人种植玉米，驯养火鸡和犬。他们创作了很多具有较高艺术价值的石刻和泥塑作品，创造文字和历法，发明球戏，建立复杂的宗教和经济制度。通过贸易往来和文化交流，奥尔梅克城邦的影响遍及整个中部美洲地区。

查文王国位于安第斯山中部地区（今秘鲁境内），大约兴起于公元前1世纪初期。查文王国是一个祭祀中心与周围村落相结合的神权政治国家，其首都是宗教祭祀中心。祭司掌握着较大权力，不仅主持祭祀活动，还指导农业生产，甚至组织公共工程的建设，如兴修水利、建筑庙宇和宫殿等。查文王国的政治、经济和文化发展曾带动了安第斯山中部很多地区的发展。公元前200年前后，安第斯山中部及周围地区进入割据争雄的列国时期，为期600多年（约公元前200—公元450年）。

从公元前1000年到公元500年，亚非欧三大洲主要文明区快速发展，经历了奴隶社会的兴衰过程，甚至有的地区已经在封建社会的道路上走了很远的路程。各个文明区之间依靠陆路和水路交通路线建立起联系。与此同时，主要文明区的周围和美洲都出现了文明的萌芽，或者进入了国家阶段。如亚洲的朝鲜和日本在公元前后都获得较大发展，与中国有较多往来，受到中国文化深刻影响。需要注意的是，公元3—5世纪亚欧大陆的大规模移民运动对中亚、罗马帝国和中国晋朝的影响都非常深远，可以说开启了一个新的时代。

三 亚非封建国家的形成与发展

从公元前3000年左右西亚北非地区最先进入文明社会以来，北非、西亚、东亚、南亚、南欧、中部美洲等地都产生了农业文明，亚、非、欧、美四大洲的古代奴隶社会创造了辉煌灿烂的文化。当然，古代文明社会的发展表现出了文化和制度的多样性，也出现了社会形态演进的不平衡。到公元5世纪，东亚的中国已经在封建社会的道路上走了数百年，亚非欧三大洲其他主要农业文明正经历着从奴隶社会向封建社会的转型，而中美洲依然在奴隶社会的道路上继续前行。

在公元前后的几百年时间里，亚欧大陆农耕诸国与其北方的游牧诸族形成了相互对应的局面，互相之间不仅有友好往来，还有征服与掠夺。从公元前后直到公元5世纪，亚欧大陆游牧民族与农耕国家的关系变得更加复杂。受到农耕世界的压力和获取土地等需求的推动，游牧民族大批迁移，形成了一股强大的民族大迁徙浪潮。中国的北方和西北地区的匈奴、鲜卑、羯、氐、羌（中国史书上统称"五胡"）南迁（史书称"五胡乱华"）和月氏等民族的西迁最具代表性，游牧民族南迁导致中国为期四百年的分裂和动荡，月氏族的西迁引起了中亚民族大迁徙。欧洲以北欧的日耳曼民族南迁最具代表性，引起了整个西欧的大变动，尤其促成了西罗马帝国的灭亡。从长远来看，这股民族迁徙浪潮促进了各民族的融合，也引起了亚欧大陆农耕国家的动荡，甚至推动了亚欧社会的封建化进程。

封建制度指的是以封建主阶级占有土地并剥削农民或农奴的剩余劳动为基础的社会制度。与奴隶社会相比，封建社会的主要生产者农民或农奴有一定的人身自由，农民或农奴不是封建主的私有财产。封建社会的基本剥削形式是封建地租，也就是说，封建主依靠其掌控的土地对农民或农奴进行剥削，农民或农奴耕种封建地主的土地，把部分产品作为地租交给封建主。封建主与农民或农奴阶级便构成了封建社会的主要对立阶级。

封建制度在世界各地的表现形式并不一致。在西欧，封建关系主要体现为封君封臣关系和领主与农奴关系。东欧的封建关系也表现出了与西欧封建关系的相似性。在封建时期，基督教在欧洲具有较大影响，教会构成封建关系的重要因素之一。亚洲的封建关系以中国为代表，主要是以皇帝为核心的封建地主阶级对广大农民的地租剥削。在西亚的阿拉伯世界和非洲的埃及，封建关系整体上体现出了与亚洲中国封建关系的相似性，即以君主为核心的统治阶级对广大农民的盘剥，但同时因为伊斯兰教占据统治地位，宗教势力构成这些地区封建关系中的重要力量，这又与欧洲的封建关系表现出某些相似之处。正是基于这种封建关系的不同表现形式，也是因为世界各地封建关系发展的不均衡性，本书将亚非封建国家和欧洲封建国家分在两章里阐述。而在第五章，将经过发展之后的亚非欧封建社会放在一起阐述，以突出发展带来的相互交往。

1　隋、唐、宋中国

经过几百年的发展，到隋、唐、宋时期，中国封建社会在政治制度、经济和文化等方面都表现出了盛况。隋朝（581—618 年）结束了汉末以来除西晋短期统一之外长达四百年之久的分裂局面，再次建立了统一的多民族国家。隋文帝杨坚吸取之前社会动乱的教训，采取了一些有利于社会稳定和经济发展的政策，使隋朝在南北朝时期经济发展的基础上出现了繁荣局面。杨坚统治后期，隋朝政治上出现了乱象，隋炀帝杨广更是骄奢淫逸、穷兵黩武、滥杀无辜，引起社会动乱，结果隋朝仅仅存在了30多年便被各地起义军推翻了。当然，隋炀帝开通的大运河对中国南北物资的交流和政府加强对东南地区的控制还是有益的，也在中国古代建筑史上占据重要地位。

唐朝（618—907年）前几位君主充分吸取历史教训，完善制度，整顿吏治，重视民生，发展社会经济，协调民族关系，广纳外来文化，使唐朝成为中国封建社会的一个盛世。唐朝第二位皇帝李世民尤其重视民意，充分意识到"水能载舟，亦能覆舟"的道理，使唐朝出现繁荣局面，历史上因其年号为贞观而称他的统治为"贞观之治"。唐朝还出现了中国历史上的唯一一位女皇帝——武则天。武则天的统治在一定程度上推动了唐朝经济的持续发展，培养了一批有才能的官员，她的用人政策扩大了唐朝的统治基础，对政权的巩固和发展起到了一定作用。唐朝历史上最强盛时期出现在唐玄宗李隆基统治时期，尤其出现在他统治的前期，因当时李隆基的统治年号是开元（713—741年），因而史称"开元盛世"。李隆基在统治后期开始追求享乐，沉溺于杨贵妃的美色之中，荒废政事，宰相李林甫专权，导致政局开始动荡。李隆基统治后期在边境地区设置了十个节度使，大多委任胡人担任节度使职务。这些节度使逐渐发展为几个大的军阀势力，拥兵自重。在李隆基统治末期，节度使安禄山和史思明发动叛乱，为期七年，史称"安史之乱"。这场大浩劫使唐朝后期陷入了大约150年的藩镇割据局面，中央政权的力量已经很有限了。与此同时，大臣之间结党营私、宦官专权等现象持续不断。多地农民揭竿而起，反对唐王朝末期的腐朽没落统治。唐朝最终在农民起义的大潮中灭亡。

尽管唐朝后期政局不稳、社会动乱，但从整体上来看，唐朝在中国封建社会的历史上占据重要地位。它的政治、经济和文化成就都各具特色，对后世和中国周边国家产生了深远影响。唐朝改进隋朝制度，实行三省六部制，即中央设"尚书、门下、中书"三省和尚书省下属的"吏、户、礼、兵、刑、工"六部，分管中央各个部门。唐朝还完善了各种中央和地方行政制度。唐朝改进和完善了隋朝开始的科举制，这种通过考试选拔官员的制度，扩大了统治阶级的范围和基础。唐朝的律令制度是中国古代法制建设的鼎盛时期，不仅有效地巩固了唐朝统治，为中国后世各个王朝的统治奠定了法制基础，还对日本的律令制国家产生了极大影响。唐朝推行的均田制、租庸调制、两税法等土地和税收制度都取得了很大成效，对于唐朝经济发展和社会繁荣做出了重要贡献,对后世土地制度的发展与完善有很大裨益。唐朝文化更为显著,有大量杰出成就。中国文学中的诗歌体裁在唐朝达到极盛,很多诗歌至今仍然脍炙人口,很多诗人是我们今日熟知的,如李白、杜甫、白居易等;唐诗成为人类历史上难以逾越的文化瑰宝。唐朝发明的雕版印刷术对文化传播起到了很大推动作用,是中国对世界文化发展做出的重要贡献之一。

唐朝后期,中国社会陷入分裂割据状态,五代十国(907—960年)就是这种局面的延续。960年,赵匡胤建立宋朝(960—1127年),史称"北宋"。北宋并不是一个统一全国的王朝,还有几个与之并列的政权,如契丹人在北方建立的辽(916—1125年)、党项族在西北建立的西夏(1038—1227年)以及女真族在东北建立的金(1115—1234年)。金联合北宋灭辽以后,又于1127年灭北宋。北宋皇室迁往杭州,建立南宋(1127—1279年),与金对峙。最终,蒙古人先后灭掉金和南宋,统一了中国。

尽管这三百多年全国有几个政权,战争此起彼伏,各族人民遭受了战乱之苦,但中国封建社会却步入了一个新阶段,文明达到了一个新高峰。在政治上,庶人出身、依靠科举起家的官僚士大夫群体取代了门阀士族,成为政治舞台上的重要力量,对后世统治阶级的变化和社会人群的地位变化影响深远。从经济上来看，宋朝经过王安石变法，调整了土地政策，推动了中国土地关系的发展，经济重心从北方转移到淮河以南。社会发展水平也有了很大提高，《清明上河图》描绘的场面是宋朝经济社会繁荣的一个缩影。

图13　清明上河图

在文化领域，宋代理学将中国古代理论思维推向新高度；这一时期中国的书法、文学、数学、医学、绘画、建筑等都各具特色，承载着中国古代劳动人民的卓越智慧；中国影响世界文明的四大发明有三项是在这一时期得到广泛使用的，即活字印刷术、指南针和火药。宋朝不仅广泛使用了火药，还制做出火器，并运用到战场上。火器的发明使人类社会从冷兵器时代步入热兵器时代，这对于军事和战争的发展具有重要意义。宋朝在军事上运用火器的范围还比较有限，仍然以冷兵器为主。但蒙古人在学习到火器的制作和使用技术之后，广泛使用于战争，在征战亚欧大陆、建立庞大帝国的过程中发挥了巨大作用。

2　新罗与高丽

朝鲜半岛与中国山水相连，中朝之间很早就有密切关系。据史书记载，朝鲜半岛上最早的国家是由中国人建立的。汉朝将朝鲜半岛北部并入中国版图。公元3世纪、4世纪，朝鲜半岛形成了三个较强大的国家，即北部的高句丽、南部的新罗和百济。新罗联合中国的唐朝于660年和668年先后灭掉百济和高句丽，随后将唐朝排挤出朝鲜半岛，朝鲜半岛第一次实现统一。

新罗统一朝鲜之后，确立了封建制度在全国的统治地位。新罗仿照中国唐朝，建立起较完备的中央集权官僚政治制度。中央设立若干府和部，掌管财政、司法等事务。全国地方划分为九个州，州下设郡、县、乡。政府各级行政单位的长官均由国家任命。官员获得土地，其俸禄从土地收入获取。各级官员向国家效忠，即效忠于专制君主。新罗国家将土地分给农民，农民要交纳地租，承担各种徭役，建立起土地国家所有的封建制。在思想领域，新罗政府提倡儒学，实行科举制。农业、手工业、商业、贸易都发展起来。然而到 9 世纪，随着大封建主的土地兼并和高利贷的盛行，广大农民破产，阶级矛盾尖锐化，中央集权制逐渐衰弱，农民起义不断。9 世纪末 10 世纪初，各地出现地方政权，新罗国家式微，于 936 年被高丽灭掉，整个朝鲜进入高丽王朝时期（936—1392 年）。

高丽王朝总结前朝灭亡的教训，对土地关系进行调整。976 年，国家清查土地，登记耕地和山林，一律收归国有，然后将一部分土地和山林按照等级分给文武百官和士兵，称为"田柴科"。获得土地的人只拥有土地的收租权，而且不能世袭。其他绝大部分土地归国家支配，作为公田，由国家直接租佃给农民耕种，并收取地租，这就确立了国家对土地的最高支配权，限制了土地兼并，保证了国家政权的物质基础。

高丽王朝在成宗（982—997 年在位）时期实行政治改革，确立了新的封建集权统治体制。中央机关下设门下省（总管国家各项事务）、尚书省（总管全国官吏）和三司（总管全国财政），尚书省下设吏、户、礼、兵、刑、工六部。中央官员由文职人员充任，称为文班。地方行政在全国分十个道和十二个州，道和州下设府、郡、县、村等行政单位，县以上地方长官由中央任命。这种制度模仿了中国唐朝三省六部制和地方制

三 亚非封建国家的形成与发展 77

度。高丽王朝实行良人农民义务兵制，分为地方军和中央军。中央军由武将统领。武将称为武班，与文班并称"两班"，但文班地位较高。地方由各道节度使统领。高丽王朝还设立培养官僚和普及封建思想教育的大学——国子监等。经过这次改革，高丽王朝的中央集权的封建制得到巩固和发展，其经济也因此发展起来。

到 12 世纪，文武官员和寺院利用田柴科的漏洞不断兼并土地，阶级矛盾尖锐化，引起了农民起义，高丽王朝日趋衰落。1392 年，高丽大将李成桂灭掉了高丽王朝，1396 年改国号为朝鲜，朝鲜半岛进入李氏朝鲜时期。

3　日本大化改新

根据考古发现，距今 3 万年以前日本列岛上就有人类活动，距今 1 万年前进入新石器时代，直到公元 5 世纪才出现统一国家。在日本国家形成前后，日本与中国和朝鲜都有了较多往来。

公元 6 世纪以后，日本处于推古朝（593—628 年）统治时期，以圣德太子（593—621 年在位）为首的统治者希望建立中央集权的天皇制国家。这一方面是统治者自身加强统治的需要；另一方面也是由当时日本面临的国内外形势推动的。公元 6 世纪、7 世纪以来，随着中国科技文化在日本的传播，日本的生产工具得到改进，生产力得到提高。日本生产力的提高和社会发展促使部民更多地脱离了贵族和政府的控制，动摇了国家的统治基础，日本政府急需改变这种状况。与此同时，日本的邻国中国正处于隋唐统治时期，政治、经济和文化蒸蒸日上，使中国成为法制完备的强大中央集权国家，对日本产生了强烈影响。朝鲜的新罗也通过改革发展起来，并将日本的侵略势力驱赶出朝鲜，这更令日本政府当局感到岌岌可危。圣德太子积极推动改革，向中国学习，尤其借鉴中国政府的官阶制，进行行政改革，派遣留学生到中国学习先进文化和政治制度。他的改革受到贵族豪强势力的阻挠而未取得多大成果，然而他的改革为中日友好关系和日本后来的改革奠定了基础。

圣德太子推行改革时派往中国的留学生在中国学习二三十年之后，对中国唐朝的政治、经济、文化都有了深刻认知，回国以后，积极推动日本当局进行改革。645年，孝德天皇（645—654年在位）在铲除了那些阻碍中央集权建立的豪强贵族以后，登基为天皇，建年号为"大化"。第二年，他任用皇太子中大兄、大臣阿倍内麻吕、内臣中臣镰足等，推行改革，建立以天皇制为核心的新国家，史称"大化改新"。大化改新的主要内容有四个方面：废除天皇和贵族的私有土地和部民，收归国家，作为公地和公民，并对大夫以上高官贵族赐予食封；改革统治机构，建立京师和地方行政机构等；造户籍，建立赋税账簿，实行班田收税法等；改革租税制度，实行租庸调新税法。这些纲领经过了较长期的斗争之后才得以实施，尤其在天武天皇（672—686 年在位）时期得到严格执行和完善，最终在 701 年"大宝律令"修成时结束。日本通过大化改新建立起律令制中央集权国家。

所谓律令制，就是以法律、法令为国家基本原则体系的制度，借鉴了中国隋唐时期的法制体系。在日本律令制国家里，君主是专制主义中央集权政府的核心，实行土地国有和不同种类的土地使用方式，将全国人民分为良民和贱民，良民中的皇族、贵族和官僚是统治阶级，农民是被统治阶级，而贱民的地位则更为低下。良民拥有不同数量的土地，贱民没有公民权。律令制较之前的社会制度有很大进步性，提高了农民的生产积极性，促进了日本社会经济的发展，但它毕竟是在特定历史条件下形成的，随着生产力的提高和社会经济的发展，这种土地国有制度便受到挑战。到 8 世纪末，随着各类私田的增加，庄园制逐渐发展起来，庄园采取各种方式避免纳税。10 世纪时，天皇权力逐渐衰弱，律令制国家基本解体。

大化改新的功臣中臣镰足在世之时，天智天皇赐姓藤原氏，此后的两百多年，藤原氏一族世代为外戚，长期充当幼小、病弱天皇或女帝的摄政，掌握中央权力，在天皇长大亲政之后退任关白（实际上是变相的摄政而已），这就是历史上所说的"摄关政治"，独揽摄关职位的藤原氏家族被称为"摄关家"，是最大的庄园主。地方各级庄园都投在这个家族的门下，以便获得保护，作为回报要向摄关家缴纳贡赋，这成为摄关政治的经济基础。

天皇为了摆脱摄关家的控制，采取了院政，即天皇执政若干年之后，将皇位让给年幼的皇太子，自己则出家为僧，称为法皇，另立院厅，继续执政。这就逐渐削弱了摄关家的势力。但这却难以挽救律令制和天皇权力的衰落。庄园制在 11 世纪、12 世纪继续发展，到 13 世纪已经成为社会经济的主要经营方式。

随着庄园制的发展，地方豪强的独立性增强，社会动荡，各个庄园组建起以血缘关系和主从制相结合的军事集团，其成员称为"武士"。随着武士势力的提升，日本出现了很多武士集团，互相之间争权夺利，其势力甚至凌驾于天皇之上。1192 年，武士头目赖源朝在镰仓设立将军幕府，开始了武家政权镰仓幕府的统治时代（1192—1333 年）。

4　李朝大越国

在大约 10 世纪之后，东南亚的缅甸、泰国、柬埔寨、老挝、越南等地都先后形成国家，并逐渐进入封建社会。越南在东南亚封建社会形成过程中比较有代表性。1009 年，李公蕴建立李朝大越国，统一了越南。李朝实行中央集权制，中央机构设文武两班，辅助国王治理国家；地方分为 24 路，路下设州，州下设县、乡等行政单位。李朝还建有强大的军队。李朝大越国的土地归国王所有，国王把一部分土地分给贵族、功臣和官吏，寺庙也占有大量土地。这些是封建主，他们主要使用依附佃农和部分家奴为其耕作。王室土地也用战俘、奴隶或罪犯耕作，收成也完全归王室所有。后来土地兼并的现象越来越多，并迅速发展起来。李朝采取了一些发展生产的措施，使大越国在 11 世纪、12 世纪出现空前的繁荣，农业、手工业和商业都有所发展。

5　笈多和戒日王朝

南亚次大陆的恒河流域在公元 3 世纪处于分崩离析状态。公元 4 世纪初，笈多王朝（320—540 年）建立。

这个王朝超日王（380—413年在位）统治时期达到鼎盛，其领土扩张到了阿拉伯海沿岸，控制了北印度东西海岸的很多繁荣城市和港口。笈多王朝建立了以大王为中心的中央集权统治，大王、贵族和婆罗门高僧构成主要统治者。

笈多王朝末期，社会陷入动荡状态。这种分裂动荡状态一直持续了很多年，到606年戒日王朝（606—647年）建立以后才逐渐好转。戒日王朝征服了几个并立的政权之后于612年建立戒日帝国。戒日王继续南征北战，使北印度基本处于戒日政权的统治之下。在接下来的十几年，戒日王试图征服南印度，统一南亚次大陆，但未能成功。戒日帝国的版图是当时南亚次大陆最大的。实际上，戒日帝国是许多小王国的松散政治联盟，戒日王是盟主。这个帝国的存在是以戒日王的权威为基础的。647年，戒日王去世，帝国下属的藩国纷纷独立，帝国便解体了，北印度重新陷入分裂状态。

印度社会在笈多王朝时期开始了从奴隶制向封建制的过渡，到戒日帝国时期封建社会基本确立起来。村社是印度社会的基本单位。在封建制度下，村社分别被大王、贵族、僧侣等占据，依靠大量封建依附农民耕种。农民以交纳实物地租为主。这里的农民主要是从印度原来四个种姓中的首陀罗种姓转变而来的。其他种姓尽管

三　亚非封建国家的形成与发展　*83*

有所变化，但基本处于统治地位。

笈多王朝和戒日帝国时期，统治阶级基本采取宗教宽容政策，不仅古代印度的婆罗门教依然发展，印度教也在婆罗门教的基础上产生和发展起来，佛教也得到广阔发展空间。佛教已经成为印度的主要宗教，并传播到东亚的中国、朝鲜、日本等国，也传播到东南亚的锡兰（今斯里兰卡）、缅甸、暹罗（今泰国）、柬埔寨、爪哇等地。中国东晋时期的名僧法显（约334—约420年）和唐代名僧玄奘（602—664年）就分别于笈多王朝和戒日王朝时期到印度求取佛法，不仅将印度的佛教思想传播到中国和东亚其他地区，还将印度本已失传的大乘佛教思想回传到印度，在佛教发展史上占有重要地位。

图14　印度那烂陀寺

6 阿拉伯帝国

亚洲西南端的阿拉伯半岛长期生活着很多游牧部落，到6世纪、7世纪之交，这些游牧部落发生了剧烈的社会动荡。部落内部因商业贸易的发展而分离出贵族和依附民，而且矛盾越来越尖锐。同时，随着商业中心转移到波斯湾，阿拉伯半岛的商业活动遭受沉重打击，部落内部的贵族因此损失惨重，普通劳动者的处境更加悲惨。人们普遍希望过上安定幸福的生活。穆罕默德（约570—632年）恰恰顺应了这种要求。

穆罕默德出生于麦加一个没落的商人贵族家庭。父亲在他出生之前便去世了，所以他的童年是在贫困中度过的。他少年时依靠替人放牧为生，成人后随叔父经商，还参加过部落战争。大约25岁时，他与一位富有的寡妇结婚。丰富的人生经历和婚后有保障的生活使他的聪明才智得以施展。他经过几年的潜心研究和苦思冥想之后，于610年向人们宣布，他得到真主安拉的启示，作为安拉的使者向世人传播真理：尊奉独一的真主安拉，摈弃偶像崇拜。他宣称，信仰安拉的人死后会复活，升入天堂，否则便会坠入地狱。他很快便吸引了很多信徒，伊斯兰教随之产生。"伊斯兰"就是顺从安拉的意思。信奉伊斯兰教的人称为穆斯林，意思是独尊安拉、服从先知的人。

随着伊斯兰教的产生和发展，阿拉伯统一国家逐渐形成。伊斯兰教动摇了旧贵族的地位，伤害了旧商业贵族的利益，因而穆罕默德及其信徒受到麦加贵族的不断迫害。穆罕默德率领信徒离开麦加，在麦地那获得发展和壮大，最终于630年占领麦加，迫使麦加贵族归顺。这标志着伊斯兰教在阿拉伯半岛的胜利。之后，穆罕默德征服了很多地区和部落，到632年阿拉伯半岛基本统一。632年6月8日，穆罕默德去世。

穆罕默德去世之后，各派穆斯林展开了争夺继承权的斗争，最终穆罕默德的岳父和挚友阿布·伯克尔（632—634年在位）被推举为首领，称为"哈里发"（意思是先知的继承人）。从此，阿拉伯进入四大哈里发统治时期。后三位哈里发分别是欧麦尔（634—644年在位）、奥斯曼（644—656年在位）和阿里（656—661年在位）。这四位哈里发并非世袭继承关系，而是由选举产生的。第一位哈里发在缓解了内部矛盾之后，迅速展开对叙利亚的征服战争。到第二任哈里发时期，约642年，阿拉伯人已经先后打败拜占庭（东罗马）帝国等，占领了叙利亚、伊拉克、埃及等地。到第四任哈里发阿里被刺杀之后，倭马亚家族的穆阿维叶夺取政权，在大马士革建立了哈里发政权，继承人不再经过选举产生，而是由倭马亚家族世袭，史称这个时期为倭马亚王朝（661—750年）。

倭马亚王朝在镇压了内部起义之后，发动了大规模的对外征服战争，到732年基本上建立起了当时世界上最庞大的跨亚、非、欧的帝国。其版图东起印度河和帕米尔高原，与中国接壤；西至大西洋的比斯开湾，囊括了西班牙等地；南达尼罗河下游，包括了北非的很多地区；北及里海和咸海边缘。

倭马亚王朝在征战过程中，逐渐建立起中央集权的政治制度，哈里发集政权、军事和宗教等权力于一身，下设几个部门，辅助哈里发掌管行政、财政和宗教等方面的事务。全国分为若干省，行省由哈里发任命的总督（艾米尔）管理，另设有财务官等职位。省下设县，县长由总督任命。因此，总督在掌握军权和人事任免权的情况下，具有很大的独立性。

倭马亚王朝建立的是一个幅员辽阔、民族复杂、人口众多的帝国。阿拉伯人占领的拜占庭和波斯的领土，大多已经步入封建社会。倭马亚王朝将阿拉伯传统的社会制度与其结合起来，形成特殊的阿拉伯封建制度。倭马亚王朝将帝国内的所有土地收归国有，然后分配给哈里发的家族成员、阿拉伯贵族和普通阿拉伯农民。被征服地区的王室贵族是倭马亚王朝的地方代理人，拥有大土地和一些特权，农民保有土地，但要交纳税务。农民是倭马亚阿拉伯帝国的主要纳税人。当然，阿拉伯人也在生产中使用一些奴隶和奴婢。阿拉伯人没有从根本上破坏被征服地区社会秩序，较好地维持了社会稳定。

倭马亚王朝鼓励人们皈依伊斯兰教，给予皈依者与阿拉伯人平等的身份和免除部分税务的权利，这也在一定程度上促进了人们的生产积极性。阿拉伯帝国建立之后，相对安全统一的环境也使社会经济呈现繁荣局面。然而，到倭马亚王朝后期，哈里发腐败堕落，很多政策得不到有效实施，民族矛盾、阶级矛盾、社会矛盾尖锐化，各地农民起义不断，750年起义军灭掉倭马亚王朝。倭马亚王朝的反对者阿拔斯借机建立了阿拔斯王朝（750—1258年）。

阿拔斯王朝在8世纪中叶至9世纪中叶达到极盛。阿拔斯王朝不再像倭马亚王朝那样依靠阿拉伯贵族进行统治，而是建立起一套以阿拉伯人、伊拉克人、叙利亚人、埃及人、波斯人等相结合的官僚体系，作为专制统治的有力支柱；军队不再以阿拉伯部落为基础，而是从各地各民族中招募士兵，组成领军饷的正规军和常备军；哈里发拥有最多土地，王公贵族、高级军官、大商人等的土地都源于哈里发的封赐和捐献等，农民是租税的主要承担者。阿拔斯王朝一时间处于极盛状态，农业、手工业、商业大为发展。然而，数目庞大的官僚、军队和统治阶级成员对农民的盘剥和压榨激起了农民起义。9世纪之后，阿拔斯王朝各地起义不断，致使帝国四分五裂。埃及、波斯、伊拉克等地都出现了独立政权，阿拔斯王朝名存实亡。1258年，蒙古军队攻占巴格达，阿拔斯哈里发政权灭亡。

阿拉伯帝国所占据的地区（如埃及和两河流域）在历史上具有悠久光辉的文化成就，而阿拉伯帝国的统治者和普通人都重视文化事业。这样阿拉伯帝国在天文学、数学、医学、文学、艺术、史学、哲学等领域都取得了光辉灿烂的成就。阿拉伯帝国的很多文化成就处于领先地位，对世界文化发展做出了重要贡献。例如，阿拉伯人创作的小说《天方夜谭》（又名《一千零一夜》）的内容和写作风格对欧洲产生了广泛影响。

阿拉伯帝国还起到了文化中介的作用，它将中国的造纸术、指南针、火药等重大发明传播到欧洲等地，将印度的数字和"0"的概念传播到欧洲，得到广泛应用，代替了欧洲人使用的罗马数字，使计算速度大为提升；阿拉伯人还翻译了很多希腊罗马时期的经典作品，

图15　巴格达图书馆中的阿拉伯学者

后来以拉丁语版本的形式传回欧洲，使古典希腊文化得以保留下来，为欧洲文化和文艺复兴的发生以及近代自然科学的建立奠定了基础。

7　法蒂玛和阿尤布埃及

公元642年，阿拉伯人占领埃及，埃及进入阿拉伯人的统治时期，先后经历四大哈里发、倭马亚王朝和阿拔斯王朝的统治。9世纪中叶以后，埃及逐渐摆脱阿拔斯王朝的统治。在9世纪中期至10世纪中期的100多年里，突厥人先后在埃及建立了两个相对独立的王朝：土伦王朝（868—905年）和伊赫什德王朝（935—969年），这是埃及逐渐走向独立的过渡期。埃及的真正独立是从法蒂玛王朝开始的。法蒂玛王朝是由信奉和传播伊斯兰教什叶派分支伊斯玛仪派教义的赛义德·伊本·侯赛因在北非马格里布（阿拉伯语"西方"一词的音译，是指埃及以西，现今利比亚、突尼斯、阿尔及利亚和摩洛哥地区）建立的王朝（909—1171年），侯赛因称哈里发，宣布与信奉伊斯兰教逊尼派的阿拔斯王朝对立，并称自己是先知穆罕默德之女法蒂玛和哈里发阿里的后裔，因而是全体穆斯林世界唯一合法的宗教领袖，王朝因此而得名。这也为法蒂玛王朝进攻埃及提供了借口。969年，法蒂玛王朝第四任哈里发穆仪兹（952—975年在位）任用西西里人昭海尔为大将，率军攻下埃及。昭海尔不仅是位天才的将军，还是一位很有才能的大臣。他在埃及安定了政治局势，建筑了爱资哈尔（阿拉伯语"辉煌"之意）清真寺和开罗城，最后迎接哈里发穆仪兹进入开罗城。开罗从此成为法蒂玛王朝的首都。法蒂玛进而攻占了西亚的叙利亚和北非的很多地方，形成与阿拔斯王朝对峙的局面。

图 16　爱资哈尔清真寺

法蒂玛王朝在哈里发阿齐兹（975—996 年在位）统治时期达到鼎盛。法蒂玛王朝的政治、经济等制度基本与阿拔斯王朝相同。埃及肥沃的土地和相对安定的环境以及法蒂玛王朝较为适当的政策，使埃及的经济得到很大发展，文化也出现了繁荣局面，甚至有人认为法蒂玛王朝时期的文化堪与古埃及新王国时期和希腊人统治时期相比较。然而，到哈里发哈基木（996—1021 年在位）统治时期，法蒂玛王朝开始走下坡路，这与哈基木本人的性格和统治方式有直接关系。首先，他歧视异教，对犹太教徒和基督徒实施严厉措施，强迫他们穿黑袍、拆毁基督教教堂等。很多基督徒被迫皈依了伊斯兰教。其次，他对自己则大搞个人崇拜，称自己是"真主的化身"。此外，他的个人行为比较怪异，令人难以理解。他骑在驴上自由地绕城游玩，不需要护卫，很容易与人们混杂在一起，好像他就是人们中的一员。他去世几年后，一位作家这样记述哈基木："他是一位具有幽默感的农民。他经常在街道上与人们谈话，并相互开玩笑。"然而，他又极端害怕民众。为了防止人们在夜间聚集闹事，他下令禁止夜市。他对妇女尤其充满偏见，严禁妇女走出家门，甚至禁止制鞋匠生产妇女穿的鞋子，以便把妇女禁锢在家门以内，违者处死。他还是一个"朝令夕改"的人，既主张改革，又旋即处死改革派。他的这些怪异行为和政令令人反感，结果在他统治晚年各地人民起义不断。他被迫在短期内废除了很多严苛的政策，改变了对异教徒的态度。但没过多久，各种苛刻的政策就又恢复了。据说，他的妹妹希蒂·穆勒克在多次劝说他实行宽松政策无果的情况下，与大臣密谋，将哈里发哈基木杀死。法蒂玛王朝后期，北非和西亚的很多地方纷纷独立，十字军东侵也威胁着王朝的统治。

面对十字军的进攻，法蒂玛王朝无力抵抗，求助于在叙利亚兴起的由突厥人建立的赞吉王朝。1164年，赞吉王朝派希尔库和其侄子尤素福·伊本·阿尤布（即萨拉丁）率军帮助埃及抵挡住十字军的入侵。1171年，阿尤布宣布取消对法蒂玛王朝哈里发的祈祷，转而为阿拔斯王朝的哈里发祈福。这样，实际上一方面宣布了法蒂玛王

图17　萨拉丁

朝的灭亡；另一方面宣布了阿尤布王朝（1171—1250年）的开始。此外，阿拔斯王朝信奉逊尼派，这就等于宣布埃及从此信奉逊尼派伊斯兰教。

阿尤布王朝主要依靠能征善战的突厥人进行统治和战争，抵抗十字军入侵，后来又与蒙古军队展开了长期战争。这些战争有效地保证了埃及统治的完整。萨拉丁因为在叙利亚几次大败十字军，令欧洲人闻风丧胆，被视为伊斯兰世界的英雄。他的后继者也多次击退十字军对埃及的进攻。从这个意义上讲，阿尤布王朝对埃及乃至伊斯兰世界都做出了重要贡献。阿尤布王朝统治时期，突厥贵族的势力得到极大提升，这为马木路克王朝的统治奠定了基础。阿尤布王朝末期，最后一位哈里发去世之后，他的继母统治开罗80天，接着便与突厥将

领艾伊贝克结婚，共掌政权，由艾伊贝克出任素丹（1250—1257年在位）。这标志着阿尤布王朝结束和马木路克王朝开始。

大约公元5世纪至公元12世纪，亚非国家在封建化的道路上率先建立和发展起来，中国的唐朝达到了东亚封建社会的鼎盛，其政治、军事、经济制度和文化思想都对朝鲜、日本、越南等产生了极大影响，日本的律令制国家就是在充分吸收唐朝律令制的基础上建立起来的。南亚的印度经过长期动乱之后，进入一个新的发展期，印度本土人建立的笈多和戒日王朝使印度进入到封建社会，并促使佛教和印度教的大发展与大传播，对东亚和东南亚的宗教思想和社会生活产生了不小的影响。西亚阿拉伯人在穆罕默德的引领下，建立了政教合一的伊斯兰国家之后，经过四大哈里发、倭马亚王朝和阿拔斯王朝的发展，成为地跨亚、非、欧三大洲空前规模的阿拉伯帝国；阿拉伯人深受亚非农业文明的影响，帝国建立后，整个地区的社会经济形态很快进入封建制阶段。当然，非洲的埃及因其富饶的农业经济和得天独厚的地理位置以及悠久的文明史而在阿拉伯帝国的发展史上独具特色，经过几百年的阿拉伯人统治之后，社会已经阿拉伯化，但它在法蒂玛王朝和阿尤布王朝统治时期基本处于独立状态，尤其从阿尤布王朝开始，突厥贵族的统治力量逐渐增强，为突厥人统治埃及奠定了基础。

四　欧洲封建国家的形成与发展

欧洲封建社会的形成始于 3 世纪罗马社会危机和日耳曼民族大迁徙造成的罗马帝国衰落。公元 395 年，罗马帝国分裂为两部分。东罗马帝国以拜占庭（君士坦丁堡）为首都，经受住了社会动荡和外族入侵的考验，在封建化的道路上前行，有效地保留和传承了希腊罗马文化，成为东西方文化交流的中介。西罗马帝国在蛮族入侵下逐渐解体，到公元 476 年结束。日耳曼人在接受罗马先进文化影响之后，逐渐在西欧各地建立起封建制国家。在欧洲封建制国家建立和发展过程中，基督教教会是一支重要力量，既是封建君主的合作者，也往往成为封建君权的限制者和斗争对象，而基督教神学则对欧洲社会文化产生了重要影响。

1　拜占庭帝国

拜占庭帝国就是东罗马帝国，因其首都在拜占庭而得名。395 年，拜占庭帝国的版图包括欧洲的巴尔干半岛、爱琴海诸岛、亚洲的小亚细亚、亚美尼亚、叙利亚、巴勒斯坦、美索不达米亚上游地区以及非洲的埃及、利比亚等地，是一个地跨亚、非、欧三大洲的庞大帝国，强大时其领土相当于古代西亚北非和希腊—罗马（本土）的古老文明所在地。

拜占庭帝国在建立初期，社会经济比较繁荣，处于奴隶制逐渐解体的阶段，小农经济在拜占庭农业中占据重要地位，但也有一定比例的从奴隶向小农过渡的隶农。拜占庭帝国初期的国内外贸易也很发达，尤其在对外贸易方面更为突出，中国的丝绸、印度的香料、埃及的粮食和纸草纸、叙利亚的织物和刺绣等都经由君士坦丁堡转销到亚非欧各地，君士坦丁堡因此被称为"东西方之间的一道宝桥"。繁荣的经济使拜占庭帝国拥有了强大经济基础，这使它能够在西罗马帝国灭亡之后仍维持近千年的统治。

拜占庭帝国在 6 世纪查士丁尼统治时期（527—565 年在位）出现了第一个"黄金时代"。查士丁尼借助强大的经济实力，试图在国内恢复奴隶制，在国外向西征服，以恢复昔日罗马帝国的疆域。他任用卡帕多西亚的约翰（531—541年在职）为财政大臣，后者横征暴敛，为查士丁尼聚敛了大笔财富，为远征奠定了坚实基础。533—554年，查士丁尼在东方稳定了与波斯的关系之后，对西方进行了大规模长期战争。在大将贝利撒留的率领下，拜占庭军队征服了北非、意大利和西班牙南部等地，大大扩展了拜占庭帝国的疆土，然而并未能实现重建罗马帝国的愿望。查士丁尼在征服地区下诏书，恢复奴隶制，但未能得到执行，西欧封建化的进程不可逆转。

图18 查士丁尼一世及群臣

公元 6 世纪、7 世纪，拜占庭几乎是在与波斯、阿拉伯帝国的战争中度过的，拜占庭统治者号召全国军民同仇敌忾，进行"圣战"，维护领土和宗教主权，这使得基督教教会和修道院掌握了大量土地。到公元 8 世纪，这种状况危及了世俗政权的利益，于是从 726 年至 843 年，拜占庭帝国皇帝为首的军事贵族等势力展开了一场打击教会和修道院势力的"圣像破坏运动"，因以反对圣像崇拜为斗争旗帜而得名。这场运动的结果是拜占庭社会的封建制得到发展。

9 世纪至 10 世纪拜占庭帝国出现了第二个强盛时代，拜占庭帝国一度夺回阿拉伯帝国抢占的领土，最终挡住了阿拉伯、保加利亚和罗斯人的入侵。这为拜占庭帝国封建关系的发展、封建制度的确定创造了环境。然而，随着封建制的发展，地主与农民之间的矛盾不断积累，从 10 世纪开始，拜占庭帝国各地出现了大规模农民起义，帝国逐渐走向衰落。

拜占庭帝国是古希腊罗马文化传统、基督教文化因素和近东文明古国文化影响相交流的地方，三种文化逐渐融合出独特的拜占庭文化。拜占庭帝国在文化上的成就别具特色，对世界文化发展做出了重要贡献。查士丁尼时代建筑的圣索菲亚大教堂堪称拜占庭艺术的代表作，普罗科比的《战争》和《秘史》是享誉近一千五百年的史学名著，查士丁尼时期编纂的《民法大全》则是欧洲历史上第一部系统完备的法律文献，对后世立法影响深远。到 12 世纪，君士坦丁堡经常举行学术讨论，吸引了大量来自西欧乃至世界各地的学者，使拜占庭的希腊文化向西方传播，为西欧文艺复兴奠定了基础。

2 保加利亚

在东欧封建社会形成时期，保加利亚是一个重要王国。保加利亚王国于公元 7 世纪末在多瑙河流域和巴尔干山脉之间的地方建立起来。保加尔人和斯拉夫人在共同反对拜占庭的斗争中结成同盟，并于 681 年与拜占庭缔结停战和约，拜占庭承认保加利亚为独立国家，这就是历史上的第一保加利亚王国。8 世纪是保加利亚封建制确立时期，农业在这一百多年里发挥着越来越大的作用；9 世纪时，保加利亚不断扩张领土，与拜占庭进行断断续续的战争。同时，由于土地和其他财产利益关系，贵族的叛乱时有发生，但总是被保加利亚大公镇压，这个对外征服和对内镇压叛乱的过程恰恰促使保加利亚封建制得到发展。到 10 世纪初期，保加利亚封建制基本确立起来，国力达到鼎盛，大公西蒙一世（893—

927年在位）曾一度在与拜占庭的较量中取得优势。

10世纪中期开始，保加利亚王国面临着内忧外患，内部地方封建主势力大增，大公权力受到挑战，农民反对封建主的起义不断，致使中央政府不得不拿出很大精力镇压农民起义。同时，外部入侵变得异常复杂和紧迫，拜占庭帝国联合基辅罗斯进攻保加利亚，使保加利亚腹背受敌。保加利亚虽然尽力维持自己的领土完整，但971年的停战条约基本上确立了拜占庭对保加利亚大部分领土的占有。1014年，保加利亚在稍稍恢复势力之后，与拜占庭发生一次大规模会战，结果保加利亚军队大败，1.4万名官兵成为俘虏。拜占庭皇帝巴西尔二世（976—1025年在位）下令将这些战俘的双目挖出，每一百人中保留一个人的一只眼睛，令其将失明的官兵引领回保加利亚。巴西尔因此被称为"保加利亚人的刽子手"。1018年，保加利亚全境被拜占庭占领，第一保加利亚王国灭亡。

保加利亚王国灭亡之后，拜占庭帝国统治这一地区。保加利亚人不断起义反抗，最终于1187年获得独立，史称第二保加利亚王国。第二保加利亚王国的封建制经济得到很大发展。到13世纪中期，第二保加利亚王国逐渐衰落，还受到蒙古军队的侵袭和周围国家侵略，最终于1396年被奥斯曼国家吞并。

3　基辅罗斯

罗斯是东欧封建社会建立时期的另一个主要国家，也是后来俄罗斯的古国阶段。这段历史要从东斯拉夫人说起。东斯拉夫人于公元5世纪、6世纪迁移到东欧平原，7世纪、8世纪开始原始公社制的解体，以定居生活为特征，出现了阶级对立和贫富分化。这使东斯拉夫人内部的矛盾斗争非常激烈，内讧不断，他们邀请比自己实力更强大的以武装商队为基本组织的瓦里亚格人做自己的王公。862年，瓦里亚格人的首领留里克做了罗斯国的第一任王公。留里克去世之后，他的继承者于882年出兵占领了瓦里亚格人的另一支建立的基辅国，并将罗斯的都城迁到基辅，从此开始了基辅罗斯的统治时期。

基辅罗斯国成立之后，在10世纪一边对外扩张，与拜占庭和保加利亚展开争夺领土的战争，甚至一度令拜占庭纳贡，还曾占领保加利亚；与拜占庭、保加利亚、阿拉伯等国开展贸易活动。在这个过程中，一些罗斯官员逐渐接触并信奉基督教。经过较长时间的发展，基辅罗斯国于988年宣布基督教为国教，从11世纪初，罗斯教会隶属于君士坦丁堡大教长。罗斯国家基督教化的过程恰恰是罗斯国家与拜占庭和其他欧洲各国建立联系、学习其先进政治、经济、军事、文化的过程，这为罗斯国家封建化进程和独特文化艺术的形成奠定了基础。到 10 世纪中后期，罗斯国的封建土地所有制便开始形成，出现了封建主和依附农民阶级。随着阶级对立的形成，农民反抗封建主的起义也就开始了。在农民起义的同时，基辅罗斯统治阶级内部也发生分裂。1054 年基辅罗斯王公去世以后，他的三个儿子瓜分了王国。虽然在接下来的百余年里，罗斯国的统治者试图恢复统一的罗斯国家，但分裂之趋势难以挽回。1132 年之后，罗斯国完全进入封建割据状态，全国分裂为 12 个相对独立的诸侯国。

4　法兰克王国

　　西欧封建社会的形成史应该首先从法兰克王国谈起。法兰克王国是法兰克人建立的国家，包括现代法国、德国和比利时的部分地区。法兰克人是居住在莱茵河中下游的日耳曼人的一支。4 世纪起，法兰克人进入高卢地区，与罗马人接触。481 年，法兰克人首领克洛维（481—511 年在位）在基督教教会、法兰克人和罗马人的支持下，建立了法兰克王国。因克洛维出身于墨洛温家族，故而他建立的王朝被称为"墨洛温王朝"（481—

751年)。墨洛温王朝的中央权力有限，地方的罗马贵族和法兰克人新贵族势力很大。这个时期基本上是法兰克王国由奴隶制向封建制过渡时期。克洛维去世之后，其子瓜分了王国，但名义上仍维持着法兰克王国的统治，后期国王大多无能，被称为"懒王"，国家权力基本上被宫相独揽。宫相最初是管理王室田产的官吏，后来发展为处理国家事务的重臣。宫相查理·马特（715—741年为宫相）在抵抗阿拉伯人的进攻中获胜，威望大增，他的儿子丕平于751年称王，建立了加洛林王朝。

丕平之子查理（768—814年在位）四方征战，先后进攻意大利北部的伦巴第人、易北河河谷的萨克森人、西班牙的阿拉伯人等。到800年前后，查理治下的法兰克王国的版图基本等同于西罗马帝国的欧洲部分，被称为"查理帝国"。800年，罗马教皇利奥三世在罗马的圣彼得大教堂为查理加冕，查理被称为"罗马人的皇帝"。814年，拜占庭认可了这一称

图19 查理大帝

四 欧洲封建国家的形成与发展 105

号。因此，查理也被称为"查理大帝"或"查理曼"（"伟大的查理"）。查理曼去世以后，他的儿子虔诚者路易（814—840年在位）统治时期，几个儿子多次叛乱。虔诚者路易去世之后，长子罗退尔即位，但他的兄弟日耳曼路易和秃头查理反对他，不断进行战争。843年，三兄弟缔结凡尔登条约，瓜分了查理曼帝国。日耳曼路易获得莱茵河右岸地区和巴伐利亚，地理范围与今日德国西部差不多，地理上称日耳曼（Germany，即德意志）。秃头查理统治地区与今日法国相当，地理上称法兰西（France，意即"法兰克人的王国"）。罗退尔得到其他地区，称为洛林，基本上是后来的德法交界地区、荷兰、卢森堡以及意大利的北部和中部。

法兰克王国在封建制度上确立了一种模式，即"采邑"与"封臣"相结合的方式。在法兰克王国统治时期，西欧社会并不太平，王权较弱，地方豪强势力较强且相互斗争，盗匪横行。为了维护自己的地位，国王和贵族都豢养一批武装家丁，以保卫自己和进攻别人。最初这些家丁由主人供给衣食装备，后来从主人那里获得一块土地，用土地收入作为军役费用。这些获得土地的家丁被称为封臣，而这种土地被称为"采邑"。宫相查理·马特为了提高自己的地位，蓄养了大量封臣，授予他们土地作为采邑。查理曼将封臣的范围扩大到高级官吏、主教、修道院院长等。国王被称为封君，封臣要效忠于封君。这样，君主与臣民之间便建立起了一种封君封臣关系，封臣通过采邑获得的土地逐渐成为世袭财产，被称为"封土"。官员和贵族再用封土建立起封君封臣关系。基层劳动者是农民或依附农民。这就建立起了一种以采邑和封君封臣关系为核心的封建制度。

5 9—10世纪的西欧

9—10世纪，西欧社会从南、东、北三个方向受到外敌入侵。南面来的是阿拉伯人，北面来的是诺曼人，东面来的是匈牙利人。当时西欧各国软弱的王权根本无法组织起有效抵抗这些侵扰的军事力量，致使地方豪强更加注意固守自己的安全，分裂割据的情况更为严重。这种情况直到10世纪之后才逐渐停止。

阿拉伯人从8世纪开始便越过比利牛斯山进攻法兰克王国。9世纪中期阿拉伯人曾一度围攻罗马。阿拉伯人进攻法兰克王国的目的只是掠夺财富和将俘虏变卖为奴隶，他们并没有长期停留的打算。到11世纪，阿拉伯人的入侵活动逐渐停止。

匈牙利人本来是在西伯利亚或中亚生活的游牧民

族，9世纪进入多瑙河一带，9—10世纪以骑兵劫掠德意志、法兰西中部和东部以及意大利地区，最后因游牧生活改为农耕生活而逐渐停止了对外侵略。

诺曼人最初是居住在易北河口以北的日耳曼人，包括丹麦人、瑞典人和挪威人，对西欧侵袭最大。9世纪时，因为人口的压力和内部矛盾，北欧诺曼人开始向西欧发动侵扰。作为最著名的海盗，他们主要依靠水路攻击西欧诸国。他们在西欧学会了骑马以后，攻击性变得更强了。丹麦人主要攻击英格兰和法兰西。挪威人主要是跨海攻击苏格兰、爱尔兰等地。瑞典人进攻西欧之后，向东欧发展，他们就是罗斯历史上的瓦里亚格人。西欧修道院的财产是他们劫掠的主要目标。

诺曼人不仅仅劫掠，还在西欧和东欧一些地方建立定居点，甚至建立起王国。丹麦人就曾于11世纪初在英格兰和整个斯堪的纳维亚（北欧）建立起帝国。911年，北欧海盗与法兰西国王查理三世立约，获得塞纳河一带的统治权，成为诺曼底公爵。诺曼人的征服还削弱了法兰西的王权，使法兰西结束了加洛林王朝，进入贵族建立的加佩王朝（987—1328年）阶段，法兰西王国实际上被分割为几个割据政权。德意志则于919年开始了萨克森王朝（919—1024年）的统治，926年奥托一世帮助罗马教皇平定内乱，获得教皇加冕，取得"神圣罗马皇帝"的称号，从此德意志也在很长一段时间里被称为"神圣罗马帝国"。

6 西欧庄园制与封君封臣关系

在西欧封建制形成时期，各国除了有王室而外，还有很多封建领主，实际上国王本身也是封建领主。这种社会结构使西欧早期封建社会表现出了自身特色。从农业生产方式来看，庄园制是西欧封建领地上的主要经营方式。封建庄园制在 9—13 世纪兴盛起来。9 世纪以后，封建庄园的规模都比较小，英格兰和法兰西中部的庄园具有典型性。庄园有时就是一个村子，但不同于村庄，农耕时候用栅栏将土地围起来，农闲时节拔掉栅栏，将土地用作牧场。封建庄园的主要剥削方式是劳役地租，庄园土地分成领主自营地和农奴份地。农奴不同于奴隶，地位比奴隶高一些，但没有农民那样的自由，由罗马时期的奴隶演化而来。领主自营地由农奴耕种，归领主全部所有；农奴依靠份地获得生活资料。11 世纪之后，西欧商业货币关系发展起来，这种庄园制的农奴劳役地租开始松动。但总体上看，庄园制农业在一定程度上推动了经济发展。

图20　欧洲中世纪庄园

到10世纪后半期,随着重犁耕作方法和铁器的使用,西欧农业生产力得到提升,农业剩余产品引起了商业和手工业的发展。随着农业和工商业的发展,城市在11世纪大量兴起,成为工商业中心和政治文化中心。城市坐落在封建领地上,封建主和国王根据领主权对城市居民进行剥削。城市并非是与王权对立的,而是封建王权的一个施政中心,在王权的强化过程中发挥了重要作用。

在西欧封建社会初期,各国行政管理不完善、政治分裂、国家权力分散。君主与领主之间、领主之间、领主与家臣之间建立起一种特殊关系。这种制度最初产生于法兰克王国，从本质上讲是不同层级的封建领主之间结成的一种君臣关系。在封君封臣关系结成时，要举行臣服礼和宣誓效忠仪式。封君保证封臣的安全，为其提供保护和维持生计的土地等。封臣则必须尽三种义务：效忠、帮助（就是服劳役、军役等）和劝告（就是参加封君召开的会议，提出一些建议）。双方的关系不能随意被解除。这种政治经济相结合的社会关系是封建主利用其掌握的土地对农民进行剥削和控制的一种方式。

7 皇权与教权之争

从 11 世纪开始，西欧皇权与教权的斗争是重大历史现象。德意志皇帝最初因为强大的军事力量而控制了罗马的教皇和教会势力。但随着西欧庄园制的发展，农民渐渐变为庄园的依附农，德意志王权因农民军队难以组建而日渐衰落，同时教会的财产和实力越来越大，从而便开始谋求更多权力。11 世纪中叶，一批激进教士开始强调教皇的至高无上地位，并在全欧洲范围内向世俗政权和国王进攻，这就是所谓的"格里高利改革"，因教皇格里高利七世是改革领袖而得名。

1059 年，拉特兰宗教会议宣布教皇由主教选举产生，不再依靠世俗国王的支持，并与很多自治城市结成同盟，威胁到德意志王室的利益。1075 年，教皇格里高利七世召开宗教会议，规定世俗国王不得有主教授职权，次年将德皇亨利四世逐出教会，废除其对德意志和意大利的统治权。这一做法得到德意志内部亨利四世一些反对派的支持。亨利四世迫于形势于 1077 年到意大利向教皇苦苦哀求，在雪中站立三天方获得召见，教皇同意恢复其教职和统治权。随即，亨利四世返回德意志，与反对派开战。他获得胜利以后，进攻意大利，教皇格里高利七世与援军一起逃离，客死他乡。之后，教皇与皇帝的斗争继续。1122 年，教皇与德意志皇帝达成妥协，签订"沃尔姆斯协约"，暂时归于和平。后来，德意志皇帝屡次试图夺取教权，动用了大量人力物力用于军事行动，但最终也未能成功，却导致德意志到 13 世纪之后出现动荡和分裂局势，"神圣罗马帝国"名存实亡。

8　英国和法国

10 世纪末期开始，英（这时是英格兰）法（法兰西）两国在各自的道路上发展，同时又有若干纠葛，也都与教会展开合作和斗争，最终两国的王权都占了上风。

法兰西王国自 10 世纪末进入加佩王朝统治时期（987—1328 年）。加佩王朝统治初期，法兰西是一个地方大封建贵族享有很大权力的王国，但国王仍是全国最高一级的封君，通过大教堂的加冕礼和涂圣油仪式使王权获得神授性质。在教会支持下，老国王在位的时候便给王子们行加冕礼等，这样使王权逐渐强化起来。当然，法国王权的强化还通过国王打击大封建贵族，巩固自己作为最高封君这一地位的方式来实现。到路易六世（1108—1137 年在位）统治时期，这种方式已经取得了很大效果。在这个统一过程中，英国国王亨利二世（1154—1189 年在位）与法国国王路易七世（1137—1180 年在位）已经离婚的王后阿奎丹女公爵成婚，在法国占有很大面积的领地。这为法兰西王国的统一制造了障碍。法国国王腓力二世（1180—1223 年在位）和路易九世（1226—1270 年在位）统治时期才基本解决了这个麻烦。之后，法国国王继续利用各种机会夺取封建主的领地，到 1272 年，法国国王的领地大于其他任何封建主的领地。

法国的加佩王朝在统治初期获得了罗马教皇及法国教会的支持，法国国王也帮助罗马教皇对付德意志皇帝。王权逐渐巩固之后，便开始剥夺教会的一些权力。腓力四世（1285—1314年在位）开始向教会征税，甚至到意大利囚禁了当时的教皇。后来选出的教皇是法国人，居住在靠近法国边境的阿维农，连续七任教皇都是法国国王控制之下的傀儡，因此史称"阿维农之囚"。也就是说，教皇在与法国国王的周旋中并未占到便宜。

英国在诺曼人征服之后的发展道路与法兰西王国略有不同。诺曼人威廉（1066—1087年在位）统治时期，诺曼人和盎格鲁·萨克逊贵族都成为国王的封臣，成为英国新的封建统治阶级。威廉在征服过程中，建立起了集中强大的王权，他通过清查土地财产和耕作者身份的方式，加强了全体封建主对他的效忠度。到12世纪初期，英国国王与大封建主的关系紧张起来，与罗马教皇也时而意见不合。1215年6月，英国男爵和教士起草了一份维护封君封臣制度的既定原则、维护教俗封建贵族特权的"大宪章"。大宪章主要限制了王权对封建主在司法和行政方面的干预。大宪章实施一段时间之后，便失去功效了。也就是说，在英国加强王权的过程中，教皇权力虽然有所保留，但也未像在德意志那样获得优势。

9　十字军东侵

11—13 世纪，随着生产力的发展，西欧各国的整体实力增强了。国王们借助其掌握的经济力量，加强王权，同时展开了对外扩张活动。德意志向东欧扩张，西班牙则向南扩张，整个西欧向小亚细亚和阿拉伯地区进攻，突出的是"十字军东侵"。

1071 年，突厥人在西亚建立的塞尔柱王朝占领了基督教起源地耶路撒冷，对前往耶路撒冷朝圣的西欧基督教徒多有骚扰，这令很多西欧基督教徒非常不满。他们四处宣扬塞尔柱王朝的罪恶，号召西欧各王国将圣地抢回来，进行一场保卫圣地的"圣战"，煽动起了很大的宗教狂热。1095 年，教皇乌尔班二世在从罗马去往法国的途中也不遗余力地鼓动圣战。如果说西欧普通基督徒的叫嚣体现了他们发泄私愤的目的和到富庶的东方劫掠财产的野心，那么乌尔班二世的大力敦促则具有更为深层次的目的：以武力在东方传播基督教。其他受鼓励愿意参与"圣战"的人也各有原因。西欧很多农民、骑士和小封建主希望到东方获得土地和发财的机会，西欧封建君主则希望在东方劫掠财富和占有城池土地，而拜占庭帝国的皇帝则希望借助西欧军事力量对抗塞尔柱王朝，意大利商人则希望在东方各城市占有更多的商业特许权。当然，也可能有一些虔诚的教徒希望通过圣战实现个人的救赎。总体上看，十字军东侵的鼓动者和参与者大多以物质利益的获得作为目标，而所谓的"圣战"不过是一个幌子。可以说，正是东方当时富有的经济和相对混乱的局势使东方成为西欧各种力量共同的进攻目标。

1096年至1291年近两百年的时间里，欧洲各路人马先后组成了九支"十字军"，向东方开进，几乎每次东侵都具有新特点，如有农民十字军、骑士十字军、儿童十字军等。1096年，数万人组成的骑士十字军的目的就很明显。军队攻占了耶路撒冷之后，继续攻打地中海东部沿海地区，在那里按照西欧模式建立起一些小封建国家。第四次十字军东侵时（1202—1204年），军队不去攻打伊斯兰教徒，而是调转矛头去攻打同样信奉基督教的拜占庭帝国的君士坦丁堡。军队占领该城之后，抢劫珍宝，破坏文物，进而征服拜占庭帝国的很多地方，建立了所谓的"拉丁帝国"（1204—1261年）。这次东侵很显然是意大利商业城市怂恿十字军对自己的商业对手进行的攻击和破坏，体现了十字军东侵的侵略性和劫掠性。

随着埃及等伊斯兰国家日益强盛起来，伊斯兰军队逐渐收回了被西欧基督徒占去的领土。到1291年，十

图21　十字军掠夺君士坦丁堡

字军东侵基本结束。为期近 200 年的十字军东侵给东方伊斯兰世界造成了巨大的生命和财产损失,使西欧封建主获利丰厚。从另一个角度来看,十字军也使很多希腊罗马文化因素通过这种途径传播到西欧。

10　西欧封建教会

中世纪西欧居民大多数是基督教教徒,他们信奉的主要是罗马公教(天主教),因而罗马公教教会对西欧封建社会产生了深刻影响。

西欧封建教会沿用古代罗马基督教教会的组织原

则，以大主教和主教为教会高级主管教士，分别管辖大主教区和主教区。大主教区相当于罗马帝国时期的行省，而主教区相当于行省下面的行政单位"城市"。也就是说，主教区是大主教区的组成部分，而主教的就职要由大主教主持就职圣礼，受大主教管理。教会的基层组织是乡镇的教区，由教区神甫管理。在教会体系之外，还有一种形式的教士组织——修道院。修道院是由集体隐修的修士组成的，这些修士一般比较坚定狂热。与那些遁入荒野的真正隐修士不同，修道院修士积极干预教区事务和国家政治，出任主教、教皇和国王的官员，因而在中世纪西欧的政治中拥有较大势力。

教皇一般居住在罗马，而罗马主教区也相应地享有很高荣誉。当然，这主要是因为罗马是西欧基督教信仰的起源地。8世纪之前，罗马教皇的地位和名誉都得不到西欧教会的尊崇。8世纪20年代之后，罗马教皇与法兰克王国的政治势力结合，互相支持，地位得以提升。到9世纪，西欧地方教会为了摆脱封建君主的控制而将罗马教皇作为自己的直接领导，使罗马教皇越来越多地掌握了西欧的教会势力。这也使罗马教皇与西欧的德意志、法兰西、英国等封建国家的君主在10世纪至13世纪就权力问题展开了周旋。正如前文所述，教皇在与德意志皇帝的斗争中占了上风，而在与英国和法国君主的斗争中却未能占到便宜。

西欧各国的教会也逐渐在与世俗政权的相互利用和相互支持中发展起来，很快基督教教会便在西欧各地建立起来，甚至边远乡村也有很多教堂。远行的商人和香客所到之处都能听到教堂传出的钟声，广大人民处于基督教教会的浸泡之中。教会主要通过一些圣礼来束缚信徒，如洗礼、弥撒等。主持教区圣礼活动的是教区神甫，但这些神父的素质大多很差，直到13世纪之后才有所改观。

教会内部对大主教、主教、教区神甫和普通教士以及信徒的行为都有较严格的规定。例如，教职人员不能娶妻、不能与女人谈笑、要保持庄重，等等。但是，在13世纪之前，西欧地方教会的神甫和教士因为素质低下和迫于生活，未能很好地遵守这些规定。尤其是法兰克王国的封建主，他们为了控制教会，任命了一些骑士和宫廷人员等非教士担任教区神甫等职位，使教会世俗化很严重，降低了教会的威信。从11世纪开始，教皇开始改变这种状况，整肃教会内部纪律。教皇英诺森三世（1198—1216年在位）通过一系列手段改变了这种局面，实现了对西欧教会和教士的全面控制，大大增强了教皇的权威和教会的威信以及力量。

在基督教教会的影响下，西欧在13世纪之前的文

四 欧洲封建国家的形成与发展

化显得比较沉闷，基督教文化是主流文化，神学思想和对《圣经》的考证，尤其那些脱离实际经验的"经院哲学"家们对经书的烦琐而荒谬的解释，更是对文化自由的一种限制。当然，西欧社会在这一时期也有影响后世的文化成就。例如，高耸的哥特式教堂建筑在世界建筑史上占有重要地位。同时，世界上最早的一批大学也是在这一时期组建起来的。法国的巴黎大学和英国的牛津大学都是在12世纪成立的。另外，即使在基督教文化笼罩下，也有一些人对古典希腊和罗马文化有所研究，甚至6世纪的意大利人就在古典文化体系的基础上提出了西方中世纪教育中的"七艺"：文法、逻辑、修辞、算术、几何、天文和音乐。

图22 米兰大教堂，中世纪哥特式建筑

总之，在史家曾经称之为"黑暗"的中世纪，欧洲在文化建设上也是有所建树的。无论东欧还是西欧，经过几个世纪的发展，封建制国家都在封建制经济、王权确立、基督教文化等方面取得了一定发展，并经由拜占庭帝国与亚非地区进行各方面的交往。然而，在13世纪之前，亚、非、欧等几个大洲的封建国家本身的发展和相互之间的交往相对有限，更大范围上的东西方物质文化和精神文化的交往则发生在蒙古人西征之后。

五 封建国家的深入发展与变化

从 13 世纪开始的两三百年时间里，亚、非、欧、美四大洲发展较快、变化较大。中国北方蒙古游牧民族的兴起和对亚欧非的征战使三大洲的交往进入了一个新的阶段。蒙古人在东亚、中亚、西亚、东欧和东南欧等地建立起规模空前的帝国。中国的元朝和之后建立的明朝、朝鲜的李氏王朝、日本的幕府统治等都使封建制在各自社会得到深入发展。蒙古帝国在中亚和东欧地区的四大汗国基本在近 300 年的时间里主导了当地的封建化发展进程。封建社会也在南亚的德里素丹国和北非的马木路克王朝埃及得到深入发展。奥斯曼国家则利用拜占庭帝国衰落的时机，在小亚细亚发展起来，并通过征服建立起地跨亚非欧三大洲的封建帝国。

13—16 世纪，东欧除了拜占庭帝国，还有几个封建大国，如俄罗斯、波兰、立陶宛、捷克等。这些国家既独立发展，也相互交往，更与周围地区发生密切联系。西欧的经济、政治和文化都进入深刻变化时期，西欧庄园制经济受到挑战，甚至逐渐消失，商品货币关系得到发展，城市兴起。封建君主在这种经济变化以及中小封建主等力量的支持下加强王权。英国、法国、德意志、意大利等国家在这个过程中发展起来，其道路各有特色。西班牙也在这场历史变迁中建立起统一的国家。美洲和非洲中南部国家则长期处于奴隶制社会阶段。

1　蒙古扩张

公元前3世纪末，蒙古高原的很多部落形成一些较大的部落联盟，在与其他少数民族和汉族的交往中逐渐发展壮大。13世纪之前，仍附属于匈奴、鲜卑、突厥、回纥等先后建立强大政权的民族。13世纪初，一个强大统一的蒙古帝国才逐渐建立起来，完成这一伟大历史重任的是成吉思汗。

成吉思汗名为铁木真（1162—1227年），从小因父亲被毒害而遭受族众离散、生活困苦的磨难，但艰难的生活却锻炼了他不畏艰难困苦、机智勇敢、聪明敏锐的性格。12世纪末期，他在父亲昔日安达（"把兄弟""盟友"）和自己安达的帮助下，逐渐聚集起自己的族

图23 成吉思汗

人和部落，并建立起一套坚强有力且听命于他的权力机构，紧接着在几年时间内征服了蒙古草原上的若干个大部落，到1204年完成了统一蒙古部落的大业。1206年，蒙古各部落的贵族举行大会，推选铁木真为全蒙古的大汗，号称"成吉思汗"（"强大的大汗"或"海洋般的大汗"），蒙古国家成立。

蒙古国家成立之时，内部关系复杂，氏族部落、政治体制等都不一致，为了建立统一强大的领导体制，成吉思汗进行了一系列改革。首先，他打破氏族部落的传统组织制度，建立起行政、军事和生产相结合的统一体制——千户制，即以一千户为一个单位集体，将全国人民编成95个千户。这些千户单位拥有行政、军事、生产等方面的权力，同时也承担相应的义务。其次，他挑选强悍而有才干的贵族青年，组建了一支直接听命于他的护卫军，共10000名士兵。同时，他还建立和健全了司法、行政、语言文字与制度。这一系列改革增强了蒙古国家的实力，使蒙古向文明社会迈进了一大步。

强大统一的蒙古国家从 13 世纪初展开了大规模的对外征服战争。首先进攻与之相邻的西夏、金、西辽等国，并从这些地区学会了制造和使用火器等先进军事技术。紧接着，蒙古军队开始进攻中亚的花拉子模，在短短几年时间里便拿下了这个富庶的中亚国家；同时在西北方向进攻基辅罗斯国。当然，在 1227 年成吉思汗病死时，蒙古军队尚未完成征战。成吉思汗的第三个儿子窝阔台成为大汗（1229—1241 年在位）之后，兵分三路攻打波斯、俄罗斯和金，以完成成吉思汗未竟之事业；先后征服了金（1234 年）、俄罗斯（1240 年）、波兰、匈牙利等地。蒙哥（1251—1259 年在位）和忽必烈（1260—1294 年在位）统治时期，蒙古大军更是四出征战，在西北方攻打到东欧地区，在西方攻占了伊朗等地，兵锋直达埃及，在东方则进攻过朝鲜和日本，在南方一直攻打到爪哇等地。半个多世纪里，蒙古大军凭借骁勇善战的骑兵、军事才能卓越的大汗和各路将军，利用东亚和中亚相对混乱的局势，驰骋于亚欧大陆，征服了很多国家和地区，建立了世界历史上规模空前的蒙古大帝国。蒙古帝国名义上为一个庞大帝国，实际上由四个大汗国和东方的元朝组成。四个大汗国分别是钦察汗国（金帐汗国）、察哈台汗国、窝阔台汗国、伊儿汗国。它们具有很强的独立性，与大汗的关系很松散。到

1259 年蒙哥去世以后，四大汗国基本上处于各自独立状态。1260 年，忽必烈即汗位。1271 年，忽必烈正式将国号定为大元。之后这些地区朝着各自独立的方向发展，只是四大汗国还在名义上附属于元朝皇帝。

中国元朝，按照蒙古人、色目人（即西域、中亚的胡人）、汉人（包括契丹、女真、北方汉人等）、南人等民族次序，实行专制统治。元朝于 1368 年被各族人民起义推翻了。钦察汗国、察哈台汗国、窝阔台汗国和伊儿汗国从 14 世纪初开始遇到困难，存在最久的汗国一直延续到 16 世纪。

蒙古人的征服和统治对亚欧大陆的整个文明都造成了深刻影响。首先，蒙古军队采取烧杀劫掠的野蛮征服方式，使很多民族遭受灾难，中亚和东亚很多地方的生产遭受破坏，社会衰退。其次，蒙古人作为游牧民族征服亚欧大陆，在与农业文明接触过程中，迅速进入文明社会。很多蒙古人也与欧亚大陆各地人口融合。再次，蒙古军队在中亚的征服和统治使很多突厥人变成军事贵族，这为他们的兴起和奥斯曼帝国的崛起奠定了基础。当然，蒙古扩张和庞大帝国的构建客观上促进了东西方交通和文化交流。帝国的建立使欧洲与亚洲大陆之间的陆路和海陆联系更广泛地建立起来，欧亚各地的商品得以流转开来。例如，中国瓷器、丝绸、书籍等更多地传输到亚欧各地，其他地区的产品也传入中国。便利的交通和更广的交往使东西方文化更多地交流起来，商人、使臣、僧侣、旅行家等穿行于各地。同时，蒙古帝国的建立对于伊斯兰教、基督教、佛教等的进一步传播起到了助推作用。

2 东亚封建国家

元朝灭亡以后，东亚的中国、朝鲜和日本的封建社会向着纵深发展。中国农民起义军领袖朱元璋（1368—1398年在位）在推翻了元朝之后，建立了明朝（1368—1644年）。朱元璋希望通过建立更加强大的皇权来防止王朝的覆亡，于是废除宰相一职，中央的六部尚书直接对皇帝负责；还将掌握和调遣军队、掌管司法事务的权力进行了分权处理，军队和司法的最高权力掌握在皇帝手中。地方也设立三个职位，分别掌管民政、司法、军事，但都直属中央，防止地方长官权力过大。明朝在统治思想和官员录用方面，恢复了儒学的意识形态地位和科举制度，通过考八股文录取优秀学员为官。明朝在刑律方面采取重刑，制造了很多大规模的案件，虽然有效地稳定了社会秩序，但也带来了社会恶果，在很大程度上束缚了人民的思想。为了更好地管制人民，明朝实行按职业划分户籍，分为民籍、军籍、匠籍，并令其世代相传，不得变更；人民因户籍的不同而承担不同的义务。明成祖（1402—1424年在位）将首都从南京迁到北京，以加强对北方的管理。明朝初期的皇帝们采取各种政策促进经济发展，而明朝经济也确实出现了繁荣景象。到15世纪初期，明朝的疆域、人口、经济、专制皇权等都达到了鼎盛。明朝的经济发生了重大变化，在农业、手工业充分发展的基础上，商品货币关系发展起来，江南地区的商业尤其获得发展，出现了很多商人集团。但随着商品货币关系的发展，按职业划分户籍的制度引起了人们的不满，甚至出现逃亡现象；从明成祖时期开始，宦官组建东厂，掌握了很大的军权，充当皇帝的密探，逐渐出现了宦官专权、欺压官员百姓的情况，引起社会极大的恐怖情绪；明成祖时期建立的内阁也逐渐成为皇权的威胁者。这样，到15世纪中叶，明朝暴露出重重矛盾和危机。

李氏朝鲜建立以后，太祖李成桂采取各种措施加强中央集权统治。他首先从土地制度着手，丈量全国公田和私田，登记在册，收归国有。然后，他将部分土地分给官僚、贵族、士兵、寺庙等，按照不同等级分给不同份额的土地，获得土地的人依靠土地收入作为俸禄。这些人只有土地的征税权，没有土地所有权，也要向国家缴纳一定数量的税收。其他大部分土地为公田，分给农民耕种，国家直接收税。这样的土地政策扩大了国家税源，更好地控制了世俗封建主，阻止了封建主对土地的兼并，扩大了统治基础。以1469年的《经国大典》为标志，建立起专制集权制度，国王拥有至高无上的权力，集军事、行政、立法、司法等大权于一身。国王在中央设立议政府，作为国王的辅助机构。议政府下设吏、户、礼、兵、刑、工六部。地方设立道、州、府、郡、县等各级行政单位。地方各级官员一律由中央任命。李朝在对外关系上与中国的明朝和日本交好。在经济上，李朝采取各种措施推动农业、手工业和商业等的发展。到15世纪中期，朝鲜的商品经济在农业和手工业经济获得发展的基础上显著发展起来。到15世纪后半期，朝鲜土地兼并加剧，官僚贵族想尽一切办法将公田变为自己的私田，致使李成桂确立的土地制度基本上被废掉了。土地兼并直接导致很多农民破产，农民与封建地主的矛盾激化，农民起义此起彼伏。土地兼并还促使官僚和贵族的势力大增，而王权则开始削弱，统治阶级内部的党派斗争不断，严重削弱了中央集权的统治效能。

日本在14世纪初进入室町幕府统治时期（1336—1573年），室町幕府因第三代将军将幕府设在京都的室町街而得名。室町幕府刚刚成立时，日本就陷入幕府支持的北朝天皇与对立的南朝天皇的长期内战中，直到14世纪末室町幕府才完成统一。室町幕府依然是武士政权。足利尊氏任命同族武士和亲信武士担任各地守护长官。这些人在内战时期逐渐发展起来，结果使将军成为各地大名（大封建领主）名义上的联合盟主，幕府成为松散的联盟。将军软弱，无力控制各地大名，各地大名之间为了土地和势力之争而展开了长期混战。应仁元年（1467年），各地大名为了争夺将军继嗣之位，爆发了一场持续10年之久的全国性大混战，20多万名武士参与到内战中，几乎所有大名都参战了，史称"应仁之乱"。应仁之乱使日本进入各地大名混战的"战国时代"（1467—1573年）。室町幕府时期基本是混乱不断、大名乱战的时期，日本庄园经济被破坏，农民从庄园解脱出来，逐渐发展为缴纳实物地租的独立经营的小农。到15世纪，日本的农业产品和手工业产品开始走上商品化的道路，城市也逐渐摆脱领主的控制，获得独立发展。到16世纪，城市商业市民与葡萄牙和西班牙建立了贸易关系，这加速了日本的商业化。当然，日本农民和城市市民都是封建主和封建贵族剥削压迫的对象，加之战乱频仍，天灾不断，广大人民忍无可忍，掀起了广泛的反抗封建主的斗争。这为日本的统一和近代改革奠定了基础。

3　印度德里素丹国

　　印度从 7 世纪中叶开始陷入混乱局面。8 世纪初，阿拉伯穆斯林进入印度，占有据点。10 世纪初期，阿拉伯人在印度西北角建有王国。10 世纪中叶开始，在印度混乱之际，阿富汗地区的突厥人建立的伽色尼王朝（962—1186 年）占领南亚的旁遮普地区。12 世纪中叶，阿富汗西部兴起的古尔王朝（1152—1206 年）进而征服了德干高原以北的地区。1206 年，古尔王朝的最后一位国王遇刺身亡，其王国分裂。镇守德里的总督库特卜·乌丁·艾巴克在德里自称为素丹（1206—1210 年在位），建立了德里素丹国，统治了印度北部地区。艾巴克和后来的两位统治者都是突厥奴隶，史称这个王朝为"奴隶王朝"。

　　德里素丹国是印度历史上第一个较为稳固的伊斯兰教政权，先后经历了五个王朝，共 320 年。德里素丹国将印度大部分地区纳入统治范围，到素丹穆罕默德·图格拉统治期间（1325—1351 年在位），德里素丹国的疆域达到最大。德里素丹国兴起之时恰恰是蒙古军队南侵之际，抵抗住了蒙古大军的几次攻击。

德里素丹国的统治者是信奉伊斯兰教的突厥人、阿富汗人和波斯人以及皈依伊斯兰教的印度土著王公贵族组成的军事贵族集团,广大印度人为被统治者;伊斯兰教与政权紧密结合起来,统治阶级在政治、经济、文化上改变了印度传统的方式。从政治上看,素丹是全国最高统治者,集君权和教权于一身。素丹下设若干部,分管税收、司法、军事等,税务部的长官维齐尔具有较大权力。德里素丹国在地方划分为若干省,省长直接隶属于素丹,省下设有两级行政单位,基础组织是村。地方还有一些独立性较大的印度教王公统治的土邦。国王掌握着一支规模较大的常备军。从经济上看,德里素丹国实行土地国有制,将征服过程中没收的印度教王公贵族的土地收归国有,分给素丹本人、士兵和神庙。农民在这些土地上耕种,交纳租税。另外,还有一些印度教王公贵族占有的私有土地。

统一的王国提供了相对安定的环境,德里素丹国的农业经济、手工业、商业等都发展起来。然而,该王国存在着严重的宗教矛盾和民族矛盾,伊斯兰教教徒和印度教教徒、外来统治者和本土人的矛盾随着时间推移表现得越来越明显。穆罕默德·图格拉统治时期,德里素丹国开始由盛转衰,素丹横征暴敛,伤害了穆斯林贵族和印度教贵族的利益,结果两类贵族都发动叛乱;统治集团内部也发生内讧；地方势力乘机坐大，拥兵割据。整个15世纪是德里素丹国一步步在内忧外患中走向没落的时期，最终于1526年灭亡。

4 马木路克埃及

1250年，阿尤布王朝灭亡，马木路克王朝（1250—1517年）在埃及建立起来。"马木路克"一词的意思是"奴隶"，一般用来指代中世纪阿拉伯人军队中的突厥奴隶。顾名思义，马木路克王朝就是外籍突厥奴隶在埃及建立的军事寡头政权。马木路克是突厥人。8世纪，阿拉伯人向东扩张，统治了中亚地区，大量突厥人沦为奴隶。突厥奴隶骁勇善战、吃苦耐劳，被阿拉伯人编入军队，以军团方式参军，称为马木路克军团，意即奴隶军团。从阿拔斯王朝开始，阿拉伯统治者重用马木路克，以便对抗阿拉伯和波斯贵族。很快，马木路克军团的地位得到极大提高，他们的势力也越来越壮大。他们甚至在埃及建立了半独立的图伦王朝和伊赫什德王朝。阿尤布王朝的建立者及其后裔也是突厥人。马木路克王朝则是突厥军团在阿尤布王朝的基础上建立起来的独立王朝。马木路克王朝在260多年的时间里共有47位素丹相继执政，平均执政时间不足6年，这完全是由马木路克王朝的独特政治制度造成的。

这种制度是这样的：应召入伍的士兵是奴隶，这些奴隶还是小孩子的时候就在奴隶市场上被购买而来。奴隶市场常常位于黑海地区，在伊斯兰世界之外。代理商把他们转运到埃及，他们在这里被各个马木路克家族的族长或者素丹再次购买。素丹常常本身就是马木路克，领导着最大的马木路克家族。年轻人变成了马木路克家族的成员，接受伊斯兰教教育，获得战争艺术的训练，尤其是马术训练。当教育结束和成年时，获得自由。之后，他获得权力的基础在于他能够购买多少马木路克。

这种独一无二的制度的关键方面在于它并不是世袭的。马木路克的儿子们或许某一天也被给予较高政府职位，但他们不能进入马木路克阶层，从来就不能被接受进马木路克寡头政治群体。唯一变成马木路克的方式是作为奴隶被购买，然后通过一个马木路克军事家庭晋升。当一个马木路克死亡，他的遗产会被再分配给其他马木路克。

尽管这种特殊的制度使强大的马木路克之间互相倾轧、争权夺位、轮流操纵政局，但马木路克王朝不失为埃及中世纪时期的鼎盛阶段，一些统治者是很有作为的素丹。第四位素丹拜伯尔斯（1223—1277年）是马木路克王朝的真正奠基人。他以抗击蒙古军和十字军而著称。1258年，蒙古军队在旭烈兀率领下，攻占巴格达，灭掉了阿拔斯王朝。1260年，旭烈兀占领叙利亚，抵达巴勒斯坦，进军埃及，埃及危在旦夕。面对如此紧张局势，驻守在叙利亚北方的马木路克军团统帅拜伯尔斯主动摒弃前嫌，与埃及当时的素丹古突兹讲和，带领军团返回埃及。两军会合一处，与蒙古军在阿音·扎鲁特展开一场拉锯战，史称"阿音·扎鲁特战役"。这次战役异常惨烈，死伤无数，横尸遍野，最后穆斯林军队凭借顽强的毅力才获得胜利。战争胜利以后，古突兹背信弃义，没有履行对拜伯尔斯的承诺，结果拜伯尔斯将古突兹杀掉，在开罗登上素丹之位。他为了提高自己在伊斯兰世界的地位，获得更多的合法权益，迎接阿拔斯王朝后裔到开罗任哈里发，恢复了哈里发制度，但哈里发只是傀儡，唯一职责是为素丹主持就职仪式。拜伯尔斯就任素丹以后，便着手重建陆军和海军，加强军事实力，以便抗击蒙古军。拜伯尔斯攻打地中海东岸十字军占领的城市，不仅扩大了领土范围，还为埃及赢得了一个安定和平的社会环境。

马木路克王朝的第七任哈里发盖拉温（1279—1290年在位）也是一位比较有作为的统治者。他在霍姆斯大败蒙古军，这是继阿音·扎鲁特战役之后的又一大胜利。盖拉温既重视清真寺的建造，也重视医院建设。1284年，他捐资100万第纳尔在开罗创办了一所眼科医院，在阿拉伯世界享有盛誉。

马木路克王朝后期的素丹绝大多数软弱无能，但却骄横暴戾、昏庸无度，马木路克王朝进入了黑暗时期，一步步走向灭亡。1348年，鼠疫从欧洲传入埃及，持续了7年之久，造成大量人员死亡。这使马木路克王朝更加衰弱。新航路开辟以后，叙利亚和埃及的港口失去了原来的意义，埃及马木路克王朝的重要岁入来源丧失，这对于该王朝甚至埃及来说都是致命的打击。就在马木路克王朝处于灭亡边缘的时候，奥斯曼帝国更加强大起来，最终于1517年攻陷开罗，灭掉了马木路克王朝，埃及成为奥斯曼帝国的一个行省。

马木路克王朝实行素丹集权制度，全国军政大权都掌握在素丹及其亲信手中。埃及全国分为上埃及和下埃及两部分，各分为若干省。埃及各地和城市里面都有类似警察署的机构，负责管理地方的公共设施、解决民事争端、维护社会治安等。马木路克统治时期，埃及的社会阶层比较明显。农民处于社会最底层；商业和手工业者处于中下层，工商业者大多生活于城市，占有一定的资财；各级埃米尔或军队长官则高居社会顶层，过着优越富裕的生活。

马木路克王朝时期，埃及的经济获得发展。埃及经济发展程度完全可以从开罗的盛况中看到。中世纪伊斯兰世界最伟大的历史学家伊本·赫勒敦（1332—1406年）是一位突尼斯人，但他在开罗度过了人生的最后几年。伊本·赫勒敦写道："人们能够想象的东西总是超越其看到的东西，因为想象的空间更大，但开罗除外，因为它超越人们能够想象的一切事物。"

马木路克统治时期，教育和学术研究受到重视，涌现了一批著名学者。历史学家伊本·赫勒敦就是其中之一，他的著作影响了后来很多历史学家。

5 奥斯曼帝国的崛起

奥斯曼人是突厥人的一支，因蒙古军队的西侵而向中亚迁徙。这支部落逃入小亚细亚之后，依附于当时塞尔柱突厥人建立的罗姆素丹国，并逐渐获得藩属国的地位。1290年，奥斯曼（1290—1326年在位）继承父亲的首领职位。之后，奥斯曼打着"圣战"的旗号不断攻打拜占庭边境，队伍不断壮大，威胁到了拜占庭在小亚细亚的统治，拜占庭联合伊儿汗国的势力，予以打击。罗姆素丹国分裂之后，奥斯曼建立独立国家。

奥斯曼之子乌尔汗（1326—1359年在位）统治时期，通过军事改革和发行货币等方式加强了力量，将拜占庭帝国在小亚细亚的势力驱逐出去，原属罗姆素丹国的大部分领地、爱琴海到里海之间的广大地区都归奥斯曼帝国所有。14 世纪中期，奥斯曼帝国利用东南欧巴尔干地区各国之间分裂混乱、拜占庭内斗衰落之机，开始征服东南欧。经过半个世纪的征战，到 14 世纪末，奥斯曼帝国占据了亚得里亚海和匈牙利平原到幼发拉底河的广大地区。但与中亚帖木儿帝国的战争导致奥斯曼帝国分裂，经过近十年的内战之后，奥斯曼帝国再度统一。素丹穆拉德二世（1421—1451 年在位）统治时期，打败东南欧的抵抗势力，巩固了在这里的统治地位。穆罕默德二世（1451—1481 年在位）统治时期，实现了奥斯曼统治者的夙愿——攻占君士坦丁堡。他做了充分准备，于 1453 年指挥 17 万人的大军和数百艘战船，大举进攻君士坦丁堡，灭亡了拜占庭帝国。君士坦丁堡（后改名为伊斯坦布尔）成为奥斯曼帝国首都。奥斯曼帝国从此进入了新的发展期。

世界历史上大国的衰亡往往会事先出现"亡国之势"。何为"亡国之势"？拜占庭帝国这个曾经雄踞亚、欧大陆的世界大国，1453 年寿终正寝之前，已长期被强敌围困；君士坦丁堡一城孤悬，外无驰援之军，内无图强之力；内部分裂，投降派活跃。这样的"亡国之势"往往势不可挡！

6 莫斯科公国

从 11 世纪中叶到 14 世纪后期的 300 多年时间里，东欧的罗斯国实际上处于四分五裂状态，各个分裂政权之间战争不断，难以形成统一力量。与此同时，外族入侵持续发生，尤其是蒙古军队的进攻。1240 年，蒙古军队攻占基辅。1243 年，蒙古军统帅拔都以伏尔加河畔的萨莱为中心建立钦察汗国（金帐汗国）。整个罗斯国的原有土地都归钦察汗国管辖。钦察汗国利用罗斯国原来的各个罗斯王公进行统治，并挑起这些王公之间的矛盾，借机或铲除或削弱或扶植不同的王公，从而达到控制整个罗斯地区的目的。

14 世纪初，莫斯科公国在金帐汗国的扶持下发展起来。莫斯科于 1147 年建城，之后的很长时间里默默无闻，直到 1304 年才崭露头角。从这一年开始，特维尔和莫斯科两个城市争夺弗拉基米尔大公的地位，互相争斗，各有胜负。1327 年，特维尔城的人们掀起反抗蒙古人统治的斗争，莫斯科领导者伊凡一世（1325—1340 年在位）率领蒙古人的军队，利用蒙古人的战刀屠杀了自己的同胞特维尔城的人民，后来又镇压了其他罗斯人的起义。1328 年，金帐汗国册封伊凡一世为

"弗拉基米尔及全罗斯的大公"，莫斯科的地位大为提升，从此领土不断扩张。到 14 世纪中叶，莫斯科公国经过征服和内部政策调整，已经发展为全罗斯最重要的政治势力。这引起了金帐汗国的危机感，于是金帐汗国扶植另一个政治势力与莫斯科公国对抗。但因为到 14 世纪中叶之后金帐汗国内部已经开始分化，内斗不断，实力大为削减，莫斯科公国利用这个机会快速发展。1380 年，金帐汗国大汗率领五六万士兵的大军与拥有七八万大军的莫斯科公国对决于顿河，结果金帐汗国大败，这是罗斯人摆脱蒙古统治的一次具有决定性的重大胜利。当然，莫斯科公国尚未摆脱金帐汗国的统治。

14 世纪末 15 世纪初，随着商品货币关系的发展，罗斯各地的关系更加密切了，在面对外来侵略和摆脱蒙古统治的动力下，罗斯各地的公国以莫斯科为中心形成了中央集权的统一国家。莫斯科大公伊凡三世（1462—1505 年在位）统治时期，征服莫斯科公国的强劲敌手诺夫哥罗德和特维尔之后，其他小国都被并入莫斯科公国。1480 年，金帐汗国在腹背受敌的情况下，放弃了对莫斯科公国的进攻，对罗斯 200 多年的统治历史至此结束。莫斯科成为独立统一的中央集权国家。随后，伊凡三世又征服相邻地区，尤其在与波兰和立陶宛的战争中获得很多领土，还攻占了波罗的海沿岸的一些土地。到1521年，瓦西里三世（1505—1533年在位）完成了莫斯科公国统一罗斯的大业，并与西欧、北欧、东南欧以及东方诸国建立了外交关系。

图24　莫斯科公园贵族庄园

在15世纪、16世纪之交，随着中央集权国家的形成，莫斯科大公国出现了一些社会变革。在不断征服过程中，莫斯科大公将征服地贵族的土地没收，分给服军役的新贵族，这就使得这些新贵族忠心耿耿地服务于大公。大公、王公、大臣、总主教等组成近臣会议，决定国家一切大事。中央机关形成一些"政厅"，分管各部门政务，由大贵族掌管。大公、大贵族、大臣、主教等构成全国土地的所有者，但除大公土地之外，其他土地占有者的土地并非是世袭的，随着领受土地的人的职位变迁，土地也会相应地发生转移。这些土地依靠农民耕种。15世纪末叶开始，寺庙世袭领地经济开始采用农奴制，这种制度提高了农产品的商品化程度，但却不利于农民发挥主动性，阻碍了莫斯科国家经济的发展。

7　波兰

波兰人属于古斯拉夫人的一支，生活在东欧平原的西部。6—10世纪，波兰人的原始公社制逐渐解体，在10世纪末形成国家。11世纪前半期，波兰的王室成员、军事贵族、世俗贵族、僧侣贵族或者侵吞公社和自由人的土地，或者从波兰王公获得土地封赐，构成拥有土地的封建主阶级。封建主阶级的土地主要依靠依附农民耕种。依附农民耕种土地，除了要交纳税务，还要承担繁重的劳役，从而爆发起义，推翻了王公贵族的统治。但王公贵族依靠德意志皇帝和德意志军队的支持，最终镇压了起义，恢复统治。然而，重新掌权的封建贵族未能建立起强大的中央集权国家，反而使波兰在12世纪中叶至14世纪中叶陷入分裂状态，大批德意志移民趁此机会迁入波兰。这些德意志人既有依靠军事征伐进入波兰的封建贵族、骑士，也包括受波兰土地开垦吸引而和平进入的手工业者和农民。德意志人的迁入，在一定程度上促进了波兰土地开发和经济发展。14世纪初，波兰出现了国家统一趋势。布列斯特一库亚威亚王公乌凯提克展开了统一国家的军事行动，用10年左右的时间实现了波兰统一，于1320年加冕称王，波兰统一国家开始形成。国家统一为波兰经济发展提供了有利条件。从14世纪中叶到15世纪中叶，波兰的农业、手工业和商业有了显著发展。

然而到14世纪后半期，东方崛起的莫斯科大公国威胁到了波兰的安全，与此同时，也威胁到了东欧另一个比较强大的国家——立陶宛。立陶宛是立陶宛人于13世纪在涅瓦河流域建成的封建国家，于14世纪中叶成为东欧强国。为了共同对抗莫斯科大公国和德意志骑士团的入侵，波兰和立陶宛逐渐走上联合的道路。最早的联合开始于1385年的克列沃协定，宣布两国成为君合国。但因为立陶宛贵族的反对，第一次联合破裂。1569年，面对更为严峻的外部形势，波兰和立陶宛贵族签订了卢布林合并条约，组成一个国家，成立一个国会，拥立由一个国会选出的国王。两个王国对内则保持自治，各自保留行政机关、军队和法庭。这使波兰一立陶宛王国成为东欧的封建强国。

图25　卢布林联合，波兰—立陶宛王国成立

与莫斯科公国一样，在15世纪、16世纪，波兰也成为西欧的粮食和原材料市场。为了增加商业化的农产品数量，波兰大公和贵族为首的土地主采取农奴制庄园经营方式，逐渐将农民变成农奴，进行类似于奴隶制的剥削，不仅对农奴无限制地征税，还掌握着对农奴的生杀予夺大权。到16世纪，波兰已经完全成为农奴制国家。农奴制的推行使掌握较多土地的大贵族壮大起来。波兰国王为了加强王权而削弱大贵族的特权，依靠小贵族的力量，却使小贵族成为约束王权的力量，不经过小贵族构成的地方小议会的同意，国王不得颁布法律、征税、对外宣战媾和。

15世纪末，波兰又形成了议会君主制。全国议会

(简称国会)分为上院和下院,上院由教俗大贵族代表组成,下院由各地小议会选举的代表组成。任何法案都必须由两院一致通过。国王的选举也要由两院一致通过。实际上这种制度使国王既无行政权、财政权,也无军权。1652年,国会又实行自由否决权,任何一项提案都必须全体国会议员同意才能通过,任何一位议员都可以实行一票否决权。这就使政府和国会陷入瘫痪状态。波兰需要另寻出路。

8 捷克

捷克人是西斯拉夫人的一支,他们生活在多瑙河中游和易北河一带,7世纪中叶至9世纪初处于原始公社解体的阶段。9世纪初期,他们建立了国家——大摩拉维亚国(830—906年),其领土处于东欧和西欧之间,是东正教与天主教争夺的焦点。在摩拉维亚王国第二位大公的请求下,拜占庭帝国派传教士到摩拉维亚传教。这些传教士用斯拉夫语传播拜占庭人信奉的东正教,容易被当地人接受;他们还帮助摩拉维亚王国创建了一套斯拉夫字母体系。第二位大公的权力被篡夺后,新任大公信奉罗马天主教,与罗马教廷建立起联系,对拜占庭派来的东正教传教士进行迫害和驱逐,罗马天主教又在

五 封建国家的深入发展与变化　145

这里占据了统治地位。906年，大摩拉维亚王国被匈牙利人灭掉。

捷克国家成立于895年，以波西米亚为中心，长期处于德意志的统治下，10世纪末取得独立。独立后，捷克的封建制经济取得发展，其发展道路与波兰很相似。国王为了培植亲信，将土地以采邑的方式分给亲兵，形成一批世俗封建贵族。教会也通过从王公贵族那里获得封赐的土地而成为教会封建主。教俗封建主都侵吞公社和自由农民的土地，结果形成了一些强大教俗封建主。他们在行政和军事上都具有很大特权。在这些土地上耕种的主要是依附农民和农奴。12世纪、13世纪之交，捷克的农业、工商业尤其采矿业发展起来，成为西欧粮食和白银的输出国，这促使捷克很多城市发展起来，也加强了国内各地区之间的联系。

12世纪、13世纪，与波兰一样，捷克也开展了垦荒运动，不仅吸收本国人，还吸引大批德意志人。到13世纪时，从德意志到捷克垦荒的人数达到了顶峰。到捷克开垦土地的德意志人最初主要是德意志农民和手工业者。14世纪，他们逐渐成为捷克农村和城市的贵族。同时，还有一批德意志封建主进入捷克，获得捷克大公的土地封赐，变成城市的主要封建主。此外，德意志教士逐渐成为捷克教会和修道院的大封建主。德意志移民参与捷克土地开垦，起到了促进捷克经济发展的作用，也埋下了阶级矛盾和民族矛盾的种子。

9　约翰·胡司宗教改革

自 9 世纪末期，罗马天主教会就在捷克占据统治地位。到 13 世纪，德意志人把持了捷克教会和修道院。到 14 世纪时，德意志主教和神甫控制了捷克城市和乡村的教会和修道院，而教会和修道院本身就是压迫和剥削城乡人民的封建主，拥有大量土地。这引起了捷克人民的反抗，天主教会的反应是设立宗教法庭，迫害"异端"，镇压人民反抗。结果，教会成为整个捷克社会矛盾的焦点。14 世纪后期，捷克人民用捷克语传教，揭露德意志高级教士的腐化。这场反教会宣传的领袖便是捷克教会改革的思想家和爱国者约翰·胡司（1369—1415 年）。

约翰·胡司出身于穷人家庭，毕业于布拉格大学，1402 年任布拉格大学校长。胡司认为教会占有财产是一切罪恶的根源。他主张教会财产归国家所有，教士应该过清贫的生活，教权应该服从世俗政权，取消教士的特权，实行简单宗教仪式等。这些主张符合世俗政权的利益，因而胡司最初的改革主张得到了宫廷的保护。

图 26　康斯坦茨宗教会议上的约翰·胡司

1412 年，教皇约翰二十三世为了搜集与那不勒斯国王作战的军费，派人到捷克兜售赎罪券，引起人民的强烈抵制。胡司认为这使教廷犯下了不能容忍的罪行。双方的矛盾愈演愈烈，最后胡司被革除教职，被迫离开布拉格，到南方农村继续宣传改革思想，包括改革教会，用捷克语祈祷等，并支持农民反对贵族和农奴制。胡司的言行引起了罗马教皇和捷克天主教会的仇恨。1414 年的康斯坦茨宗教会议"审判"胡司，并在不允许胡司做任何辩护的情况下将其逮捕、定罪。1415 年 7 月 6 日，教廷以"异端"罪名对胡司执行火刑。胡司因为反对罗马教皇、反对教会、挽救国家而献出了宝贵生命，被视为捷克的爱国人士。

10　胡司战争

罗马教廷处死胡司这件事情点燃了捷克人的极大怒火，激愤的市民和农民到处捣毁教堂，驱逐德意志教士，农民在乡村夺取教会土地。在全国人民反抗教会的同时，胡司的信徒发展了教义，动员群众反抗世俗和教会封建主的剥削与压迫。经过一段时间的酝酿，1419年7月30日爆发了大规模的农民起义。最初是布拉格农民起义，参加起义的群众自称胡司的信徒，是胡司事业的继承者，故这次起义被称为"胡司战争"。起义队伍除了作为主力的农民外，还包括大量手工业者、帮工、学徒、矿工、短工等城市下层人，还有市民阶级、小贵族和富裕农民等中上层人士。起义军不仅毁掉了教会、修道院，没收其财产，还占领市政厅，掌握了布拉格世俗政权。然而，在取得初步成绩以后，起义队伍内部根据各自的利益和斗争目标开始分化。1420年，起义队伍基本分成两大派：圣杯派和塔波尔派。圣杯派主要由较为富有的中上层人士组成，他们是温和派，主张用胡司派取代正宗教会，摆脱德意志人的控制，没收德意志人控制的教会财产等；塔波尔派由下层民众组成，是起义军的激进派，要求没收教会和世俗封建主的财产，建立人民当家做主的共和国。

从1420年到1431年，德皇和罗马教皇先后组织了五次"十字军"，镇压起义军，结果都以失败告终。捷克起义军不但打败了"十字军"，还将战争成果扩大到德意志境内，圣杯派的要求基本得到了满足，不再愿意在战场上流血牺牲。塔波尔派则希望将战争进行到底。罗马教皇和德皇看到这点，采取了分化瓦解起义军的策略。在1433年巴塞尔宗教会议上，德皇和教皇承认俗人也可以用酒杯领取圣餐，保证胡司派教会的独立，确认传教自由，已经没收的教产不必退还。会议还决定为圣杯派发动镇压塔波尔派的战争提供经费。1434年5月，圣杯派发动了反塔波尔派的战争，结果塔波尔派因为内部出现叛徒而失败，几乎全军覆没，首领壮烈牺牲，余部仍坚持战斗，直至1452年。

轰轰烈烈的胡司战争没有被战争对手打败，却因内部分化和叛变而失败。当然，这场战争是欧洲历史上到当时为止纲领最鲜明、军队组织性和斗争坚韧性最强的起义，给予德皇和教皇以沉重打击，保证了捷克一个时期的独立，促进了捷克的发展，也对欧洲尤其德意志后来的宗教改革和农民战争产生了深远影响。

11　西欧封建社会的变化

　　14 世纪、15 世纪，西欧封建社会经历了一系列变化。14 世纪开始，西欧社会出现了危机，同时也有自我调整。1314—1316 年，西欧连续三年农业歉收，大批城市居民因缺粮而饿死，饥荒导致封建主和国王之间为了争夺资源而发动战争，进一步加重了城乡人民的灾难；同时，瘟疫和虫灾也在 14 世纪和 15 世纪前半叶肆虐西欧，1348—1349 年的"黑死病"更是横扫欧洲，成千上万的人丧失生命。这导致西欧人口锐减，西欧农业田地出现了杂草丛生的荒凉景象，劳动力短缺。然而，14 世纪、15 世纪是西欧生产技术有所改进，科技发明产生和逐渐应用于生产的时期，如铁器的广泛使用，风车、水车装置的改进，指南针在航海领域的应用，火药、造纸术和印刷术的采用，等等。这些成为西欧社会经济自我调整的动力。先进农业生产工具的采用，促使西欧农业有所复苏，也使农业、畜牧业和手工业很好地结合起来，奶、肉、蜂蜜等食物的比例越来越高，谷物的比例降低，更多的土地被用于畜牧，以便生产手工业所需的羊毛等原材料。手工业因此发展起来，棉纺织业在英国也发展起来，采购手工业品和农产品的商人越来越富有。银行业也在此基础上兴盛起来，意大利、英国等地都出现了很多大银行家，如意大利佛罗伦萨的美蒂奇家族，这些大银行家常常借钱给贵族和国王。

城乡商品货币关系的发展，从整体上引起了西欧封建庄园的衰落。随着农业产品价格的下降，庄园经营农业越来越得不偿失，因而很多庄园主将土地分成小块儿，租给农奴耕种，收取货币或实物地租，不再自己经营；有些庄园主将农业土地转变为果园、牧场等，以便生产出更适合社会需要的经济作物，实现农产品的商业化，从中取利；当然，也有一些庄园主借机扩大或保守自己的庄园。总体来看，庄园制出现了衰落，尽管有的庄园依然持续下来。庄园农奴通过被释放、逃离和被赎买等方式大量获得解放，成为自由农民。农民虽然获得了自由，但大小封建主依靠各种方式盘剥农民，农民的负担更加沉重了。部分农民到大城市谋生，小封建主阶级获得土地，使自己的生活有所改善，但也受大封建主的剥削，也不满意现状。

城市也出现了分化，师傅的位置不再传给徒弟，而是进行世袭，徒弟得不到升任师傅的机会，这样两者形成了封闭的团体和对立的群体。同时，帮工、受雇佣的人、流浪汉、破产师傅等成为城市下层群众。城市贵族之间的矛盾、上层与下层的矛盾、城市与乡村的矛盾、乡村地主与农民的矛盾，交织在一起。

与此同时，西欧的教会也是大封建主群体的成员，也在盘剥广大人民群众，人民群众对其痛恨有加。人民群众希望非正统的"千年王国"出现，希望建立一个平等幸福的王国，这种思想被组织农民起义的领袖利用，使农民起义带有宗教色彩。1304—1307年，意大利的多奇诺农民起义就是这种情况。多奇诺是使徒兄弟会的成员，他号召实现千年王国，消灭教皇、主教和僧侣等。起义群众受到他的号召，破坏教堂和庄园，修建军事工事，四年之后才被镇压下去。

农民处境的艰难和各种悲惨遭遇，使他们揭竿而起，其中最著名的是法国的"扎克雷起义"和英国的1381年农民起义。扎克雷起义发生在1358年，扎克雷是"乡下佬"的意思，表明这是一场农民的反封建起义。这场起义提出了"消灭一切贵族，直到最后一人"的口号，但由于缺乏对封建主和国王的清醒认识，没有良好的组织，结果很快便被镇压。但这次起义有助于法国的统一，打击了封建势力。1381年，英国广大农奴由于无法忍受沉重的赋税、人头税等，宣布起义，头领是瓦特·泰勒，因此起义又称瓦特·泰勒起义。起义军很快攻下伦敦城，迫使国王同意废除农奴制，赦免起义军，允许自由贸易等。但在与国王谈判，争取废除反劳动人民的法令等权力时，起义军领袖被杀害，起义军很快被镇压。这次起义的目标明确，也有组织性，但将国王视为自己的代表，却犯了根本性错误，因为国王和封建主乃一丘之貉。这次起义虽然失败，但促进了农奴制的瓦解和英国乡村经济的发展。

12　英法等级代表会议

等级代表会议是西欧封建社会发展史上很重要的一个历史现象，尤其以英法两国表现最为明显。等级代表会议是英法两国加强王权的结果，是在国王控制下并为国王服务的，是国王政府的一个组成部分。这种代表会议的产生有着一定的理论背景、社会基础和现实条件。早在11世纪，西欧教会就提出了等级理论，得到了封建君主的支持。这个理论宣称教士是最高贵的等级，骑士负责防御和消灭异教徒，是次于教士的高贵等级，而穷苦大众则负责侍奉和养活教士与骑士，是最低等级。12世纪之后，手工业者和商人也被列入第三等级。当然，在现实生活中，等级关系比这种理论上的划分要复杂很多。到14世纪时，城市中的上层因为掌握数目可观的财富和本身占城市人口的比例较大而成为国王依靠的主要力量；一些大商人更是成为国王财政支柱之一；

一些农民和士兵也成为国王依靠的主要力量；当然，很多大贵族、中小封建主也因为地位和财富的变化而逐渐与国王合流。这样，到 14 世纪，国王加强王权的各种条件都具备了，统治基础扩大了。

英国的等级代表会议或国会（议会）产生于 13 世纪。在 13 世纪，英国国会既指由教俗封建主组成的"大议会"（负责向国王提出建议，讨论税收等重大事项），也指允许骑士和市民参加的会议。1265 年，打败英王亨利三世（1216—1272 年在位）的大贵族西门·德·孟福尔召开国会，讨论国家大事，除了教俗大贵族，还有骑士和市民代表参加这次国会，这是英国国会允许骑士和市民参加的先例。1295 年，为了解决各项重大问题，英王爱德华一世（1272—1307 年在位）召开国会，有大贵族、骑士和市民参加，被称为"模范国会"，是英国国会的开始。在接下来很长时间里，骑士和市民在国会里面的作用微乎其微，主要决定权在国王和大贵族手里，而且大贵族经常召开会议，无需骑士和市民代表参加。直到爱德华三世（1327—1377 年）在位时，骑士和市民代表参加国会才成为一项稳定制度，每年召开两次，春秋各一次。到 14 世纪下半期，国会逐渐分化出由大贵族组成的上院和骑士与市民代表组成的下院，上院和下院单独召开会议。

五 封建国家的深入发展与变化

法国的等级代表会议称为三级会议，由教会贵族、世俗贵族和市民代表三个等级组成。1302年，法国召开第一次三级会议，商议财政问题，这次三级会议是腓力四世（1285—1314年在位）召开的。法国三级会议的最重要议题是税收，也就是说，当国王要征税时，才召开三级会议，而承担税收任务的是由农民、市民、手工业者、商人组成的第三等级。可见，三级会议的权力有限。1439年，三级会议为了全力支持国王与英国的战争，认可国王可以不经过三级会议的同意而征收新税的权力。这使国王的财政权力大大增加，甚至导致国王基本上在一段时间里停止召开三级会议。

13 英法百年战争

在中世纪历史上，英法两国的关系始终比较复杂。14世纪、15世纪，两国关系更为复杂化。1337—1453年，两国围绕王位继承问题、领土争端和对佛兰德尔的争夺等展开了长期战争，史称"百年战争"。

1328年，法国国王查理四世去世，加佩王朝没有继承人，于是三级会议推举瓦罗亚家族的腓力继承王位，这就是腓力六世（1328—1350年在位），法国开始了瓦罗亚王朝（1328—1589年）的统治时期。英国国王爱德华三世的母亲是查理四世的妹妹，所以他以法国国王外孙的身份要求继承法国王位，法国以法国女子无继承权为由拒绝他的要求。爱德华三世则坚决要求继承王位。这样，英法两国的矛盾便激化了。

其实，王位之争是表面的，领土之争才是实质性的。英国的诺曼王朝（1066—1154年）和安茹王朝（1154—1399年）都由法国封建主创立，所以英国王室在法国占有大片领地。法国历代国王已经努力收回了一些领土，但仍有部分领土归英国王室。英国国王希望以自己的领地为基础在法国扩张领地，而法国国王则希望实现法国的统一，收回英国国王在法国的领地。另外，法国的佛兰德尔是西欧毛纺织业发达的地方之一，是封建主们争夺的主要领地。这里的毛纺织业主要依靠英国的羊毛，而羊毛输出是英王室的重要财政来源，英王室希望控制佛兰德尔。然而，佛兰德尔始终归法国国王管辖，腓力六世更是在这里建立了直接统治权。随着两国斗争的发展，英王下令停止向佛兰德尔输出羊毛，法王则以下令没收英国国王在法国的领地作为回敬。这使两国矛盾激化，1337年英法两国互相宣战，战争爆发。

1337—1364年，英国处于优势。英军在1346年的克莱西战役和1356年的普瓦提埃战役大败法军，甚至捕获了法王约翰二世（1350—1364年在位），法王只能割地赔款。法国国王查理五世（1364—1380年在位）经过内部税务、军队等方面的治理，增强了实力，采取避免与英军正面交战，靠突袭英军以消灭其有生力量的方式，使战局改观。此时英国也因长年战争而国力大损，无力进行大规模军事行动。到1380年，法军几乎收复了全部失地，英国只保留了一些沿海据点。

英王亨利五世（1413—1422年在位）是一位卓越的统帅，亲自率领大军攻打法国，一度攻占巴黎和法国北部地区。亨利五世娶了法国国王查理六世（1380—1422年在位）的女儿，亨利五世及其后裔成为法王查理六世的王位继承人。1422年，查理六世去世，亨利五世也很快去世，亨利五世与查理六世的女儿所生的未满周岁的婴儿为英法两国的国王。法王查理六世的儿子查理退守南方。勃艮第公爵据守法国东部，希望独立建国。这样，法国处于分裂状态。

1428年，英军攻打奥尔良。如果奥尔良失守，法国南部便很容易攻下。就在这危难关头，法国农家姑娘贞德（1412—1431年）声称自己是上帝派来拯救法国的，组织具有爱国情怀的农民，在军队的帮助下，与英军展开战斗。1429年，贞德率军攻入奥尔良城，扭转了局势。贞德继续与英军战斗，直到被英军俘虏，1431年被处死。此时的英国内部发生了两大贵族集团的争斗，在法国战斗的军事实力大减，法军则节节获胜。

图27　圣女贞德

1453年，英法战争结束的时候，英国只在法国保有加莱这一个港口，全部军队撤出法国。法国国王之后又经过多年努力，于15世纪末完成统一。百年战争之后的英国陷入两大派别的战斗之中，战争持续了30年，称为"玫瑰战争"（1455—1485年），最终兰开斯特家族取得胜利，夺取英国王位，开始了都铎王朝统治时期（1485—1603 年）。

14　德意志神圣罗马帝国

自德意志皇帝奥托一世加冕之后，德意志就与神圣罗马帝国联系在一起。然而，15 世纪的神圣罗马帝国并不是一个统一的国家，而且皇帝的地位变得很虚弱。

德意志皇帝虽然拥有帝号，也拥有君主的权力，并通过封君身份与各地封建主建立起封君封臣关系，但德意志皇帝却没有政治、经济和军事上的实力，同时为了实现从罗马统治整个基督教世界的理想，经常进军意大利，干涉罗马教廷的事务，严重影响了其统治德意志的力量，结果德意志国王不得不受制于各大诸侯。这种分裂状态到腓特烈二世（1211—1250 年在位）统治时期得以确定。哈布斯堡家族出身的皇帝鲁道夫（1273—1291 年在位）去世之后，皇帝由选举产生的原则牢固确立起来，七大选侯选举皇帝的制度也形成了。七大选侯是德意志最有势力的大封建主，包括莱茵地区三大主教区的大主教、莱茵的宫廷伯爵、萨克森公爵、勃兰登堡边地侯和捷克国王。1356 年，德意志皇帝查理四世为了防止罗马教皇干涉德意志皇位选举，颁布了"金玺诏书"，明确规定德意志皇帝由选侯选出，教皇不得兼任代理皇帝，诸侯享有的一切特权得到确认，至此诸侯的独立地位得到完全肯定。

图28　神圣罗马帝国的七大选侯

"金玺诏书"更清楚地表明德意志进入了诸侯领地独立发展的阶段，德意志皇帝与各个诸侯一样，都只顾经营好自己的领地，并试图扩大领地。15世纪，各大诸侯和德皇都运用先进的武器装备和雇佣兵吞并其他封建主的领地和城池，用罗马法和国家王权观念统一集权的政府，各大诸侯都想方设法将自己领地内的城市和城市同盟的权力收归己有，控制召开等级会议的权力，用那些通过召开等级会议而确定并征收的税款加强政府建设。

在大封建领主发展的同时，德意志还有一些中小封建主，他们逐渐在对抗大封建主的过程中结成一些同盟，如骑士同盟。但这些同盟很快便被大封建领主征服，逐渐衰落下去。"金玺诏书"颁布时，德意志还有约80个城市处于帝国城市的地位，但长期以来，国王并不希望联合城市与大封建主斗争，这些城市便一边利用帝国城市的地位与大封建领主斗争，一边又互相结成同盟，来达到发展和对抗封建领主的目的。1356年成立的城市汉萨同盟便是其中之一，最鼎盛时大约有160个以上的城市，但这种城市同盟是形式松散的组织，并没有共同的财政机构、军队和官员，战时共同出资组建临时军队。因而，这些城市和城市同盟也逐渐被大封建主制服。

15 意大利

中世纪的意大利没有一个统一的国家，处于四分五裂的状态。北部意大利长期是（德意志）神圣罗马帝国的一部分，13世纪中期脱离帝国统治之后，发展出来很多城市共和国。中部意大利主要是教皇的领地，也有一些重要城市共和国。南部意大利在 14 世纪、15 世纪成为法国和西班牙争夺的对象。

14 世纪、15 世纪，意大利最主要的城市共和国是热那亚、威尼斯和佛罗伦萨。热那亚和威尼斯是以贸易活动为中心的城市共和国，而且两者长期争夺地中海的贸易特权。13—14 世纪中期，热那亚处于优势。1380 年以后，威尼斯超越热那亚，进入鼎盛发展期，但 15 世纪因奥斯曼帝国的扩张而受到影响。佛罗伦萨的主要产业是手工业和银行业。佛罗伦萨的毛纺织业在中世纪的欧洲占据重要地位，14 世纪时拥有纺织工场 200 余家，雇佣着 3 万余名工人，生产呢绒达 10 万匹。13 世纪、14 世纪，佛罗伦萨一些大家族为核心的金融业迅速发展起来。这些家族不仅在佛罗伦萨经营信贷业务，为教会的经济服务，帮助教皇收取税款，还到西欧各地开设银行，向君主和封建领主发放贷款，从中盈利。

意大利城市共和国表面上是由选举产生的市议会掌握政权，实际上市议会大多被大商人、银行家把持，对城市市民进行剥削和压迫。这激起了城市下层人民群众的反抗，1378 年佛罗伦萨的梳毛工起义就是其中之一。城市下层民众的起义打击了城市贵族集团，使他们意识到共和国不能保障自身安全，因而逐渐走向独裁统治。一些金融家、冒险者、雇佣兵队长等相继在各大城市取得政权，实行个人或家族的独裁统治。15世纪，佛罗伦萨政权就由美蒂奇家族掌握了60多年。

图29　美第奇家族修建的乌菲兹美术馆

一些独裁者为了防止城市市民起义，以便集中精力对付其他城市的竞争和战斗，在本城举行各种大型公共活动，修建公共娱乐场所，提倡文化，奖励学术。这活跃了城市民众的生活，使人们逐渐从中世纪僵化、保守的文化氛围中走出来，为文艺复兴准备了条件。

16　西班牙国家的形成

西班牙位于欧洲西南角的伊比利亚半岛。这里早在数万年前就有人居住。进入文明时代以后，西班牙先后受到腓尼基人、希腊人、罗马人的影响。阿拉伯人在 8 世纪大批进入伊比利亚半岛。756 年，大马士革的倭马亚王朝灭亡之后，它的后裔在西班牙建立了后倭马亚王朝（756—1031 年）。经过阿拉伯人的建设，到 10 世纪时，倭马亚王朝统治的西班牙在经济和文化上出现了繁荣，首都科尔多瓦成为欧洲当时最大的城市之一，与君士坦丁堡、巴格达和长安并称为世界四大都会。从 11 世纪开始，阿拉伯人的倭马亚王朝逐渐衰落，直至陷入割据混乱的状态。之前改宗伊斯兰教的西班牙当地人受压迫越来越深，开始反抗阿拉伯人的统治。与此同时，在 10 世纪时被阿拉伯人驱赶到北部边陲的基督徒逐渐发展起来，于 1035 年建立起卡斯提尔王国。11 世纪，葡萄牙在半岛西部兴起，逐渐发展为实行君主制的王国。12 世纪，半岛东北部又形成阿拉冈王国。这几个王国在 13 世纪展开了对伊斯兰教徒的反击，开展了西班牙历史上的"收复失地"运动。所谓"收复失地"运动是指西班牙的基督教小王国对伊斯兰教徒的战争，收复被伊斯兰教徒占领的土地。在"收复失地"运动中，最重要的战斗发生在 1212 年。在教皇英诺森三世的鼓励下，卡斯提尔国王阿方索八世（1158—1214 年在位）统率法国、葡萄牙、阿拉冈等国骑士参加的"十字军"，与穆斯林军队会战于托罗萨，结果穆斯林军队大败。这场战争粉碎了西班牙穆斯林的统一抵抗力量。

在"收复失地"过程中，卡斯提尔的国王权力逐渐强化，等级代表会议制建立起来。国王依靠城市的支持，在对抗大封建主的斗争中不断取得胜利。阿拉冈经过长期斗争，到15世纪末期基本废除了农奴制。1469年，卡斯提尔王国的女继承人伊萨贝拉和阿拉冈王国的王子费迪南结婚。1474年，伊萨贝拉成为卡斯提尔王国的国王。1479年，费迪南登基为阿拉冈王国的国王。这样，卡斯提尔王国和阿拉冈王国便通过联姻的方式，合并为统一的西班牙王国。统一的西班牙王国形成之后，国王依靠城市、小贵族以及教会的支持，逐渐消除了大贵族的割据状态，加强了王权，建立起君主专制统治，并依靠教会裁判所镇压异端。1492年，卡斯提尔军队攻下了伊斯兰教徒在西班牙的最后一个据点，最终完成了西班牙国家的统一大业。然而，在"收复失地"过程中，大批穆斯林迁往北非，其中有大批农民和手工业者，这些人的流失对于西班牙经济的发展而言是一种损失。

17　中南非洲的国家

中南非洲位于撒哈拉沙漠以南，因为这里居住的人的肤色呈黑色，故而也称"黑非洲"。一般来说，中南非洲地区进入文明社会的时间晚于北非的埃及。最早进入文明阶段的当属苏丹。苏丹是距离埃及最近的地区，在古代称为努比亚。努比亚大约是尼罗河第二瀑布与阿斯旺之间的地区。努比亚是"黄金"的意思，意指这里是黄金之国。事实上，努比亚在古代也的确是盛产黄金之地，是古埃及黄金的主要来源地。努比亚从公元前4千纪就与埃及有往来关系，公元前18—前16世纪处于其南部兴起的库什王国的统治下。库什位于尼罗河第二瀑布与第四瀑布之间的地区。埃及人从公元前16世纪开始笼统地称尼罗河第四瀑布与阿斯旺之间的地区为库什。公元前16—前14世纪之间，库什被埃及占领。公元前8世纪是库什王国强大时期，恰好是埃及衰弱时期。库什侵入埃及，并在埃及建立了第25王朝。公元前6世纪，库什王国迁都到麦罗埃，从此王国被称为麦罗埃王国。麦罗埃王国在公元1世纪左右强盛起来。6世纪中叶，麦罗埃王国接受了基督教。8世纪中叶，阿拉伯人进入努比亚，但直到13世纪才征服努比亚全境。从此，努比亚进入了阿拉伯化时期。

埃塞俄比亚高原进入文明社会的时间远远晚于努比亚（苏丹）。大约公元前后，埃塞俄比亚高原出现了国家——阿克苏姆王国。这个王国在公元4世纪达到鼎盛，曾征服努比亚。阿克苏姆王国的强大依靠的主要是贸易。公元7世纪阿拉伯人兴起之后，阻断了埃塞俄比亚高原经由红海、地中海到印度的贸易路线，阿克苏姆王国衰落下去。12世纪，埃塞俄比亚高原南部的阿高人建立了新的王朝——扎格维王朝（1137—1270年）。这是一个信奉基督教的王朝，使埃塞俄比亚逐渐开始了封建制的生产方式。1270年，所罗门王朝建立，扩大了埃塞俄比亚的领土，建立起了封建制的社会。国王作为"万王之王"，拥有较大权力，各地王公和封建主都向他缴纳贡赋和提供军队。全国土地基本由王室、教会和世俗封建主占据，农民负担贡赋和劳役、军役等。16世纪，由于王国内部封建主之间、封建主与国王之间的矛盾都很激烈，外部还受到阿拉伯人和奥斯曼帝国的进攻。埃塞俄比亚人民先后展开了对抗阿拉伯人、奥斯曼人、葡萄牙人等入侵的斗争，维护了国家领土完整。

在东非沿海地带，索马里和桑给巴尔历来是贸易发达的地区。索马里曾先后受到努比亚的阿克苏姆王国、埃塞俄比亚王国的统治。9—13世纪，索马里人展开了长期斗争，并曾建立强大的国家。15世纪，索马里又沦为埃塞俄比亚的附属国。16世纪，索马里建立起新的强大国家。桑给巴尔是班图人的各个城邦联合起来形成的黑人国家，在15世纪强大起来，与印度洋各国进行贸易活动。16世纪,桑给巴尔受到葡萄牙等西方殖民列强的侵略。

自公元前3100年左右,人类进入文明社会以来,世界各地的文明社会逐渐向前发展,由于生产工具和科学技术的不断改进,人类社会越到晚近发展速度越快,各地区各文明之间的联系也越来越密切。然而,到公元16世纪之前,世界各地大多处于农业经济占主导地位的历史阶段,人类社会对土地的依赖程度非常高,社会发展速度相对缓慢。尽管15世纪、16世纪亚洲和欧洲的农业发达地区的农业生产和手工业生产中孕育出了资本主义生产方式的雏形,但资本主义生产方式的形成、人类社会的快速发展、整个世界联系为一个整体,则要到近代工业革命之后了。关于美洲奴隶社会的状况,本书在下一章阐述。

六　封建王朝的嬗变与
　　　资本主义的兴起

　　世界历史的发展是不平衡的，有的地区发展走在前面，先进与落后地区差距很大；同时，某一个国家或某一个地区不总是处于发展的先进状态，先进的地区或国家可能变成落后的地区或国家，落后的也可能成为先进的。伴随着这种发展不平衡，人类社会不断从低级阶段向高级阶段演进。迄今为止，已经经历了五个大的时期，也可以说经历了五种社会形态，即原始社会、奴隶社会、封建社会、资本主义社会和共产主义社会的初级阶段——社会主义社会。本章主要考察15世纪、16世纪的世界历史。这个阶段，从世界历史的发展整体来看，是处于封建社会向资本主义社会过渡的阶段。欧洲处于中世纪晚期，资本主义在一些地区已经萌芽，并处于较快兴起状态。一些亚洲封建大国正经历着繁荣发展。人类社会从封建社会向资本主义社会过渡，经历了较长时间，即使是资本主义兴起最早的西欧地区，资本主义社会取代封建社会也大约经历了二三百年。从世界范围来讲，这个时段就更长了。

封建社会和资本主义社会究竟有什么样的差别呢？第一，封建社会的生产力发展水平比资本主义社会的要低。资本主义社会是在封建社会发展的基础上产生的。第二，封建社会的社会等级和人身依附关系比资本主义社会严格得多。国家的土地主要掌握在大大小小不同名称的地主手中，土地上的劳动者对土地主具有不同程度的依附性。第三，封建社会的生产主要是自给自足的，而资本主义社会的生产主要是为了市场销售。第四，在封建社会，宗教势力的影响要比在资本主义社会时更大。封建社会和资本主义社会的根本区别可以说是：封建社会的经济最本质、最核心的东西是通过各种各样的依附关系，达到地主阶级对农民或农奴的役使和剥削；而资本主义社会经济关系中最本质、最核心的东西是货币持有者在流通领域购买自由劳动力，榨取他们的剩余价值。资本主义社会取代封建社会是历史的进步。15世纪、16世纪，资本主义率先在欧洲兴起，首先是在西欧地区。在世界历史发展进程中，率先经历资本主义的国家占了发展先机，逐渐在世界格局中占据主导地位。随着欧洲兴起，欧洲一些国家大肆进行海外殖民扩张。

1　15 世纪的世界格局

15 世纪，亚欧之间是相对平衡的，旧的格局在延续，新的格局开始萌发，亚洲仍很强大，欧洲开始兴起。中国明朝乃东亚的泱泱大国，处于上升和繁荣阶段。象征明朝繁荣强大的标志性事件之一是郑和下西洋。明朝曾长期维持着与周边一些国家如朝鲜、越南等的传统封贡关系。

15 世纪，中亚地区兴起了强大的帖木儿帝国。帖木儿的军队曾于 1402 年击败了奥斯曼军队。在南亚次大陆，最大政治实体是处于衰落中的德里素丹国。在亚洲西部，以小亚细亚为中心，是崛起中的奥斯曼帝国；奥斯曼帝国在遭受帖木儿打击后很快恢复了国力，并于 1453 年攻克君士坦丁堡，终结了延绵千年、苟延残喘多时的拜占庭帝国，即东罗马帝国。奥斯曼帝国不断扩张，构成了欧洲国家通向东方的一道难以逾越的屏障。

15 世纪是欧洲发生巨大变化的世纪。在奥斯曼帝国攻陷君士坦丁堡的 1453 年，英、法两国结束了百年战争，英国势力基本上退出了欧洲大陆。伊比利亚半岛上的西班牙、葡萄牙则处于快速兴起当中。15 世纪，西班牙最终实现了独立和统一，完成了持续几个世纪的"收复失地"运动。标志性事件是 1491 年的格拉纳达战役。这是西班牙民族复兴力量与伊比利亚半岛穆斯林之间的一场较量。战争开始时，双方约定在格拉纳达城外各出一名骑士进行一场单挑式决斗，双方士兵只观战不参战，结果穆斯林骑士战死。双方军队接着发生了一场大战，西班牙国王斐迪南的军队获胜，摩尔人退守格拉纳达城。1491 年 11 月，格拉纳达城投降。

1492 年，获得西班牙国王资助的克里斯托弗·哥伦布远航探险。伊比利亚半岛的葡萄牙早在 1415 年就夺占了北非之角的休达城。15 世纪后半期，葡萄牙人加强了沿非洲西海岸南下的探险活动。而在东欧的大地上，长期受到外族侵扰和统治的莫斯科公国也在快速兴起。伊凡三世与拜占庭末代皇帝的侄女索菲娅结婚后，视自己为"全罗斯的沙皇"，将莫斯科视为"第三罗马"。1480 年 11 月，在乌格拉河战役中，伊凡三世率领罗斯军队战胜了蒙古军队，从而摆脱了蒙古贵族二百多年来的统治。在以后的年代里，俄国通过扩张，逐渐将金帐汗国的领土纳入俄罗斯帝国版图。

在美洲大陆，印第安人正经历着奴隶社会的繁荣。印第安文明形成了三大中心：玛雅文明、阿兹特克文明和印加文明。到 15 世纪时，玛雅人已创造了高度的文明；阿兹特克人则建立起了强大的王国；在南美，印加王国正在不断扩张，已形成庞大的奴隶制国家。

与世界其他地区相对隔离的澳洲土著人仍处于原始社会阶段，分成操不同语言的部落集团。

2 亚洲的封建王朝

15 世纪、16 世纪，亚洲存在过一系列强大的封建王朝，如中国明朝、帖木儿帝国、奥斯曼帝国、伊朗萨非王朝、印度德里素丹国和后来的莫卧儿王朝。明朝（1368—1644 年）是汉唐盛世后又一个兴盛的中原王朝，疆域辽阔。明成祖时期，明朝加强了对边疆民族地区的经营，甚至短暂征服并统治过安南（今越南北部）。15 世纪初，郑和下西洋，宣示威德，推进了朝贡贸易。明朝中后期，农业和手工业技术提高，生产规模扩大，商品化趋势加强；全国道路通畅，商贸往来频繁，形成了全国性商业市场。明朝经济在国际经济活动中占有重要位置，无论是铁、造船、建筑等重工业，还是丝绸、纺织、瓷器、印刷等轻工业，在世界上都享有盛誉。嘉靖（1522—1566 年）、万历（1573—1620 年）年间，海外贸易突破了朝贡贸易体系的限制，民间贸易兴起，中国海商足迹几乎遍布东南亚各国。中国商品在

"太平洋丝绸之路"中也发挥了关键作用。当时中国海外贸易的突出特点是：中国丝绸销往世界各地，美洲白银流入中国。大量白银流入中国促进了张居正推行"一条鞭法"的改革，将赋役折算成银两征收，进一步推动了商业发展。

帖木儿（1335—1405年）出生于中亚一个突厥化的蒙古贵族家庭。1370年，在中亚的撒马尔罕（在今乌兹别克斯坦）自立为王，建立了一支强大的骑兵部队，不断发动战争，占领了伊朗、阿富汗，侵入印度北部，进军西亚；1402年赢得了安卡拉会战，生擒奥斯曼素丹巴耶塞特一世，建立起一个地跨中亚、西亚、南亚的帝国。帖木儿还狂想征服中国，但在进军途中，于1405年病亡；其帝国也旋即陷入衰落解体之中，1507年灭亡。

伊朗萨非王朝是在帖木儿帝国解体过程中建立起来的。1501年，阿塞拜疆和东安那托利亚民兵与萨非教团联合推翻了当地白羊王朝突厥逊尼派君主，萨非教团的领袖伊思迈尔建立了萨非王朝。伊思迈尔宣布什叶派为国教，企图借此统一思想。他招募什叶派宗教领袖，赐予封地钱财，将其转化为宗教贵族。萨非王朝是一个封建神权国家，政教合一，君主是宗教与国家领袖。萨非王朝的名君阿拔斯一世（1587—1629年），大致与中国万历皇帝同时代，为了振兴国家、加强王权，进行了

六 封建王朝的嬗变与资本主义的兴起 175

重大改革。主要内容有：削弱部落军队，建立听命于国王的常备军；扩大王室土地，增强国王的经济实力，采取发展农业和手工业的措施；打击割据势力，加强中央集权；在实行宗教宽容政策的同时，大力扶植什叶派；积极开展外交活动，遣使欧洲诸国。1598年，将首都迁往伊朗中心地区的伊斯法罕。阿拔斯一世富有成效的改革，奠定了他在位期间和随后几十年萨非王朝的繁荣稳定。首都伊斯法罕成为世界闻名的繁华都城，时称"伊斯法罕半天下"。阿拔斯一世鼓励与欧洲国家的贸易，主要出口商品有地毯、丝绸、纺织品、马、羊毛、珍珠、杏仁；主要进口商品有硬币、纺织品、香料、金属、咖啡、糖。萨非王朝与奥斯曼帝国之间对伊拉克平原地区进行了长期争夺。

图30 阿拔斯一世时期修建的伊玛目广场

15世纪下半叶，南亚的德里素丹国家（1206—1526年）衰落。1517年，罗第王朝发生内乱，帖木儿的后裔巴布尔乘机侵入印度。巴布尔军队掌握了先进的野战炮技术和步枪技术，德里素丹国由大象、骑兵、步兵构成的军队无法抗衡，迅速溃败。1526年，巴布尔在印度建立起莫卧儿帝国（1526—1858年）。这是印度历史上最后一个封建王朝，从第三任皇帝阿克巴到第五任皇帝沙贾汉，莫卧儿帝国达到鼎盛。阿克巴（1556—1605年在位）是个能干的皇帝，进行了一系列改革。一是建立君主专制的中央集权制，皇帝拥有至高无上的权力；二是改革税制，促进农业和工商业发展；三是改革司法，实行伊斯兰教法和世俗法相结合的制度；四是实行宗教宽容政策，倡导各宗教一律平等；五是废除一些陈规陋习，如允许寡妇改嫁、禁止童婚等。帝国的经济、文化都得到很大发展。

奥斯曼帝国攻占了君士坦丁堡后，在一些贤能素丹的统治下，经历了繁荣兴盛。塞利姆一世（1467—1520年）是奥斯曼帝国的名君，在位时致力于向东方和南方扩张。1514年，在查尔迪兰战役中击败了伊朗的萨非王朝。1517年，奥斯曼帝国消灭了埃及马木路克王朝，将埃及变成一个行省。苏莱曼一世（1520—1566年在位）时，帝国进一步扩张。1534年，苏莱曼

六 封建王朝的嬗变与资本主义的兴起

一世攻下巴格达，占领两河流域，进一步打击了伊朗的萨非王朝；继而又征服了波斯湾沿岸的一些地区。几乎所有的阿拉伯国家都被奥斯曼帝国征服。奥斯曼帝国也加强了在欧洲的扩张，1529 年围攻维也纳，威震欧洲诸王国。1547 年，哈布斯堡王朝正式承认奥斯曼帝国对匈牙利的宗主权。奥斯曼帝国极盛时地跨亚、非、欧三大洲，包括整个巴尔干半岛、小亚细亚半岛、中东和北非的大部分，控制了西欧到东方的通道。奥斯曼帝国是政教合一的国家，素丹是政治和宗教首脑。国教是伊斯兰教，《古兰经》和伊斯兰教法典被奉为制定法令的依据。国家实行军事采邑制度，把大量的土地赐给功臣名将，而获得土地的采邑主则为素丹提供军队。

15 世纪、16 世纪，朝鲜半岛仍然是李氏王朝（1392—1910 年）统治。李氏王朝加强了封建中央集权统治，与中国明朝保持着友好平稳的关系。16 世纪末期，中国派遣军队支持朝鲜人民取得了反抗日本侵略的卫国战争的胜利。15 世纪中叶，日本发生了"应仁之乱"，进入了长达百年的大封建主割据混战的"战国时代"。16 世纪末，日本大名织田信长和丰臣秀吉实现了国家统一，建立起强大的中央政权。丰臣秀吉野心膨胀，妄图建立包括日本、朝鲜、中国、印度在内的亚洲大帝国。他首先入侵朝鲜，结果在中、朝两国军队的反击下失败，忧疾而亡，日本政权落到了织田信长部将德川家康手中。从1603年起，日本进入德川幕府专制统治时期，直到19世纪下半叶。15世纪、16世纪，越南处于后黎朝（1428—1789年）的前期，曾盛极一时；1527年后进入了分裂、割据、混战状态。15世纪、16世纪东南亚地区还存在着或出现过一些知名的王朝，如泰国的阿瑜陀耶王朝、印度尼西亚的满者伯夷王朝、缅甸的东吁王朝。

3　郑和下西洋

从1405年起，明朝派遣郑和率领庞大的船队七次探访亚非国家。这是中国航海史上前所未有的壮举，也是世界航海史上的壮丽篇章。郑和下西洋前后历时20余年，到达30余国，经中国南海到东南亚地区、进印度洋，再到波斯湾口、阿拉伯半岛南端、红海东岸，并抵达非洲东海岸。学术界也有人认为中国人于1420年到达过非洲南端的好望角；如果这是准确的话，那他们应该是郑和船队的人。郑和下西洋是当时中国科技实力、经济实力、军事实力的体现。船队配有航海图、罗盘针等，拥有世界上最先进的航海设备。

船体庞大，船队规模巨大。1405年第一次航行时，有62艘船；最大的船长44丈，宽18丈；载有将士2.78万多。而1492年哥伦布首航美洲时，只率领了88名水手，3艘帆船，旗舰"圣玛丽亚号"最大，也只长约35米。

明朝派遣郑和下西洋，主要意图是宣扬国威，开拓朝贡贸易，发展对外友好关系。每到一国，郑和即颁布明朝皇帝诏书，立碑文；服者，赐以金帛，偶有不服者，则以武力威慑之。郑和的出访加强了中国与亚非各国的经济、外交和文化联系，扩大了明朝在海外的声誉，亚非不少国家派遣使者随郑和来明廷朝贡。

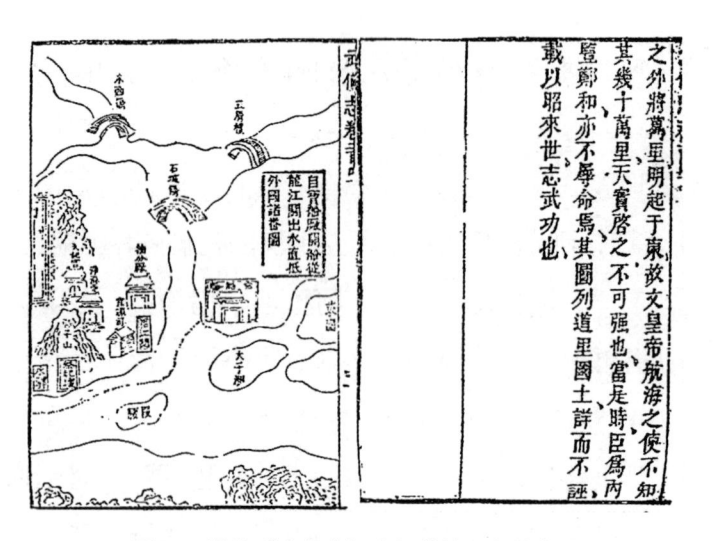

图31 明代《武备志》中记载的郑和航海图

郑和下西洋体现了明廷对外部世界的关注和海洋意识的增强。"西洋"从地理位置上讲，主要是指印度洋；广义上讲，"西洋"也指"海外"或"国外"。但是，郑和下西洋这一伟大的历史壮举，没有与中国经济发展有机地联系起来，反而增加了国家经济负担，这是下西洋活动没能延续的根本原因。郑和下西洋总的来讲是对外和平交往，经济上"厚往薄来"，与后来西方国家海外殖民探险、侵占他国领土、公然掠夺抢劫有着本质区别。

4 非洲的王国

非洲大陆是一个发展很不平衡的地区。古代埃及曾经居世界领先水平，创造了光辉灿烂的文明。与埃及相连地区，如苏丹、埃塞俄比亚以及地中海沿岸的北非地区，与其他比较发达的地区交往较多，发展程度长期高于非洲其他地区；广大撒哈拉沙漠及其以南地区发展则相对落后。古代埃及的发展后来也遭遇曲折，屡被外族征服，自身文明中断。15世纪、16世纪的非洲发展也是不平衡的，存在或出现了一些王国，有一些地区则仍处于比较原始的状态；这些王国大多也不是稳定和长期存在的。这个时期的非洲，没有出现像亚洲那样庞大的封建帝国，但也有一些知名王国。

在北非地区，从阿拉伯帝国解体演变而来的马木路克王朝到 15 世纪末 16 世纪初已变得十分虚弱。1516 年，奥斯曼军队在阿勒颇战役中击败马木路克军队，占领叙利亚；1517 年开罗战役，奥斯曼军队再胜，马木路克王朝灭亡，埃及沦为奥斯曼帝国的行省。北非的马格里布地区处于分裂状态，不断遭受入侵。而摩洛哥在比较长的时间内维持了独立，一度比较强大；在 1578 年马哈津河战役中，大胜葡萄牙侵略军，葡王塞巴斯蒂昂在败退时淹死。北非的突尼斯则沦为奥斯曼帝国的行省。

到 16 世纪初，苏丹地区出现了两个伊斯兰教王国，一个是西部的达尔富尔素丹国，另一个是东部的芬吉素丹国。这两个王国分别存在到 18 世纪初和 19 世纪初。东非地区还有埃塞俄比亚王国。该王国建立于 1270 年。埃塞俄比亚具有反侵略的传统，后来面对西方殖民扩张，长期保持着独立。

马里王国也是非洲中世纪形成的一个王国，主体在西非地区。14 世纪前期，王国是富强的，后半期开始衰落。16 世纪中叶，其首都曾受到桑海王国的袭击。1599 年，又被摩洛哥侵略军打败。17 世纪中叶，马里王国解体。而桑海王国在 14 世纪初曾一度沦为马里王国的属国，后建立桑尼王朝，恢复了国家独立。1493

年，阿斯基亚王朝取代了桑尼王朝，桑海王国进入鼎盛时期。1591年，摩洛哥入侵，桑海王国灭亡。

刚果王国位于撒哈拉以南西非地区，是殖民时代之前非洲最重要的王国之一，15世纪中叶国势强盛。刚果王国经济以农业为主；在手工业中，冶金业比较发达，生产铁器等金属产品；国内商业比较活跃，各地有定期集市。国家的封建关系与氏族制度密切交织；国王将领地和财富分配给贵族；省、州贵族首脑向国王缴纳年贡；自由农民向国王和贵族纳税服役；战时成年男子服兵役。刚果王国是西方殖民者入侵较早的地区。早在1482年葡萄牙人就入侵刚果河口。1491年，刚果国王和部分贵族接受了基督教洗礼，随后，葡萄牙传教士和奴隶商贩大量进入刚果，其港口成了奴隶贸易的中心。

莫诺莫塔帕王国是南部非洲的古国，首都在津巴布韦，"津巴布韦"是"石头城"的意思。这个国家的领土不仅仅包括今天的津巴布韦，还包括南部非洲其他一些地方。莫诺莫塔帕王国15世纪、16世纪时处于全盛时期。16世纪，葡萄牙殖民者曾试图通过传教和武力征服的方式，控制莫诺莫塔帕王国，但没有得逞。由于内部分裂和殖民入侵，这个王国19世纪后半期灭亡了。

5　中南美洲的印第安社会

　　15 世纪西方殖民国家侵占美洲之前，印第安人已在美洲大陆世世代代生活着，创造了自己独特的文明。西方殖民者到来之时，中美洲和南美洲地区有三大文明——玛雅文明、阿兹特克文明和印加文明，均处于奴隶社会时期。玛雅人建立了大大小小的邦国、王国，文明发展水平相当高。玛雅人等级分明，顶层是国王及其家庭，其下是贵族，再下层是农民和手艺工，底层是奴隶。玛雅人种植的作物主要有棉花、可可、玉米、南瓜、豆类等，并能制作精美的纺织品。玛雅人口众多，8 世纪时生活在中美洲低地的玛雅人口曾达一千万。玛雅人发明了象形文字，书写在石碑、木刻、门框、壁板、长凳、阶梯上，犹如刻画。16 世纪，玛雅人撰写了《波波尔—乌》一书，其前半部是一首长达 9000 行的诗，叙述玛雅创世神话，追溯玛雅人的历史。玛雅人建造了成千上万巨型石碑、神庙、宫殿、金字塔；有的宗教仪式中心有几个足球场大，并有 15 层楼高的建筑物。玛雅人数学水平很高，很早就独自发明了"0"的概念；他们也有很高的天文学水平，能够精确地测定太阳、月亮、行星运行的轨迹和日期。

图32 壮观的美洲印第安人文明遗址，墨西哥境内

阿兹特克人是玛雅人的近邻，生活在今墨西哥境内。15世纪初，阿兹特克人强盛起来，通过结盟与扩张建立起强大的王国，中心是铁诺奇蒂特兰，位于今墨西哥城。蒙特祖玛二世（1502—1520年在位）将王国划分为若干行省，建立起一个庞大的政治、军事、宗教官僚体系。阿兹特克人建立的国家采取奴隶制生产方式，奴隶主要是战俘和债务奴隶，贵族和祭司是奴隶主。他们发明了一种独特的农业耕作方法，用芦苇编成芦苇筏子，里面堆积泥土，让它们浮在水面上，种植作物和果树，用果树的树根巩固这些浮动的园圃。这就是"浮园耕作法"。他们在湖水边上种植玉米、豆类等作物。阿兹特克人的发展程度可从铁诺奇蒂特兰的繁荣略见一斑。在被西班牙人征服之前，铁诺奇蒂

特兰是一个很大的城市，约有 6 万间房屋，人口 20 多万，是当时世界上最大的城市之一。城市供水建有引水渡槽；城内筑有 40 座金字塔形台庙，最大的高 35 米；街道宽阔，花园众多；城内有雄伟的宫殿和大厦。王宫大致呈正方形，中心有广场，广场上有花园，广场四周是石质建筑，有 300 多房间；宫中有百余处洗澡间和蒸汽浴室。

　　印加人生活在南美洲的安第斯山脉中部沿太平洋地区，国家中心在库斯科，位于今秘鲁南部。15 世纪，印加人迅速扩张，建立起一个庞大的王国。16 世纪初是印加王国的极盛时期，版图以秘鲁为中心，延伸到智利中部，包括今厄瓜多尔和玻利维亚的大部分、阿根廷西北一部分。南北长数千公里，辖地约 80 万平方公里，人口估计在 600 万以上。印加人的建筑水平很高。工程人员开沟、筑渠、修水槽，用于农田灌溉，供应城市淡水和排污。道路贯通全国，沿途设置驿站，信使接力递送信息，在关隘之处建立要塞和烽火台，坚固的桥梁跨越宽阔的峡谷。1500 年规划设计完善的库斯科城有四千余座巨石建筑，配有喷泉、石砌阴沟和大型公共广场。西班牙殖民主义者入侵后，城市遭到严重破坏，但城内印加王国时代的有些街道、宫殿、庙宇和房屋建筑仍留存至今。15 世纪建于库斯科城西北120公里处，位于崇山峻岭的"马丘比丘"城堡，因在深山之中而较好地保存下来了。城堡居高临下，地势险要，只有一个城门出入，城堡有许多用大理石建筑的殿宇、庙堂、作坊、居民点，房屋之间用阶梯相连。印加人在采矿、冶金、纺织和手工艺方面都达到了较高水平。

美洲三大印第安文明正在自身繁荣发展之时，被西方殖民主义者毁灭了。

6 资本主义萌芽

资本主义萌芽是社会经济生活走向商品化的必然产物。在世界历史发展进程中，不同时期不少国度曾出现过资本主义萌芽的现象，而中世纪晚期发生资本主义萌芽的欧洲却率先演进到了资本主义社会。从这一意义上讲，资本主义萌芽首先发生在包括意大利在内的西欧地区。

14世纪、15世纪，欧洲手工业生产技术和农业生产技术取得进步，扩大了社会生产的分工，商品生产和交换也发展起来了。社会生产结构随之发生巨大变化，形成了一些各具特色的工业中心和农业区，如呢绒中心佛兰德尔、甲胄制造中心米兰。资本主义萌芽在意大利、法国、尼德兰（主要包括今荷兰、比利时）等地率先出现。

  资本主义萌芽的产生主要有两个途径：一是在商品生产竞争中产生的富裕作坊主使帮工和学徒沦为雇佣工人，自己成为资本家；二是商人作为包买主进入生产领域，逐步使小生产者成为雇佣劳动者，商业资本控制着手工业生产。商品经济的发展带来残酷竞争，部分小手工业生产者陷入困境，部分则成为暴发户。暴发户成为包买商，趁一些小生产者难以维持正常生产时，就在他们还没有生产出产品之前，先给他们钱，预订其产品。包买主和小生产者之间的这种关系，就是一种雇佣关系。后来，包买主先用自己的钱买原料，交给雇工加工，生产者接受订货，根据包买主提出的具体规格和要求，在家里生产。包买主逐渐开始把分散的小生产者集中在一起劳动，向工人提供原料和生产工具，于是包买主就成为资本家了。

  农村中出现这种资本主义生产关系也是商品经济发展的产物。货币地租逐渐瓦解了自然经济，加速了农民两极分化。封建领主改变剥削方式，将农民实物地租改为货币地租。交纳货币地租进一步加剧了两极分化；一些富裕农民开始经营小规模的资本主义农场，大部分农民破产后成为雇农。在封建领主当中，一些人也在自己的领地上按照资本主义生产方式经营农牧业，一些人则把土地租给别人经营，收取地租。资本主义生产方式于是逐渐在农村发展起来了。

雇佣关系是资本主义生产关系的基础和本质特点，这种关系的出现标志着资本主义的产生。在资本主义产生过程中，逐渐形成了资产阶级和无产阶级。资本主义产生需要两个条件，一是积累一定数量的货币；二是要有靠出卖劳动力为生的工人。在一些地区，这两个条件是靠暴力实现的。例如，在国内迫使生产者脱离生产资料而变成雇佣劳动者。英国在这方面是很典型的，发生了"羊吃人"的圈地行动。15世纪末，由于国内毛纺业的勃兴，羊毛价格上涨，于是贵族大量圈占村社公地和农民的耕地，改为牧场，雇用少量低工资工人放牧羊群，大批农民无以为生，成为流浪者，为资本主义发展提供了劳动力。在国内剥夺农民的土地；在海外则进行掠夺，以实现资本原始积累。资本主义萌芽、新航路的开辟和文艺复兴运动三者紧密相连。

7 文艺复兴运动

文艺复兴运动是欧洲新兴资产阶级在文学、艺术、哲学、历史学、教育学等领域开展的思想文化运动，是与资本主义萌芽紧密联系在一起的。这场运动揭开了近代欧洲历史的序幕,被认为是中世纪时代和近代的分界,也就是封建时代到资本主义时代的过渡期。

随着资本主义生产关系在欧洲封建社会内部逐渐形成,封建割据引起普遍不满,民族意识开始觉醒,文化艺术上出现了反映新兴资本主义利益的要求。新兴资产阶级认为中世纪文化是一种倒退,古代希腊、罗马的文化则是典范。其实新兴资产阶级表面上是要恢复古代希腊罗马的进步思想,实际上是新兴资产阶级的思想文化创新。文艺复兴运动首先发生在意大利两个共和国——佛罗伦萨和威尼斯,这也被认为是资本主义萌芽产生最早的城市,并由地中海沿岸逐渐转移到大西洋沿岸,向欧洲其他地区延伸。

意大利文艺复兴最早的代表人物是但丁(1265—1321年),佛罗伦萨人,出生于小贵族家庭。他的作品以含蓄的手法批评和揭

图33 欧洲文艺复兴早期代表人物但丁

露中世纪宗教统治者的腐败和愚昧。他渴望统一，反对分裂，拥护君主，谴责教皇。代表作《神曲》这部诗作分为地狱、炼狱、天堂三篇。他将君王放在天堂，将教皇放在地狱。但丁提倡个性和理性，主张用民族语言写作，歌颂自由、个人情感和求知精神，体现出了人文主义的思想萌芽。

彼特拉克（1304—1374年）也是佛罗伦萨人。他的十四行体抒情诗集《歌集》表达了早期人文主义者追求新生活、憎恨教会的情绪。这位极具想象力的人文主义者于1345年别出心裁地给古代罗马演说家、政治家西塞罗写了一封声情并茂的信，向西塞罗发问，用以表达自己对现实的不满。彼特拉克在信中写道："您一定希望我跟您说说罗马和罗马共和国的情况吧！诸如现在的城市和国家面貌怎样，社会和谐程度如何，哪个市民阶层在执掌政权，掌权者是谁以及掌权者靠什么思想来治理国家……对于以上这些问题的答案和与之相似的一些问题的答案，我想您一定不会愿意知道。您对祖国的忠心和热爱，以及您对祖国宁愿舍弃自身性命的精神使我明白您一定不愿知道国家现在的样子。……相信我，西塞罗，如果您知道我们今天的状况，您会哭的，无论您身处天堂的第几层抑或是厄瑞玻斯暗界，您都会哭。"

薄伽丘（1313—1375年）也是意大利文艺复兴运动的杰出代表。他的代表作《十日谈》批判了宗教守旧思想，主张"幸福在人间"。文艺复兴时期，意大利还涌现了著名的美术三杰。达·芬奇（1452—1519年）是意大利文艺复兴时期最负盛名的美术家，壁画《最后的晚餐》和肖像画《蒙娜丽莎》是他的代表作；拉斐尔·桑西（1483—1520年）以画圣母像著称，以母性的温情和青春健美体现出人文主义思想；米开朗基罗（1475—1564年）是雕塑艺术的代表。撰写《君主论》的资产阶级思想家马基雅弗利和空想社会主义者康帕内拉也是意大利文艺复兴的著名人物。

　　在法国，拉伯雷是文艺复兴的杰出代表。他用了20年时间创作《巨人传》相信知识能够使人强大，战胜愚昧和黑暗。在英国，文艺复兴的代表人物主要有莎士比亚和莫尔。莎士比亚的作品《哈姆雷特》《李尔王》《仲夏夜之梦》等集中代表了欧洲文艺复兴文学的成就。莫尔是著名的人文主义思想家，他的《乌托邦》是空想社会主义代表作之一。西班牙文艺复兴最杰出的代表是现实主义作家、戏剧家、诗人塞万提斯，其代表作是长篇讽刺小说《堂吉诃德》。

　　文艺复兴繁盛于西欧诸国，在东欧、北欧国家也出现了文艺复兴。

文艺复兴的精神实质是人文主义。它肯定人的价值，重视人性；打破了宗教神秘主义一统天下的局面，有力地推动和影响了宗教改革运动；打破了以神学为核心的经院哲学主宰的局面，促进了思想解放；创造出了大量精湛的文学艺术杰作，丰富了人类艺术宝库。文艺复兴促进了欧洲资本主义的发展。

虽然文艺复兴运动发生在欧洲，但它广泛吸收了东方文明的营养。阿拉伯—伊斯兰文化对欧洲文艺复兴产生了重要影响。东方国家，不仅仅是阿拉伯国家，包括中国和印度的科学文化成就，通过阿拉伯—伊斯兰世界传播到欧洲，促进了欧洲文艺复兴。马克思指出：火药、罗盘针、印刷术是预示资产阶级社会到来的三项伟大发明。而中国的这三项伟大发明正是通过阿拉伯—伊斯兰世界传播到欧洲的。

8 欧洲国家早期探险和殖民扩张活动

15世纪，欧洲国家开始海外探险活动。海外探险活动的前提和动因是多方面的，主要有以下三点。第一，航海技术的发展使海外探险成为可能。1200年至1500年，欧洲人从阿拉伯人那里学习并改造了六分仪、海图、艉舵、三桅帆船等工具或技术，拥有了在各种复杂气候条件下进行远航的能力。第二，向世界传播基督教的狂热情绪。第三，获取东方商品，进行海外殖民掠夺。例如，对黄金的狂热追求就是西方国家开展海外探险活动的重要动因。1503年，哥伦布在致西班牙国王的信中讲："热那亚人、威尼斯人和其他国家的人们，凡有珍珠宝石或其他名贵物件的人们，都走遍天涯海角去交换黄金。黄金是一切商品中最宝贵的，黄金是财富，谁占有黄金，谁就能获得他在世上所需的一切。同时也就取得把灵魂从炼狱中拯救出来，并使灵魂重享天堂之乐的手段。"西班牙殖民主义者到达美洲后，正是大肆抢夺黄金。

葡萄牙人首先发起了大规模的航海探险活动。15世纪早期，葡萄牙人组织了多次沿非洲西海岸的探险活动，先后到达马德拉群岛、佛得角群岛、几内亚湾。1488年，迪亚士的探险队到达非洲南端的好望角；1498年，达·伽马到达印度西南部的卡利库特，开辟了从大西洋绕非洲南端到印度的航线，垄断了欧洲对南亚、东亚的贸易。

1492年8月，西班牙国王派遣哥伦布向西航行，寻找通往中国、印度的航路。哥伦布相信大地是球形的，向西航行能够到达东方。10月，哥伦布到达美洲巴哈马群岛中的一个小岛，命名为"圣萨尔瓦多"。此后，哥伦布还进行了3次航行，到达了牙买加、波多黎各、多米尼加等岛以及南美海岸、中美的洪都拉斯和巴拿马附近。哥伦布误以为他所到之处是亚洲的印度，乃称当地居民为"印第安人"。

图34　哥伦布觐见西班牙君主

葡萄牙和西班牙都宣布自己的探险队最先到达的地方为本国领土，因而争执不断。在罗马教皇的调停下，双方于1494年签订条约，划了分界线，称为"教皇子午线"，约西经46°，西侧为西班牙势力范围，东侧归葡萄牙。1519年9月，麦哲伦奉命跨洋探险。他越过大西洋，并沿南美东海岸南下，于1520年10月到达南美洲南端海峡，即今"麦哲伦海峡"。他继续向西航行，跨越了广大海域，航行平静，故称之为"太平洋"。1521年3月，麦哲伦到达菲律宾群岛，因干预菲律宾内讧而被杀。他的同伴穿过印度洋，绕过好望角，于1522年9月返回西班牙。这次环球航行后，西葡两国于1529年再次订立条约，在摩鹿加群岛以东17度处画一条线，作为两国在东半球的分界线，线西属葡萄牙势力范围，线东归西班牙。西葡两国对世界的"瓜分"，表明这种探险活动具有强烈的殖民扩张与掠夺性质。不过后起的欧洲殖民列强荷、英、法等根本无视所谓的"教皇子午线"。

16世纪初，葡萄牙不过是个人口约150万人的小国。它所侵略的对象，多是文化比较发达、人口稠密的地方。于是葡萄牙以侵占军事据点为主，垄断商路，建立商站，进行贸易和公开掠夺。葡萄牙依靠军事手段建立起从直布罗陀至马六甲海峡的殖民势力范围。1553年，葡萄牙人借口遭遇风暴，要求上岸曝晒水浸货物，乘机贿赂明朝官吏，入居中国澳门。1557年后，竟自设官府，长期窃据澳门。

西班牙对美洲的殖民侵略，是从哥伦布到达美洲开始的。西班牙入侵美洲，起初人数并不多，但他们拥有先进的武器和残忍狡诈的手段，利用印第安各部落分裂和组织力不够强,拉拢部分印第安部落,征服了人口众多的印第安人。双方的较量是"冷兵器"与"热兵器"的较量;西班牙人有大炮和火枪,而印第安人使用的仍是弓箭刀矛。在征服阿兹特克人时,西班牙殖民主义者科尔特斯于1519年一度进入首都铁诺奇蒂特兰,采取突然袭击、阴谋控制国王等手法,企图征服阿兹特克人,但受到顽强反抗后败退。1520年12月,科尔特斯卷土重来。他首先采取围困手法,切断铁诺奇蒂特兰与外界的联系。该城位于一个大湖中的岛上。被科尔特斯围困后,食粮缺乏,居民忍饥挨饿,吃虫子、老鼠、野草。1521年8月,城被攻陷,发生了激烈巷战。目击者在稍后年份写下这样的挽歌:"这事就发生在我们这儿;我们看到了,倍感震惊。哭泣、悲哀使我们心碎。尸骨遍野啊;脑袋开花,房屋掀顶,鲜血染红了墙壁。虫子满街爬,在死人的鼻腔里爬进爬出;脑浆溅满墙壁。鲜血染红了湖水……"

西班牙征服印加王国的殖民者头子叫弗朗西斯科·皮萨罗。皮萨罗在1528年首次进入印加王国时,印加王国两兄弟正在为争夺王位打内战,皮萨罗决定等待时机。1532年,皮萨罗再次入侵印加王国,随行队伍不到160人。在卡哈马卡城,今秘鲁北部,皮萨罗用诡计扣留了印加国王阿塔瓦尔帕,并提出用黄金装满阿塔瓦尔帕被关押的房子里一间储藏室作为赎金。当印加人按要求提供了赎金后,皮萨罗并未放出阿塔瓦尔帕,而是以杀了王位合法继承人的兄弟等罪名,判处阿塔瓦尔帕死刑,皮萨罗趁机侵占了印加王国。

欧洲殖民者入侵打断了印第安文明的发展进程,使印第安人陷入灾难之中,文化遭到摧毁。1492 年时,美洲印第安人口估计在 1400 万人至 4000 万人之间。殖民入侵使印第安人遭受灭顶之灾,大量印第安人死亡。哥伦布到达美洲后 100 年间,印第安人减少 90%—95%。加勒比海岛上和热带沿海地区的印第安人蒙受的打击最大,一个世纪之内就灭绝了。只有那些逃入荒野丛林中生存下来的印第安人后来才得以繁衍生息。

英国、荷兰也很早地开始了海外殖民探险活动。1588 年,英国成立了"几内亚公司",专门从事殖民活动,将黑奴从非洲掠运到美洲。伊丽莎白一世（1558—1603 年在位）时期,英国海盗横行于大洋,抢劫商船,特别是西班牙殖民商船,弗朗西斯·德雷克就是有名的航海探险家兼海盗,被伊丽莎白女王授予爵士头衔。英西两国矛盾激化,1588 年,西班牙无敌舰队进攻英国,结果遭到惨败。1595 年,荷兰人霍特曼率船队经好望角去印度,开始了在东方的殖民扩张。

9　欧洲的宗教改革与资产阶级革命

宗教改革主要是指一些欧洲国家为对抗罗马天主教会所采取的一系列举措，主要发生在 16 世纪。欧洲中世纪，神权高于世俗政权，以教皇为首的天主教会是西欧的超国家组织。宗教改革的主要表现形式是建立新教，从天主教中分裂出来，不承认罗马教皇的权威，新教区域君主取代了教皇的地位。改革代表人物有马丁·路德、加尔文等。除路德教、加尔文教外，宗教改革还催生其他一些教派。

图 35　加尔文（左）马丁·路德（右）

德国的宗教改革最为著名。15 世纪末 16 世纪初，德意志仍处于四分五裂的状态，阻碍了社会经济发展，这也为教会的剥削提供了方便。每年流入罗马教廷的财富数额巨大，德意志因而被称为"教皇的奶牛"。罗马天主教会还向教徒出售赎罪券，引起民众的极大不满。反对罗马教会经济掠夺和政治控制是德国宗教改革的主要动因。1517 年 10 月，威登堡大学的神职人员、神学教授马丁·路德公布了著名的"九十五条论纲"，名称是《关于赎罪券的功效》，痛斥教皇特使在德国推销赎罪券的欺骗行为，要求公开辩论赎罪券的功效问题。1520 年，路德连续发表了《致德意志民族的基督教贵族书》《教会的巴比伦之囚》和《论基督教徒的自由》三本小册子，反对教皇，主张君权至上。

路德提出了以"因信称义"为核心的宗教观，认为凭信仰上帝就能成为义人，只需读《圣经》而不需要处于神人之间的教皇和教士代为祈祷。人的灵魂的拯救完全靠自己，个人是自己信仰的主宰。在上帝面前，人人享有平等的权利和地位。路德将现世人生神圣化，认为凡凭信仰从事各种职业和日常活动都是取悦上帝的善功。路德国家学说的中心内容是"君权神授"，教皇的权力是人为的、不合法的，君主有改革教会、钳制教皇的义务。主张割断与教皇的一切联系，建立独立的民族教会和廉俭教会。德国的宗教改革是成功的，路德教的合法地位得到确立，与天主教分庭抗礼。

德国的宗教改革推动了欧洲其他国家的宗教改革运动。受马丁·路德的影响，加尔文在瑞士日内瓦也进行了宗教改革。加尔文出生于法国，后移居瑞士，1536年定居日内瓦，发表了《基督教要义》。加尔文宗教改革主要内容有：废除天主教的主教制，建立长老制，长老会议由各教区民主选举的代表组成；简化宗教仪式；提倡节俭，反对奢侈，严禁一切浮华享乐行为；改组市议会，将日内瓦划分为数个教区，各教区均由长老和教区牧师团体处理政务；鼓励经商致富。在他的领导下，日内瓦成为政教合一的神权共和国和宗教改革中心。加尔文教传播到欧洲多国，对英国等国产生了重要影响。

英国也于16世纪发生了宗教改革。英格兰国王亨利八世进行宗教改革的直接原因是罗马教皇拒绝他与信仰天主教的妻子离婚。宗教改革后，英国成立国教，不受罗马教皇控制，必须服从国王的意志和国家法令。同时，修道院被解散，其土地和财产收归国王所有，逐渐出卖，使封建财产变成了现代私有财产，促进了农业资本主义的发展。苏格兰也进行了宗教改革，加尔文教在苏格兰取得了主导地位。

16世纪20年代和30年代，路德教派传入了北欧，瑞典、丹麦等国也进行了宗教改革。路德教也在捷克、匈牙利等国得到传播。在法国，传播更广的是加尔文教。法国的加尔文教徒称为胡格诺教徒，最初的信徒多是南部城市市民，后来一些贵族也加入了，他们想利用加尔文教组织来对抗王权。

欧洲宗教改革打击了天主教会的神权统治，促进了思想解放；推进了欧洲民族国家的形成和文化教育事业的发展；为资产阶级勾画政治蓝图，提供了思想武器；促进了欧洲资本主义的发展。宗教改革是反对天主教会专制的一场资产阶级革命。

面对宗教改革的冲击，罗马天主教会自身也进行了改革。改革的主要内容有：第一，清除内部积弊，重新审定教规教义；第二，强化异端裁判所；第三，网罗狂热信徒，组建反对新教改革的团体，提升教皇声威，其中最有代表性的就是耶稣会。耶稣会积极向全世界传播天主教。16世纪，耶稣会士已进入了中国、日本等东方国家。

随着宗教改革运动的发展，德国爆发了一场反对封建专制统治的农民战争（1524—1526年）。这场战争规模大，波及德国大部分地区。参加农民战争的还有城市平民，也有骑士。1524年夏天，农民起义最先爆发在德国南部的士瓦本；仅在士瓦本，起义者就达数万人。

起义者要求减轻封建剥削。农民战争领袖们还提出了建立人民共和国的先进思想。这场农民起义最终被封建主联军镇压下去。德国农民战争具有反封建的资产阶级革命性质，打击了封建专制和天主教会。闵采尔是农民战争最著名的领导人，他和他的学生是农民阶级和城市平民的代表。

16世纪下半叶，欧洲爆发了尼德兰革命。尼德兰当时是西班牙的领地，经济繁荣、人口稠密，封建制度处于解体中，资本主义因素发展较快。尼德兰几乎掌握了对西属殖民地的全部贸易和西班牙大部分对外贸易与金融业务。同时，西班牙在欧洲推行霸权政策，尼德兰又具有十分重要的战略地位。西班牙国王对尼德兰严加控制。16世纪60年代初，人民群众反对西班牙专制统治的斗争最初表现为教派活动。西班牙是天主教的代表势力。1566年尼德兰爆发了以反对天主教会为目标的大规模"破坏圣像运动"，成为革命开端。西班牙国王腓力二世派兵镇压。尼德兰人组成了游击队，进行反抗。到1573年年底，北方事实上已脱离了西班牙，成为一个独立国家；1581年，北方宣布正式脱离西班牙，成立联省共和国。尼德兰革命是以反对西班牙专制统治的民族独立为表现形式的资产阶级革命，为资本主义发展开辟了道路。革命的胜利促进了荷兰的经济发展，17世纪荷兰成为"海上马车夫",长期拥有海上贸易霸权。

16 世纪下半叶,法国爆发了胡格诺战争(1562—1594 年)。战争主要在胡格诺教徒与政府之间进行,天主教会站在政府一边;英国和德国新教诸侯支持胡格诺派,西班牙支持天主教派。这场战争断断续续打了三十多年。1572 年 8 月 24 日在巴黎发生了"圣巴托罗缪之夜"大屠杀事件,2000 多胡格诺教徒被杀害。亨利四世出生于胡格诺教派家庭,成了法国新教领袖。他采取了缓解教派矛盾的措施,为获得天主教贵族的支持,自己改信了天主教。1594 年,亨利四世成为法国公认的国王,战争结束。1598 年 4 月,亨利四世颁布了"南特勒令",宣布天主教为国教,胡格诺教徒也获得了信仰和传教自由,在担任国家官职上享有同等权利。

15 世纪、16 世纪是欧洲资本主义兴起的世纪。文艺复兴和宗教改革适应了资本主义发展的需要。这个时期,亚洲仍然经历着封建时代的繁荣。虽然亚洲大国仍很强大,但与欧洲相比,也开始显示出"时代的差距"。在世界格局中,欧洲已开始了"改造"世界的进程,亚洲大国却在经历封建繁荣的同时也开始进入"相对落后"状态,与非洲和拉丁美洲一样,逐渐成为欧洲列强扩张的对象。

七 欧洲列强的扩张与世界格局的变化

17世纪、18世纪是欧洲列强在世界范围内进一步扩张的世纪。欧洲进一步兴起,欧洲的殖民扩张、革命、改革、科学技术发展、思想解放,都为欧洲工业社会的兴起创造着条件。在欧洲殖民扩张进程中,亚非拉地区的人民进行了坚决的反抗斗争。亚洲、非洲的封建王国面临来自西方越来越大的挑战。随着欧洲的扩张,世界格局发生了巨大变化。

1 西欧国家的海外殖民扩张

继西葡两国之后,英国、荷兰、法国也开展海外殖民扩张。为了便于殖民扩张,英、荷、法等国成立了东印度公司,其中荷属东印度公司和英属东印度公司最为有名。

17 世纪、18 世纪，整个南美大陆，除巴西外，几乎都被西班牙占领。在中美洲地区，除加勒比海一些岛屿被英、法、荷等国占领外，包括墨西哥在内几乎都是西班牙帝国的版图。西班牙也在亚洲的菲律宾建立起殖民统治。但西班牙在北美洲的殖民扩张受挫，所占领土后来逐步被英国夺取。

葡萄牙在美洲的殖民地主要是巴西。它在非洲和亚洲地区的扩张，受到后来居上的荷、英、法的排斥，一些殖民领地和据点如南部非洲的好望角、亚洲的锡兰（今斯里兰卡），也被荷兰人夺取。葡萄牙人在东方保留了一些殖民据点，如印度的果阿、东南亚的东帝汶，在中国则长期窃据澳门。

16 世纪下半叶尼德兰革命胜利后，荷兰资本主义经济得到快速发展，造船业和海外贸易发展迅速。17 世纪的一个时期，荷兰成为"海上马车夫"，海军力量强大，在国际贸易中占重要地位。荷兰力图排挤葡萄牙势力，在东南亚展开了殖民争夺。1603 年在爪哇建立商站；接着，营建巴达维亚城，即今雅加达。经过一系列殖民战争，荷兰取代葡萄牙，占有海上优势。17 世纪初，荷兰人曾侵占中国台湾，1662 年被郑成功逐出。17 世纪中叶后，荷兰殖民霸权逐渐被英国和法国夺取。荷兰人在亚洲的扩张重心是在印度尼西亚。在印尼的扩张过程中，荷兰殖民者极力排斥华商；1740年10月，制造了骇人听闻的"红溪事件"，屠杀一万多名华人，溪水被染红了。

英国对外殖民扩张分为两个方向：一是跨越大西洋，向美洲扩张，主要在北美洲；二是沿非洲西海岸南下绕过好望角向亚洲扩张，重点在印度。首先是在沿海地区占领一些殖民商业据点，逐渐展开殖民征服。总体上讲，17世纪、18世纪，英国殖民帝国重心是在北美。英国通过移民，驱赶和屠杀原居民印第安人，建立起移民殖民地。同时，英国还通过殖民争霸战争，从其他殖民国家如法国手中夺取了大片殖民地。今天加拿大的魁北克就是英国在七年战争中从法国手中夺取的。到18世纪中叶，英国已在北美建立起庞大的殖民帝国，其中北美南部13块殖民地是美国的前身，北美北部的殖民地则是加拿大的前身。

在向东方扩张过程中，英属东印度公司发挥了重要作用。该公司成立于1600年，取得了王室特许状，被授予在东方的贸易特权和所占殖民地的军政大权。英国在印度的扩张开始采取的是经济渗入等手段。印度莫卧儿帝国强大时，英国人向其派遣使节，卑辞厚礼，骗取各种贸易权益。18世纪中叶，英国利用莫卧儿帝国衰落之机，展开了对印度的武力征服。大规模征服始于

1757年的普拉西战役，英国殖民者克莱武率军击败了孟加拉的纳瓦布（相当于总督），孟加拉地区遂沦为了英国的殖民地。殖民征服过程就是殖民者大肆抢劫和掠夺的过程。占领孟加拉后，英国殖民者洗劫了孟加拉国库，劫夺了3700万英镑，还有2100万英镑落入公司高级职员的腰包。克莱武自白说："富裕的城市在我脚下，壮丽的国家在我手中，满贮金银珍宝的财宝库在我眼前。我统共只拿了20万镑。直到现在，我还奇怪那时为什么那样留情。"占领孟加拉后，英国继续通过武力和其他手法对印度进行鲸吞蚕食。英属东印度公司是征服印度的先锋。从18世纪下半叶起，英国多次通过法案，限制东印度公司权利，加强政府对印度殖民事务的管理。

法国是欧洲大陆强国，长期陷入欧洲争端。在海外殖民扩张中，在16世纪逊于西班牙和葡萄牙，17世纪、18世纪逊于荷兰与英国。17世纪，法国也成立了自己的东印度公司，在亚洲地区开展殖民贸易活动。17世纪初期，法国在北美圣劳伦斯河下游建立了魁北克城。在南美洲，法国在圭亚那开展了殖民扩张活动。17世纪，法国还侵略过非洲的塞内加尔等地。法国对东南亚入侵初期，以传教和经商为名义，逐渐深入到越南等地。在殖民扩张当中，法国与英国展开了激烈的较量。

18世纪中叶，法国败北，失去了在北美洲与南亚的殖民势力。

2　彼得大帝改革与俄国扩张

俄国自15世纪后期，中央集权加强，促进了国家的统一和扩张。彼得大帝（彼得一世，1682—1725年在位）是一位很有作为的君主，在他统治期间，俄国国力得到进一步增强。1697年，他化名以下士身份参加俄国使团，到荷兰、英国、奥地利、德国考察，研究造船，走访工厂、学校、博物馆、军火库，购买武器，聘请专家。这次考察对他进行改革产生了重要影响。彼得大帝改革主要有三个方面。第一，加强沙皇的专制统治。主要是削弱贵族军权、立法权和地方割据势力；同时加强对东正教的控制，使其成为维护沙皇统治的工具。第二，进行军事改革。建立陆军军官学校，培训军事干部，取消军队中封建贵族的特权；建立兵工厂；大力造船，建立舰队。第三，发展工业。成立了国家工场，奖励私人企业，下令把乞丐编入工场，允许商人购买农奴从事工场劳动，鼓励地主开设工场，使用农奴生产。通过改革，俄国出现了一批新生工业部门，如炼钢业、造船业、丝织业等，增强了经济和军事实力。

图36 彼得大帝在波尔塔瓦会战击败瑞典

17世纪、18世纪,俄国通过一系列对外扩张战争,扩大了疆域。1700年,彼得一世发动了与瑞典的战争,持续21年之久,从瑞典手中夺取了波罗的海东岸土地,打通了通向波罗的海的通道。在加强欧洲扩张的同时,俄国继续向东方扩张。早在16世纪下半叶,俄国就越过了乌拉尔山,向西伯利亚扩张。到17世纪中叶,侵略扩张锋芒已达中国黑龙江流域,并趁中国明清易代边防空虚之际,妄图侵占中国大片领土。彼得一世时期,康熙皇帝组织了反击战,对入侵的俄军进行围歼,取得了"雅克萨之战"的胜利,收复了雅克萨城。双方签订了《尼布楚条约》,划定中俄东段边界。这个条约维持了约170年双方边界稳定,直到沙皇俄国在第二次鸦片战争间乘机侵占新的中国领土。

叶卡捷琳娜二世（1762—1796年在位）时期，俄国通过两次对土耳其的战争，夺取了黑海北岸大片土地，取得了在黑海自由航行的权利。俄国还积极策划了瓜分波兰的行动，先后与普鲁士、奥地利等国三次瓜分并灭亡了波兰；俄国吞并了白俄罗斯、立陶宛、拉脱维亚和乌克兰部分地区，成为东欧霸主。

大致与彼得大帝同时，欧洲的法国与东方的中国也有在位时间长、有作为的君主：路易十四（1661—1715年在位）和康熙皇帝（1661—1722年在位）。这三位君主都热爱科学，彼得大帝成立了俄罗斯科学院，路易十四成立了法兰西科学院。康熙本人努力学习科学，数学水平达到了可以与当时中国一流数学家交流的程度；他还成立过研究机构，翻译和编修历算著作。但是，康熙学习研究科学技术主要是出于个人兴趣，为了提高治国能力，而不是为了富国强兵，发展科学技术没有成为国策。路易十四派来中国的传教士被允许在宫廷活动，一度与康熙关系十分密切，还参与了中、俄签订《尼布楚条约》的谈判。之后雍正、乾隆等帝缺乏康熙那样的对科学技术的兴趣。与明代后期相比，康乾时期的中国对外文化交流更少了。

3　奴隶贸易

奴隶贸易这里是指世界近代跨大西洋贩卖黑人的活动。西方殖民者到达美洲后，大肆屠杀和驱赶当地印第安人，占领印第安人家园，建立起种植园，生产劳动密集型作物如甘蔗、棉花、咖啡、烟草等，需要大量劳动力。为了解决这个问题，除鼓励自由移民和契约劳工移民外，就从非洲掠夺贩卖奴隶。西班牙、葡萄牙、荷兰、英国、法国、德国、瑞典、丹麦等国在非洲抓捕和购买黑人，贩卖到美洲。奴隶贩子常常冲进村庄，将男女老幼全部作为"战俘"抓起来出卖。非洲一些部落酋长和封建首领充当了奴隶买卖的帮凶。

葡萄牙是最早贩卖奴隶的国家，西方其他国家相继跟进。在贩卖奴隶的竞争中，英国后来居上，成了最大奴隶贩子。根据1713年签订的《乌特勒支条约》，英国获得了在30年内向西班牙美洲殖民地贩卖黑奴的特权。

奴隶贸易是有名的"三角贸易"的一部分。"三角贸易"是指：欧洲国家的货船将欧洲商品如布匹、酒、枪支、火药等运到非洲，主要是西部非洲；在那里交换奴隶，贩卖到美洲；在美洲换取种植园产品如糖制品等运回欧洲销售。

奴隶贸易充满着残忍和野蛮。奴隶被捆住手脚，船舱空间拥挤，只够勉强坐下。船舱卫生条件极差，疾病横行，许多奴隶死于途中。在18世纪奴隶贸易高潮时，每年有约8万名

图37　18世纪的贩奴广告

奴隶运往美洲。卖到加勒比地区的奴隶，平均存活时间为7年。奴隶是奴隶主的私有财产，没有任何法律权利。

18世纪下半叶至19世纪初，随着英国工业革命的进展，工业资产阶级亟须寻求新的商品市场和原料产地，这与贩奴政策发生矛盾，他们要求废除奴隶贸易。同时，广大黑人顽强地反抗奴隶贸易，打击了奴隶贩子；欧洲国家的一些开明人士也反对奴隶贸易。这些都促使西方国家兴起了废奴运动。19世纪初，丹麦、英国、美国、荷兰、法国、葡萄牙等国相继放弃了奴隶贸易。但是，在走私和"自由劳工移民"形式下的奴隶贸易还在继续，直到美国、古巴、巴西在19世纪下半

叶废除了种植园奴隶制才逐步停止下来。

跨大西洋奴隶贸易对世界和非洲的历史都产生了深远影响，加速了欧美资本主义原始积累，给非洲人民带来了深重灾难，改变了美洲居民的民族构成。据估计，在1500—1890年，从黑非洲输往世界其他地区的人口共约2200万人。而非洲因奴隶贸易损失的人口则远远大于这个数字。

4　欧洲列强争霸战争

17世纪、18世纪欧洲大国之间不断发生战争，既争夺欧洲大陆霸权，也进行海外殖民争夺。在欧洲扩张过程中，起初是西班牙和葡萄牙掌握了殖民霸权。16世纪末，西葡两国开始走下坡路。17世纪上半叶，西班牙霸权衰落，荷兰成为头等殖民强国，拥有庞大的船队，一度主导了世界海上贸易。荷兰人的地位不久受到了英国和法国的挑战。17世纪中叶，英、荷接连发生战争，荷兰受到削弱。18世纪，欧洲殖民争霸则主要在英法之间展开。

三十年战争（1618—1648年）是欧洲历史上一次大规模的国际战争，主要战场在德意志。战争双方大致是：德意志新教诸侯与丹麦、瑞典、法国为一方，得到荷兰、英国、俄国的支持；神圣罗马帝国皇帝、德意志天主教诸侯和西班牙为另一方，得到教皇和波兰支持。1618年5月23日发生在布拉格的"掷出窗外事件"是这场大战的导火索。这一天，愤怒的新教徒冲进布拉格城堡，将两名帝国大臣从窗口抛入壕沟。这是捷克新教贵族反抗神圣罗马帝国哈布斯堡王朝起义的开始。战争期间双方互有胜负，但最终神圣罗马帝国哈布斯堡王朝的皇帝被迫求和。双方于1648年签订了《威斯特伐利亚和约》。根据和约，瑞典获得了德国的大片土地；法国占有洛林和阿尔萨斯大部；德国分裂局面加剧；承认德国诸侯在三十年战争期间在国内已夺取的土地；在宗教方面，路德教、加尔文教、天主教教徒享有同等权利。这一和约确立了欧洲国家由国际会议解决争端的一个先例。

17世纪，英国在海外贸易上的主要竞争者是荷兰。为了打击荷兰，英国于1651年颁布了《航海条例》。条例规定：凡是由欧洲运往英国的货物，必须由英国船只或商品生产国的船只运送；凡是从亚洲、欧洲、美洲运往英国及英国各殖民地的货物，必须由英国船只或英国殖民地的船只运送；英国各港口渔业出口和沿海商业，完全由英国船只运送。这是维护英国自身海上贸易特权、限制荷兰贸易霸权的举措，遭到荷兰坚决反对，

七 欧洲列强的扩张与世界格局的变化

英国拒不废除条例。1652—1654 年，英荷发生战争，结果是荷兰承认了"航海条例"。1660 年，英国制定了新的"航海条例"，对荷兰更加不利，1665 年爆发了第二次英荷战争，互有胜负；战争后期法国和丹麦加入荷兰一边，英国面临内忧外患而求和。第三次英荷战争（1672—1674 年）是欧洲国际战争的一部分，英国加入法国这边，对荷兰开战。尽管荷兰受到法国陆军的沉重打击，但在与英法海战中频频得手。英国与荷兰于 1674 年签订和约。通过三次英荷战争，英国在国际贸易和殖民争夺中逐步确立了优势。

下一场欧洲大战是奥格斯堡同盟战争（1689—1697 年）。荷兰相对衰落后，出现英法争霸局面，双方多次发生战争。第一次就是奥格斯堡同盟战争。法国在"太阳王"路易十四时期，国力强盛，企图大规模扩张，称霸欧洲，遭到一些欧洲国家的联合对抗。战争结果是法国被迫与英国、荷兰、哈布斯堡王朝等同盟各国言和，但仍保住了欧洲大陆最强国地位。

西班牙王位继承战争（1701—1714 年）从一定意义上讲，也是一场英法较量的战争。西班牙哈布斯堡王朝末代国王查理二世无嗣，争位者为奥地利哈布斯堡王朝与法国。1700 年秋，查理二世立下遗嘱，将国内外全部土地遗赠给法王路易十四之孙安茹公爵腓力。查理二世死后，路易十四宣布其孙为西班牙国王，为腓力五世。随后，路易十四进军西属尼德兰（大致为今天的比利时和卢森堡），英、荷、神圣罗马帝国皇帝利奥波德组成了反法同盟，普鲁士及德意志诸邦、葡萄牙也加入了反法同盟。法国在战争中失利。根据《乌特勒支和约》，法国将早先侵占的西班牙在北美的部分殖民地划归英国，承认了英国对北美纽芬兰和哈德逊湾周围的殖民权利。法国还失去了其他一些殖民利益。英国在西班牙得到了直布罗陀。虽然法王腓力五世保住了西班牙王位，但他的后代不能继承法国王位，法西两国不能合并。

奥地利王位继承战争（1740—1748年）是由奥地利继承权问题引起的若干次相关战争的总称，战场主要在中欧。神圣罗马帝国皇帝查理六世死后，其女玛丽亚·特利莎承袭父位；普鲁士企图乘机瓜分哈布斯堡王朝的领地，于1740年12月出兵西里西亚（绝大部分在今波兰），对奥作战。1741年，普鲁士、巴伐利亚、萨克森、法国、西班牙、那不勒斯、撒丁、瑞典等国结成反奥联盟，英、荷、俄则支持奥地利，战争扩大，并波及英法两国在美洲和印度的势力范围。1748年，双方签订了《亚琛和约》，玛丽亚·特利莎继承奥地利大公，但奥地利丧失了大片领土；普鲁士占有西里西亚，

七 欧洲列强的扩张与世界格局的变化 217

国力大增。作为这场战争的一部分，英法为争夺在印度和北美的殖民霸权发生了一系列战役。这场战争并没有解决英法殖民争端，七年战争则是英法殖民霸权争夺决定胜负的一场较量。

七年战争（1756—1763年）的一方是法国、奥地利、萨克森、瑞典、俄国，另一方是英国、普鲁士、汉诺威。战争的焦点是：普奥争夺西里西亚，英法争夺在北美和印度的殖民地。结局是：普鲁士仍保有西里西亚；法国损失惨重，它在印度和北美的殖民地几乎全部被英国夺取。七年战争确立了英国世界殖民霸主地位。

17世纪、18世纪，英国通过战争打击了欧洲大陆主要竞争对手荷兰和法国。在这种争霸战争中，英国往往利用欧洲大陆国家削弱主要竞争对手，同欧洲大陆次强国联合，与最强国开战，防止欧洲大陆出现一强独霸局面。这是英国长期实行的"大陆战略"。

5　17世纪亚非拉地区的反殖斗争

殖民侵略和掠夺必然遭到被压迫民族被压迫人民的反抗。在西班牙人征服美洲的过程中，美洲印第安人进行了英勇的斗争。当西班牙人征服了阿兹特克王国和印加王国后，中美洲特别是尤坦卡半岛中部地区的玛雅人仍然进行了长期的反抗。西班牙殖民者对玛雅人进行了残酷屠杀。迭戈·德·兰达的《征服前后的尤卡坦》记载：割鼻、砍手、断臂、削腿、割乳房，将玛雅人双脚绑上葫芦抛入水中，小孩走不动就用长矛戳赶；如果用链子拴住的一列人中哪个病倒了抑或难以跟上别人的脚步，就会被砍掉脑袋，免得停下来解开费事。西班牙人直到1697年才镇压了玛雅人的最后起义。其他地区的印第安人也以各种形式反抗西方殖民者。美洲黑人也展开了反殖斗争。在巴西，1630年，有两万多名黑人聚集在棕榈丛中建立了自己的政权，抗击葡萄牙殖民当局的围剿，坚持半个世纪。

1652年，荷兰殖民者在南部非洲的开普登陆，建要塞，占土地，开办农场。白人移民渐多，1690年达到了14000人。这些荷兰人及其后裔为主的南部非洲白人被称为布尔人。他们不断扩大侵占土地范围，遭到当地人民的反抗。例如，科伊—科因人割掉殖民者种植的庄稼，牵走牲畜。荷兰殖民者范·里贝克以此为借口，于1659年向科伊—科因人宣战。战争持续一年多，双方签订协定，划定了边界。但墨迹未干，荷兰殖民者就越过边界，占领新土地。1672年，开普殖民当局以欺骗手法，占领当地人大片土地。科伊—科因人忍无可忍，进攻了殖民者的畜牧站，杀死了几个布尔人。开普的荷兰殖民当局借机大举进剿，并向内陆驱赶科伊—科因人。1680 年，荷兰殖民者挑唆科伊—科因人的两个部落——纳马夸人和格里夸人自相残杀。同时，殖民者带来的天花造成开普地区科伊—科因人大量死亡。

17 世纪时，印度的莫卧儿帝国还很强大。1686 年，英属东印度公司进攻莫卧儿帝国的一些要塞，莫卧儿皇帝奥朗泽布下令对英国商馆进行全面反攻，英人被迫求和。根据 1690 年和约，公司赔款 17000 镑，并保证以后按规矩进行贸易。

17 世纪，荷兰人在印度尼西亚大肆进行殖民扩张。他们对马塔兰王国和万丹王国采取"分而治之"策略，挑唆两个王国相互斗争。马塔兰王国阿贡素丹禁止民众出售大米给荷兰人，力图驱逐之。1628—1629 年，马塔兰王国出兵攻打荷兰人建立的殖民首府巴达维亚，但未能成功。阿贡素丹的后继者阿芒·古拉特一世是个暴君。1674 年，马都拉王子杜鲁诺佐约举行起义，在赶走欧洲强盗和恢复满者伯夷王国口号鼓舞下，起义军连战皆捷。阿芒·古拉特一世投奔荷属东印度公司，不久死去。其子阿芒·古拉特二世与荷属东印度公司签订了免税贸易、割让土地、马塔兰全部港口由公司暂时管理的丧权辱国条约，以换取荷兰人出兵镇压起义军。1679

年，起义军被镇压，杜鲁诺佐约遇害。控制马塔兰后，荷兰人又利用万丹王国内讧之机，变万丹为荷兰属地。荷兰人不断利用马塔兰王国和万丹王国的内争，迫使他们签订割地赔款条约，一步步将其变成荷兰的殖民地。

17世纪时，西方殖民者尚不能大举入侵亚洲的封建大国。这个时期，西方国家对中国的军事挑衅虽偶尔有所得逞，但均以失败告终。例如，1662年，郑成功就用武力驱赶了盘踞中国台湾的荷兰人；17世纪80年代，中国赢得了抗击沙俄侵略的雅克萨之战的胜利，阻止了沙俄对中国领土的侵占。

6 欧洲科技革命

人类社会的科学技术是不断发展进步的，后来人在前人的基础上把科学技术不断向前推进。欧洲科技革命发生在中世纪晚期和近代早期。哥白尼提出"太阳中心说"，可以说是这场科技革命的开端。波兰人尼古拉·哥白尼（1473—1543年）根据长期对日月星辰的观察和推算，总结前人研究成果，包括借鉴了阿拉伯—伊斯兰国家天文学成果，写成了《天体运行论》一书，1543年出版。这部著作提出了"太阳中心说"。主要观点是：地球不在宇宙中心，包括地球在内的一切行星的轨道都以太阳为中心，太阳是宇宙的中心；天上星辰看上去在不断移动，实际上不是天动，而是地球在转动，太阳由东向西运行，不是太阳移动，而是地球自转。哥白尼学说打击了基督教的宇宙观，否定了上帝选定地球为宇宙中心的观点。罗马教皇宣布《天体运行论》为禁书，并对哥白尼学说的一些支持者进行迫害。哥白尼学说自身也有其时代局限性。例如，根据现代天文学，太阳也不是宇宙的中心。

意大利的乔尔丹诺·布鲁诺（1548—1600 年）是著名的哲学家和天文学家，他宣扬并进一步丰富和发展了哥白尼学说。布鲁诺认为宇宙空间是无限的，太阳不是静止不动的，围绕着它自己的轴转动。太阳不是宇宙中心，太阳系只是宇宙中一个天体系统。他的学说完全推翻了被天主教奉为经典的地球中心说。布鲁诺被天主教会宣布为"异教徒"，并于 1600 年被烧死于罗马。

意大利物理学家和天文学家伽利列奥·伽利略（1564—1642 年）坚持并发展了哥白尼学说。他于 1609 年制造了第一架天体望远镜，对天象进行细致观测，不久出版了《星际使者》一书。伽利略也受到教会迫害，1633 年被罗马异端裁判所判处终身监禁。

德国天文学家约翰尼斯·开普勒（1571—1630 年）发现了行星运动的三大定律。1609 年，他出版了

《新天文学》，阐述了行星运行的两大定律：太阳不是位于圆形轨道的中心而是位于椭圆轨道的一个焦点上；行星绕太阳旋转的线速是不均匀的，单位时间内行星的向径（太阳中心到行星中心的连线）所扫过的面积相等。1619年他又提出了行星运动的第三定律：任何两行星公转周期的平方与此两行星轨道长半轴的立方成正比。1630年，这位伟大的天文学家贫困交加，死于讨薪途中。他的科学成就为牛顿发现万有引力打下了基础。

英国科学家牛顿（1643—1727年）在科学领域做出了多方面的贡献。在数学上，他发明了微积分。在天文学上，发现了万有引力：任何两个质点通过连心线方向上的力相互吸引，该引力大小与它们的质量的乘积成正比，与它们距离的平方成反比。在力学中，系统地总结了三大运动规律，创造了经典力学体系。在光学中，发现了光谱，发明了反射望远镜。他的《自然哲学的数学原理》是17世纪科学技术革命的标志性成果。

图38　英国近代伟大科学家牛顿

科学家们还取得其他巨大成就。例如，英国科学家威廉·吉尔柏特撰写了《磁石论》，论述了地球的磁现象。在医学方面，尼德兰外科医生安德列·维萨留斯写成《人体构造》一书，创立了解剖学；西班牙医生米凯尔·赛尔维特和英国医生威廉·哈维发现了血液循环。

近代科学在欧洲的兴起，标志着欧洲在科学技术领域已走在了世界前列；其兴起和发展引发和促进了工业革命和社会变革。

7 欧洲启蒙运动

科技革命推动了启蒙运动的发展，也可以说科技革命本身就是启蒙运动的一部分。牛顿的力学革命具有重大的启蒙作用，为 18 世纪欧洲启蒙运动提供了丰富的思想源泉。启蒙运动是欧洲继文艺复兴运动之后的又一次思想解放运动，有力地冲击了封建专制制度及其精神支柱基督教会，促进了资产阶级革命。

17 世纪、18 世纪，西欧资产阶级力量日益强大，垂死的封建专制制度是他们进一步发展的巨大障碍。为了推翻这个"旧制度"，资产阶级必须制造舆论。启蒙运动便是在这个时代背景下发生的。

法国是欧洲启蒙运动的主要中心。法国著名启蒙思想家有伏尔泰（1694—1778年）、孟德斯鸠（1689—1755年）、卢梭（1712—1778年），还有百科全书派。伏尔泰一生著作甚丰，如《哲学通信》《路易十四时代》等，大胆揭露、讽

图39　法国启蒙运动代表人物伏尔泰

刺法国旧制度的弊端，向愚昧无知宣战。伏尔泰还根据中国历史故事，编写了剧本《中国孤儿》。孟德斯鸠的代表作有《波斯人信札》《罗马盛衰原因论》《论法的精神》。在《论法的精神》中，他猛烈地抨击了封建专制制度，提出了立法、司法、行政三权分立原则。他的著作影响了法国大革命通过的人权宣言和美国宪法。卢梭的代表作有《社会契约论》《论人类不平等的起源和基础》《爱弥儿》等。《社会契约论》宣扬人生而自由，而要实现自由，就离不开平等。卢梭勇敢地捍卫人民主权思想。在法国，与卢梭大约同时，还有一批思想家如狄德罗（1713—1784年）、霍尔巴赫（1723—1789年）、爱尔维修（1715—1771年），曾经共同编纂百科全书，因而被称为"百科全书派"。他们以唯物论为思

七　欧洲列强的扩张与世界格局的变化

想武器，与封建专制统治和天主教会作斗争。

18 世纪，英国的苏格兰也是欧洲启蒙运动的一个重要中心。苏格兰的文化和科学呈现出繁荣景象，涌现出一批杰出人物，包括英国古典政治经济学的创始人亚当·斯密、社会学家亚当·弗格森和哲学家大卫·休谟。其中亚当·斯密被尊称为"现代经济学之父"，他出版了《国民财富的性质和原因的研究》，简称《国富论》，指出劳动是财富的源泉和衡量价值的尺度，主张自由竞争，批评重商主义。18 世纪的德国也出现了一些启蒙运动作家，如戏剧家、文艺批评家和美学家莱辛，诗人、哲学家、历史学家和剧作家席勒，德国古典哲学创始人康德。普鲁士国王腓特烈大帝深受启蒙运动思想的影响，成为欧洲开明君主专制的代表。启蒙运动也扩大到意大利、奥地利等欧洲国家，并越过大西洋传到北美。

启蒙运动的思想包括两大信条：第一，相信在物质世界中存在着自然法则，万物都受自然法则的支配，人类社会也受其支配。自然法则反映在人的头脑中，便是理性。第二，认为人类过去充满了黑暗和愚昧，而人类未来则是一片光明，进步是人类社会发展的规律。启蒙思想家提出了许多改革建议，可归纳为以下三点。一是在经济领域内主张自由放任，反对重商主义；二是在政治上主张"主权在民",一旦政府压迫人民,人民就有权利推翻它;三是主张宗教信仰自由,反对政教合一。

欧洲发生的启蒙运动与中国也是有关系的。16世纪,西方天主教耶稣会士开始来到中国。以利玛窦、汤若望等为代表的明末清初来华耶稣会士,除向中国传播天主教外,也带来了西方科学技术知识。在西学东渐的同时,中国文化也传播到了欧洲。传教士关于中国文化的介绍,对欧洲产生了重要影响,在欧洲形成了长期的"中国热";一些思想家推崇中国,中国的风物受到欧洲社会的赞扬和模仿。中国文化为欧洲启蒙思想家们提供了借鉴。

中国明清易代,社会的剧烈动荡促使一些学者深刻反思,总结历史教训,涌现了一批杰出的思想家。他们从不同角度提出了一系列富有创见的新思想,形成中国早期的"启蒙思潮"。代表人物是黄宗羲、顾炎武、王夫之,他们批评封建礼教和君主专制,提倡经世致用的务实学风,主张工商皆本。

8　英国资产阶级革命

英国是资本主义发展较早的国家。16世纪到17世纪初,资产阶级和新贵族在经济上日益壮大,不再甘心忍受封建专制制度对他们的种种限制。

英国资产阶级革命表现为国王与议会之间的斗争。1625年查理一世继位后，在财政问题上爆发了与议会的矛盾。1628年，国王召开议会，企图解决财政困难。议会则提出了权利请愿书，要求国王未经议会同意，不得强行借债和征税。次年国王解散议会，实行独裁，大量出售专利权，征收新税，以增加收入；同时，力图推行英国国教，以巩固王权，激起了社会不满。为了筹措军费，查理一世于1640年重新召开议会。这届议会的召开，结果成了英国革命的开始，议会成为反对以查理一世为首的封建王党的领导中心。

1642—1646年，爆发了第一次内战，代表新贵族和中产阶级利益的独立派领袖克伦威尔率领"新模范军"击败了国王的军队。随后，革命队伍发生分裂，代表大资产阶级利益的长老派企图与国王妥协，与独立派发生冲突。王党于1648年挑起第二次内战，但不久即被克伦威尔击败。

1649年1月30日，查理一世被处决，议会宣布取消上院，废除君主制；5月成立共和国，建立以克伦威尔为首的资产阶级专政。克伦威尔不久镇压了代表小资产阶级利益的平等派和代表贫苦农民利益的掘地派，并出兵爱尔兰，掠夺土地。1653年12月，克伦威尔改共和政体为护国主政体，成为终身护国主，实行军事独裁。1658年9月，克伦威尔去世，其子理查德·克伦威尔继位为护国主。高级军官争权夺利，统治集团陷入混乱，理查德不久放弃了护国主称号。此时，长期流亡国外的查理一世的儿子乘机策划王党叛乱，并于1660年登上王位，称查理二世，复辟了斯图亚特王朝。

图40 查理一世被处决

1685年查理二世去世，其弟詹姆斯即位，为詹姆斯二世。詹姆斯二世推行罗马天主教的宗教政策，激起了社会不满。1688年12月，詹姆斯二世逃往法国。英国议会决定请信奉新教的威廉和玛丽到英国共同统治，玛丽是詹姆斯二世的女儿，其夫威廉是荷兰的奥兰治亲王，一起登基为英国国王。1689年10月，英国议会通过了《权利法案》，规定了英国人民应该享有的基本权力。法案还规定：国王未经议会同意不得中止任何法律的效力，不得征税和支配税收，不得征集和维持海军；天主教徒及与天主教徒联姻的王室后裔不得继承王位。这场变局被称为"光荣革命"。这样，英国建立了立宪君主制，君主权力下降，议会权力上升。英国逐步实行了有利于资本主义发展的政策。英国议会通过了大量圈地法案，促进了资本主义性质的土地改革。1694年，成立了英格兰银行，对国家的货币政策负责。英国还建立了国债制度，促进资本循环，加速资本原始积累。1707年，英格兰和苏格兰实现了合并。政治上，英国逐渐形成了内阁制度，出现了"首相"；同时也出现了党派：辉格派和托利派，形成了两党制的雏形。

9　美国独立战争

英国通过殖民扩张，占领了北美印第安人的家园，建立起殖民地，到18世纪中叶在北美南部沿大西洋海岸已形成了13块殖民地，人口以英国移民及其后裔为主。七年战争后，法国在北美失去了竞争力，英国于是加强了对北美殖民地的经济剥削和政治压迫，特别是实行了一系列加重殖民地人民负担的征税政策，如1765年的"印花税法"、1773年的"茶叶税法"。这样，宗主国英国与北美殖民地的矛盾尖锐起来，终于爆发了反抗英国殖民统治的武装斗争。1775年4月19日，波士顿列克星敦的人民与英军发生冲突，这是美国独立战争的开始。1775年5月召开第二届大陆会议，决定组织"大陆军"，任命华盛顿为总司令。

图41 波士顿倾茶事件

1776年7月4日，大陆会议通过了《独立宣言》，向全世界宣告美利坚合众国成立。宣言主要分为两部分。第一部分阐述人民主权思想。宣言讲：所有人生来都是平等的，被赋予某些不可割让的权利，包括生命、自由和追求幸福的权利。第二部分列举了英国国王的种种暴政，宣布联合殖民地应当成为自由独立的合众国。

1777年10月，美国军队取得了萨拉托加战役的胜利，被包围的5000名英军投降。

美国独立战争获得了欧洲一些大国的支持。1778年2月，法国与美国缔约同盟条约，承认美国独立，并提供军事援助；1779年和1780年，西班牙与荷兰相继参战，支持美国。普鲁士、俄国、丹麦、瑞典、奥地利则组成武装中立同盟，抵制英国对中立国船只的侵犯。在这场战争中，英国完全陷入孤立。1781年10月，英国康瓦利斯将军率陷入重围的7000名英军投降。1783年9月3日，双方签订《巴黎和约》，英国承认美国独立。

美国独立后，于1787年制定了联邦宪法。宪法规定：联邦政府拥有征税、征兵、发行货币、规定度量衡、制定工商业政策、主持军事外交、领导对外战争、管理邮政和对外贸易的权力；总统为国家元首，由选举产生；国会由参议院和众议院组成；设置最高法院，法官由总统任命，终身任职；确立了行政、立法、司法三权分立原则。美国宪法是第一部比较完整的资产阶级成文宪法，成为后来许多资本主义国家制定宪法的范本。

但是，美国独立后仍然保留着奴隶制，广大黑人奴隶完全没有人权；印第安人也没有享受平等的权利，继续面临被驱赶和被屠杀的命运。

10　法国大革命与拿破仑战争

18 世纪法国资本主义经济有了很大的发展，但瓦解中的封建旧制度对资本主义商品经济的发展构成了严重障碍，资产阶级迫切要求摆脱封建制度的束缚。法国革命前，封建等级制度壁垒森严，全国居民分成三个等级。僧侣是第一等级，贵族是第二等级，他们是统治阶级；资产阶级、城市贫民和广大农民构成第三等级，农民是第三等级中人数最多的。第三等级内部差别很大，总体上是反对封建专制统治的力量。

从 1787 年起，社会上要求召开三级会议的呼声日益强烈。1789 年 5 月，三级会议在凡尔赛宫开幕。在人民群众的支持下，第三等级的代表展开了反对以国王为首的特权等级的斗争。7 月 14 日，巴黎人民举行武装起义，攻克巴士底狱。巴黎起义的胜利成为一个信号，革命之势影响全国。

巴黎起义胜利后，起初代表大资产阶级和自由派贵族的君主立宪派掌握了政权，废除了一些封建特权和义务，颁布了资产阶级革命纲领《人权宣言》，宣布人生来而且始终是自由平等的；制定了《一七九一年宪法》，确立了一切政权由全民产生和三权分立的原则，法国成为资产阶级的君主立宪制国家。但是，君主立宪派的土地政策极不彻底，并颁布限制罢工和结社的法令，镇压示威群众，激起人民群众的强烈不满。

1792年8月，巴黎人民再次起义，推翻了君主制度，结束了君主立宪派的统治，代表工商业资产阶级利益的温和共和派——吉伦特派掌握了政权。9月，召开国民会议，成立法兰西共和国；并对国王进行审判，1793年1月21日将路易十六送上断头台。但是，吉伦特派未能解决农民土地问题，抵抗外国武装干涉不力，国内经济状况恶化，王党叛乱四起。

1793年5月，雅各宾俱乐部与巴黎33个区代表选出的起义委员会共同领导了巴黎人民第三次武装起义，推翻了吉伦特派的统治，建立了代表中小资产阶级利益的革命民主派雅各宾派专政，领导人为罗伯斯比尔。雅各宾派政府采取了一系列巩固和发展革命的措施，颁布了《一七九三年宪法》《土地法令》《全国总动员令》《全面限价法》《革命政府组织法》等，采取了军事、宗教、文化改革措施。这些措施取得了很大效果，迅速平定了叛乱，粉碎了外国武装干涉，暂时稳定了政权。雅各宾派实行了按人口分配土地的制度，使得农民成为革命战争和之后拿破仑战争的重要兵源。但是，雅各宾派未能及时结束恐怖统治，反而利用恐怖手段排除异己，维护权力。同时，限价政策不仅伤及资产阶级利益，也限制了工人工资的增长，于是反罗伯斯比尔的情绪和人数迅速增长。

1794年热月9日（7月27日），国民公会通过了逮捕罗伯斯比尔的决议，这就是法国大革命史上的"热月政变"。7月28日，罗伯斯比尔等人被送上了断头台。热月党人释放了不合法律手续而逮捕的嫌疑犯，封闭了雅各宾俱乐部，结束限价，恢复经济自由，为吉伦特派平反，摒弃了恐怖统治时期进行的非基督教化运动，恢复天主教活动。1795年8月通过新宪法，开始了督政府统治。督政府打击了立法两院中的王党势力和雅各宾派残余势力。

法国革命浪潮极大地冲击了欧洲封建王权的专制统治，"自由、平等、博爱"的口号在欧洲大地上回响。各国封建统治者在惊恐中企图扑灭法国革命。法国流亡贵族代表出入各国宫廷，鼓动欧洲君主们武装干涉法国革命。1793年，奥、普、英、荷、西等国组成第一次反法同盟。1798年4月，以英国为首的第二次反法同盟组织起来，法国很快处于劣势。

1799年6月，法国立法两院对督政府治国无力提出指责，建立强有力的政权已成为稳定局势的当务之急。拿破仑·波拿巴正是在这种情势下，于11月9日（雾月18日）发动政变，夺取了政权。"雾月政变"后，拿破仑成为临时执政府的第一执政，法国开始了从共和国向军事独裁制的转变。

拿破仑具有极强的军事素养。他出身低级贵族家庭，从小在军校接受教育，熟读兵书，被任命为炮兵少尉军官时年仅16岁。在与反法联军作战过程中，曾经取得一系列重大胜利。拿破仑善于奇袭，主张军队运行要快，认为"行军就是打仗"。在军队总数少于对方时，他往往能够通过迅速调动军队，在局部构成优势兵力击败敌人。拿破仑曾说："我的兵力总数虽然比敌人少，但在战场上的每一次具体进攻中，却要比敌人强大。"1800年5月6日，拿破仑率领3万军队远征意大利，翻越阿尔卑斯山，迅速战胜了8万多奥军，促使第二次反法同盟瓦解。

1802年8月2日，元老院正式宣布拿破仑为终身执政。1804年3月，公布实行《民法典》，后称《拿破仑法典》。1804年5月，元老院宣布第一执政为皇帝，称拿破仑一世，建立了法兰西第一帝国。

1805年4月，英、俄、奥等国组成第三次反法同盟。虽然在海上，英国击溃了法西联合舰队，但在陆上法军

图42　拿破仑取得奥斯特里茨会战胜利

长驱直入。1805年12月2日，拿破仑在奥斯特里茨取得了对俄奥联军的决定性胜利，第三次反法同盟瓦解。

1806年，拿破仑又取得了对第四次反法同盟的胜利。

1806年11月，拿破仑在柏林发布敕令，宣布英国及其殖民地的船只一律不准驶入拿破仑帝国控制的任何港口，实行大陆封锁政策。

1809年，拿破仑击败了第五次反法同盟。

拿破仑实行大陆封锁政策后，俄国从未认真执行过大陆封锁政策。1812年拿破仑统率约60万人的大军远征俄国，其中约30万人是法国军队。9月，拿破仑进入了撤退一空的莫斯科城。俄军在莫斯科外围集结，并于

10月转入攻势，法军被迫撤退。严寒的天气和俄军的不断袭扰，使法军在撤退过程中蒙受惨重损失。有50多万人在俄国战场丧命，入侵俄国使拿破仑政权元气大伤。

1813年，普鲁士、俄国、奥地利、英国等组成第六次反法同盟。10月，双方在莱比锡会战，法军战败。1814年3月31日，反法联军进入巴黎；拿破仑投降后，路易十八回到巴黎，波旁王朝复辟。

1815年2月，拿破仑带领900名卫兵从被关押的地中海厄尔巴岛偷渡回国，3月进入巴黎，路易十八出逃。英、俄、普、奥组成第七次反法同盟。6月18日双方在滑铁卢展开决战，拿破仑再度败北。路易十八重新复位；拿破仑被送往大西洋上的圣赫勒拿岛囚禁，1821年5月5日在该岛去世。

1815年，英、俄、普、奥等国召开了维也纳会议。9月，俄、普、奥三国君主签订了《神圣同盟条约》，随后法国路易十八加入。条约规定：缔约各国君主"无论何时何地"都要相互提供援助，镇压各国革命和维护维也纳会议划定的边界。

11 奥斯曼帝国

法国大革命时期，奥斯曼帝国加入过反法同盟。

奥斯曼帝国是一个军事封建国家，实行军事采邑制度，把大量土地赐给功臣武将，而获得土地的采邑主则为素丹提供军队。后来这种军事采邑制度逐渐发生变化，商人和高利贷者乘机购买破产采邑主的土地；素丹除把土地赐给宠臣外，还把土地出售给富人，以增加收入。军事采邑制逐渐为地主土地所有制代替。奥斯曼帝国皇权的腐败和宫廷内部钩心斗角，滋生了任人唯亲的社会风气，助长了贿赂与卖官鬻爵行为。近卫兵团的腐败涣散，削弱了帝国军队的战斗力，损害了社会经济与政治制度。在17世纪中叶一个时期，奥斯曼帝国的中央政府实际上控制在横行不法的军人手中，社会风纪败落。

这种危机局面也促进了"能臣"的出现，其中最杰出、最有作为的是17世纪下半叶来自科普鲁卢家族的几个大维齐（相当于宰相）。1656年，素丹任命穆罕默德·科普鲁卢为大维齐。穆罕默德·科普鲁卢采取了严厉的整治贪污腐败的措施。在他担任大维齐的五年中，大约有三万多名目无法纪、贪污腐化、出卖国家利益者被处死。奥斯曼帝国一度出现了复兴迹象，在与欧洲国家边疆冲突中也打过胜仗。

迅速兴起的欧洲国家从海洋绕道来到东方，并在海上日渐构成对奥斯曼帝国的挑战。在陆上，奥斯曼帝国被欧亚两条战线困扰。在军事技术上，奥斯曼帝国逐渐被欧洲国家超过。1683年5月，奥斯曼帝国举兵再次进攻维也纳，结果被波兰国王约翰三世领导的哈布斯堡王朝、德国诸侯及波兰联军击败。1700年，奥斯曼帝国与欧洲相关国家签订了《卡洛维茨停战协定》，第一次向欧洲国家割让土地。这是奥斯曼帝国与欧洲国家关系的转折点。

18世纪，奥斯曼帝国在对外战争中，与俄国的战争最为突出，双方多次交战。在第一次战争中，1711年奥斯曼帝国取得胜利。18世纪30年代双方爆发战争，俄国取胜；在法国策划下，双方签订了《贝尔格莱德条约》，俄国所获不多。1768年10月，双方又发生战争，奥斯曼帝国再败，并于1774年6月签订了丧权辱国的《卡伊纳雅条约》。条约规定：俄国有权在伊斯坦布尔建立东正教公共教堂，有权代表希腊东正教向奥斯曼帝国提出抗议。

对外战争的失利暴露了奥斯曼帝国的腐败与落后，社会改革之风兴起。1789年，具有强烈改革精神的素丹塞利姆三世即位。他首先要求大臣呈递改革奏章；成立由改革派人士组成的机构协助改革。相继颁布了一系列加强总督官制、地方税收、谷物交易管制的条例和关于行政、财政事务的条例；特别是颁布了按欧洲方式训练和装备正规化步兵团的条例，以振兴帝国军事力量。塞利姆在治国方面的一系列革新行动，遭到了大封建主和近卫军团的强烈反对。1807 年，塞利姆被王室复旧派废黜，并被刺杀在后宫。

12　萨非王朝

伊朗萨非王朝在阿拔斯一世时达到极盛。之后的萨非一世（1629—1642 年在位）和阿拔斯二世（1642—1666 年在位）时期，伊朗经济继续发展，取得了引人注目的成就。但是，萨非王朝后期的最高统治者很软弱，生活奢靡，官僚腐败，政务荒废，军务松弛，国势渐衰。17 世纪，伊朗面临的敌国较多，除奥斯曼帝国等传统敌国外，还面临俄国等国的威胁和来自海上的欧洲人的侵扰。

17 世纪末 18 世纪初，伊朗的边界多次受到骚扰和劫掠。西南边疆不断受到阿拉伯人的洗劫；阿富汗人于 1717 年劫掠呼罗珊。1722 年，阿富汗人入侵伊朗，占领了首都伊斯法罕，萨非王朝从此一蹶不振。1736 年，萨非王朝被纳狄尔王朝取代。稍后，萨非王朝的继承人一度被扶植为傀儡。1760 年，伊思迈尔三世的傀儡统治结束，萨非王朝寿终正寝。18 世纪中叶，伊朗一度连一个名义上的共同国王都没有，分裂成不同部落，相互攻伐。1794年，阿加·穆罕默德汗建立卡扎尔王朝（1794—1925年），长期统治伊朗。

13　莫卧儿帝国

17世纪，印度仍为莫卧儿帝国时期，经历了繁荣。阿克巴大帝开创了安定兴盛局面，中经贾汉吉尔和沙贾汉守成。沙贾汉（1627—1658年在位）统治时期，为其爱妻修建了著名的泰姬陵。在其子第六任皇帝奥朗泽布统治时期（1658—1707年在位），莫卧儿帝国达到极盛。

莫卧儿帝国把全国划分为若干个省，主管省政府的省督称"纳瓦布"。县是农村行政的核心。莫卧儿帝国的行政制度实行军事化。从阿克巴开始，将所有文武官吏分级，按军事方式编制，其俸禄按品级高低领有大小不等的贾吉尔——军事封建领地。帝国大部分土地按战功分封给贵族作为军事采邑，以服军役为条件。臣属帝国的土著酋长和印度教王公，以及帝国直接统治地区中的包税地主，称为"柴明达尔"，意为"土地持有者"；他们向农民征收地租，强制农民服劳役，并拥有武装力量和区域内的司法权。帝国以农业经济为主，商品生产逐渐扩大，出现商品粮和棉花、生丝、蓝靛、烟草等经济作物的专业化产区，手工业发达。商品经济和货币交换的发展，促使商人资本兴起。

奥朗泽布在位期间，向南印度扩张，帝国版图几乎囊括了整个南亚次大陆。他强制推行政教合一制度，采取了迫害印度教徒的政策，加大了对农民、手工业者和商人的剥削，土地税超过了总产量的1/2。这种专制剥削压迫引起了激烈反抗，出现此起彼伏的人民起义和封建主

图43　孔雀宝座上的奥朗泽布

反叛。奥朗泽布死后，各省总督纷纷割据，帝国陷入四分五裂状态。

1739年，波斯人的入侵沉重地打击了衰落的莫卧儿王朝。此后一个时期内，莫卧儿皇帝先后成为波斯人、阿富汗人和马拉特封建王公的傀儡。1764年，莫卧儿皇帝阿拉姆沙在布克萨尔战役中，向英属东印度公司投降，沦为英国殖民者的附庸。莫卧儿帝国名义

七　欧洲列强的扩张与世界格局的变化

上存在到 1857 年。

14　明清易代与"康乾盛世"

晚明时期，中国民间私营经济力量强大。民间商人动用几百万两银子进行贸易和生产已经是很寻常的事。不少地主缙绅也逐步将资金投向工商业，以徽商、晋商、闽商、粤商等为名号的商帮逐渐形成，并在一定地区和行业中有着举足轻重的地位。农业人口转为工商业者的数量激增。明朝后期，中国社会已产生了资本主义萌芽，出现了资本主义生产关系。例如，到嘉靖年间，景德镇全镇雇用的窑工达到数万人。在矿冶业中，有些炉窑聚集的工人也达二三百人。

明朝在科学技术和思想文化上都取得了重要的成就，产生了一些具有世界先进水平的科学巨著，如徐光启的《农政全书》、宋应星的《天工开物》、李时珍的《本草纲目》。

但是，由于社会贫富分化严重，劳动人民负担沉重，生活困苦。国家乱象多，国势渐衰，有识之士，急谋对策。崇祯年间，朝廷高官徐光启曾坦言：明朝"国势衰弱，十倍宋季"，并提出了"富国必以本业，强国必以正兵"。他还设计了加强军队建设的方案，计划组建一支装备火器、铁甲的6万人的现代化部队。

明朝后期，积弊甚深，朝政混乱，官员贪污昏庸，与东北地区后金的战事增加了开支，后金兵掠夺与干扰，地主阶级土地兼并，天灾频发，农业减产，出现全国性饥荒。这是明末农民大起义的背景。1644年春，起义军领袖李自成率军攻入北京，崇祯皇帝自缢，明朝灭亡。

李自成攻入北京后，招降驻守山海关的明将吴三桂被拒。李自成率军与吴三桂的军队和多尔衮统率的清军大战于山海关。战败后，李自成匆匆回到北京举行登基大典，随即被迫撤离北京。山海关之战后，清军乘机入关，在北京建立了清朝，取代明朝。农民起义军转战多年，最终被清军镇压。

明清易代之际，正是英国资产阶级革命时期，英国也发生了多年内战与混乱。不过英国发生的是新生的资产阶级力量与封建专制力量之间的较量，前者获胜，用新制度取代了旧制度。中国发生的是王朝更替。清朝由少数民族建立，统治阶级力量相对薄弱，采取了更加专制的治国举措。一定意义上讲，中国与欧洲出现了明显的时代差距。

清朝前期，几位皇帝较有作为，实现了国家统一，经济繁荣，社会稳定，人口大幅增长，出现了"康乾盛世"。康熙帝适应了历史发展需要，进行一系列统一战争，如平定三藩之乱、统一台湾。1689年，与沙俄签订了《尼布楚条约》，划定中俄东部边界线。康熙帝注意恢复和发展生产，采取了一系列有利于社会经济发展的措施，如鼓励垦荒，废除圈地令。雍正即位后，采取了一些重要的改革措施。例如，整顿吏治；实行改土归流；摊丁入亩；废除贱籍，等等。雍正帝在位十余年间，加强了封建专制统治，促进了边疆民族地区的稳定和发展。乾隆帝在位60年，在文治武功方面都有建树，为巩固统一多民族国家、形成"康乾盛世"局面做出了重要贡献，尤其是粉碎割据势力，统一天山南北。他下令编纂《四库全书》，为清理和总结中国历史文化遗产做出了重要贡献。

"康乾盛世"时，中国社会经济发展较快。首先是耕地面积迅速扩大，至雍正时达到九亿多亩，恢复并超过了明朝万历时期；加上农业技术的发展，全国粮食总产量大增。全国人口也在"康乾盛世"获得极大增长。乾隆末年，我国人口突破了3亿，约占当时世界总人口的三分之一。一时也显示出"万国来朝"的泱泱大国气派。乾隆五十八年（1793年），英国使团来华时，英格兰的人口还不到一千万。

但是，在盛世光环下，清朝已显现出封建末世的迹象。正是在乾隆皇帝这个"十全老人"统治后期，出现了我国历史上有名的腐败官员和珅。乾隆统治后期，国家已呈衰落之势。工业革命如火如荼的英国派遣马戛尔尼使团来华，提出了对中国闭关锁国政策构成挑战的要求。然而，清廷仍视马戛尔尼为"贡使"。清廷未能认识到世界形势的发展变化，未能采取积极应对措施，而几乎是坐待西方殖民势力日渐强大，用武力打开中国大门，将不平等条约强加给中国。

明清时代的中国，就像大致同时代亚洲封建大国一样，经历了繁盛，又经历了动荡和衰落，都没有能够成功实现从封建社会到资本主义社会的演进。这个时期，西方兴起，列强不断在世界各地进行殖民扩张。面对这一时代大势，这几个亚洲"老大帝国"都没有能够采取积极有效的应对措施；虽然有的进行过改革，但由于封建保守势力的阻挠，成效不大。这些传统的东方"老大帝国"都缺乏一种符合时代发展要求的"世界战略"，局限于内部的冲突和矛盾，未能成功实现变革图强，经略世界。终于在西方列强不断扩张的历史大潮下，陷入落后挨打局面。这些亚洲帝国的"历史性错误"，也为些小的欧洲国家提供了"改造"世界的机会，造成的影响直至今日尚存。

15　西方殖民帝国

17世纪、18世纪,欧洲列强继续大力进行海外殖民扩张,西班牙、葡萄牙、荷兰、英国、法国等国均建立起不同规模的海外殖民帝国。这些帝国的疆域处于变动当中,有的帝国已基本定型,有的则初具规模。

西班牙是最早扩张的欧洲殖民国家之一,其殖民帝国主要在美洲,除巴西外,拉丁美洲几乎都在西班牙帝国的版图之内。在亚洲,西班牙则长期占领菲律宾。在1800年时,西班牙帝国拥有1630万平方公里的土地。

葡萄牙最早对亚非地区进行殖民扩张;在美洲则占有巴西。葡萄牙在亚非地区的殖民领土后来多为其他殖民国家夺取。1800年时,葡萄牙殖民帝国主要包括巴西;在亚非地区占有一些小块领地。

法国在17世纪、18世纪曾建立了海外殖民帝国。在与英国的殖民争霸中败北,几乎丧失了所有的海外领地。1800年,主要在中美洲加勒比地区占有领地。

尼德兰革命胜利后,荷兰在世界范围内大肆殖民扩张,重点是在亚非地区,从葡萄牙人手中夺取了一些殖民地。18世纪末,荷兰人仍占有南部非洲的开普殖地、亚洲的锡兰等殖民地或殖民据点；在美洲也占有荷属圭亚那等地；荷兰殖民帝国的重心在印度尼西亚。

18 世纪末，英国成为无可匹敌的殖民强国。虽然美国的独立使英国失去了北美 13 块殖民地，但英国在北美还保有英属北美——加拿大，在中美洲加勒比地区占有不少领地。美国独立后，英国加强了在亚洲、非洲和大洋洲的殖民扩张，英帝国的重心移向印度。1800 年时，英国占领印度半壁江山。在亚洲，英国还加强了向印度以东地区的扩张。1788 年，英国占领马来亚的槟榔岛；同时，英国也开始在澳大利亚建立殖民地。

俄国经过约三个世纪的扩张，到 1800 年时已建立起了横跨亚欧大陆的庞大帝国。俄国扩张与西方其他殖民国家不同的是，它侵占的地方与本土相连，被不断地融入"国家领土"之中。

西方殖民列强建立殖民地主要有两种形式：一是建立移民殖民地，人口以欧洲移民及其后裔为主，土著人被大量屠杀或驱赶，如在美洲和澳大利亚；二是征服当地人，建立起被征服的殖民地，本土居民人口众多，抵抗力量较强，不易被消灭或者被驱赶，如在南亚。对殖民地的掠夺与剥削主要采取了直接抢劫、不平等贸易等方式。无法估量的财富源源不断地流向宗主国，逐渐形成了欧洲地区与亚非拉地区的巨大贫富差距。来自海外的财富促进资本原始积累，为欧洲国家工业革命创造了条件，促进了欧洲资本主义发展。

16　18世纪亚非拉地区的反殖斗争

1757年普拉西战役后，英国加快了对印度的征服步伐，受到印度封建主和人民群众的抵抗。18世纪末期，尤以迈索尔抵抗英国殖民侵略最坚决。英国先后发动了四次入侵迈索尔的战争。迈索尔的海德尔·阿里及其子提普素丹领导了反英战争，组成过抗英同盟。英国采取了"分而治之"手法，使迈索尔陷入孤立。英国利用印度王公打印度王公，分化瓦解，各个击破。1790年英国发动了第三次入侵迈索尔的战争（1790—1792年），这时马拉特联盟和海德拉巴派兵支持了英军，提普素丹率领迈索尔军民英勇抗战，寡不敌众，被迫求和，签订割地赔款条约，一半领土被英国人、马拉特联盟和海德拉巴瓜分。1799年，英国发动第四次入侵迈索尔的战争，英人除拉拢马拉特联盟和海德拉巴外，还收买了迈索尔内部的封建主，使迈索尔出现了一个以"首相"普尔纳亚和轻骑兵司令卡马尔—乌德—丁为首的内奸集团。提普素丹率领军民奋力抗战，而内奸集团却采取破坏抗战的行径。当提普率军与敌人浴血奋战时，内奸集团关闭城门，断其后路；提普战死沙场后，内奸集团立即投降。

18世纪，美洲印第安人也爆发了反殖斗争。例如，1742年，秘鲁爆发了3万多人的印第安人起义，起义者打死了许多殖民官员、地主和传教士。起义领导人是胡安·桑托斯，自称是印加王国统治者的后裔，主张复兴印加王国。1780年，秘鲁的印第安人又举行了起义，号召复兴印加王国。参加起义者达数万人，历时两年。

17世纪中叶，荷兰人建立开普殖民地，对南部非洲人民进行残酷的剥削和压迫。荷兰殖民者实行种族歧视政策。1754年，开普殖民地总督发布命令，凡奴隶打了主人，即使是徒手，一律处死。而奴隶被捆绑、鞭打、烙印、割耳，则是天经地义的事。禁止有色人种同白人通婚；小孩不能同白人小孩同校。拿破仑战争时，英国夺取开普殖民地。在反对荷、英侵略的斗争中，祖鲁人和科萨人起了重大作用。从18世纪末叶起，他们在奥兰治河以北地区推进部落合并与联合运动，促进了部落社会向国家的过渡。祖鲁人在恰卡和丁干的领导下，利用地域关系代替部落关系，加强了社会组织，并进行严格军事训练，提高了反侵略能力。

18世纪，埃及名义上还是奥斯曼帝国的领土，而实际上控制在埃及封建地主马木路克集团手中。埃及的战略位置吸引英法等殖民国家的注意力。1798年7月,拿破仑率军入侵埃及。马木路克军团、农民和开罗平民组成的部队与法军展开激战。拿破仑占领开罗后,为对付埃及人民的反抗,采取屠杀政策。他命令法军:"你们必须严厉对付居民,我每天至少杀三个人,将人头挂在开罗大街上,这是叫他们服从的唯一办法。"1798年10月,开罗人民爆发了大规模的反法起义,击毙了法军卫戍司令戴布,但起义被拿破仑镇压下去了。1800年3月,开进埃及的奥斯曼军队与法军发生冲突,开罗人民乘机发动反法起义,外地群众开展了游击战。这次起义虽被镇压,但法军四面楚歌。1801年3月,英国派军登陆埃及,"帮助"奥斯曼军队反攻,法军被迫撤退回国。

海地曾是西班牙殖民地,1679年割让给法国。法国大力建立热带作物种植园,实行奴隶制。法国殖民者包括殖民地高级官吏、大种植园主、大商人、军官和高级教士,控制着海地经济命脉。1790年,文森特·奥赫领导了第一次自由有色人种的武装起义,起义失败后奥赫被处死。1791年,海地自由有色人种在布克曼领导下发动了第二次武装起义,大批黑人奴隶参加,起义扩展成为消灭殖民统治和奴隶制的斗争,黑人领袖杜桑·卢维杜尔（1743—1803年）成为海地革命的主要领导人。起义军队战胜了法国殖民军队。1793年，西班牙人打着解放奴隶的旗号，派兵入侵海地。杜桑·卢维杜尔识破了西班牙人的阴谋，于1794年赶走了西班牙侵略军。陷入困境的大种植园主勾结英国人前来镇压起义。英国派出15000人的军队，结果也被黑人起义军击败。1798年英军与杜桑·卢维杜尔签订条约，承认海地独立。1801年，杜桑·卢维杜尔颁布宪法，正式废除奴隶制，居民不分肤色，一律平等，他被推选为终身总统。此时，拿破仑在欧洲战场声势煊赫，不甘心海地独立，于是派遣其妹夫勒克莱尔率领近3万名士兵在海地登陆。勒克莱尔发动多次"征讨"，并利用"和平谈判"阴谋，逮捕了杜桑·卢维杜尔，送往法国，1803年杜桑·卢维杜尔死于狱中。1803年，法国侵略军在海地战败，勒克莱尔死于传染病。11月29日，海地发表《独立宣言》，成为独立国家。

17　世界格局的变化

从1500年到1800年，这三百年间，世界格局发生了巨大变化。1500年时，世界各地相对孤立隔离。亚洲与欧洲之间发展比较平衡；欧洲国家较之亚洲大国，在经济军事等方面，没有什么优势；处于亚欧交合处的奥斯曼帝国相比欧洲邻国在军事上具有优势，成了欧洲国家到达亚洲的一道陆上屏障。而亚洲大的封建王朝在经济上可说繁荣发达。美洲大陆刚被"发现"，尚未被殖民。在非洲，西方国家除在沿海地区扩张和占有少许贸易殖民据点外，影响不大。澳洲尚未被"发现"。

而到了1800年时，欧洲已成为世界发展领先的地区，在世界格局中居主导地位。整个美洲已成为"西方的"了：美洲印第安人被征服，印第安文明被摧毁；列强建立起众多殖民地；欧洲文化移入美洲；欧洲国家的殖民地有的已获得独立，成为新生国家，如美国；拉美地区也即将获得独立。东欧的莫斯科公国则已扩张成为横跨亚欧大陆的帝国。广大的澳洲地区已被欧洲人"发现"，并正在被殖民。欧洲国家已在非洲沿海地区建立一系列的殖民地或殖民据点，并逐渐向内陆延伸。曾经强大的亚洲，已落后于欧洲了；亚洲一些地区已成为欧洲国家的殖民地，特别是莫卧儿帝国濒临灭亡，领土已部分被英国占领，成为"英属印度"。

殖民扩张过程对殖民列强来说不仅仅是财富积累的过程，也是一个"知识积累"的过程。西方列强在全球范围扩张过程中，加强了对世界的认识和研究。到

18世纪，欧洲学术界已形成了广阔的"世界眼光"；撰写"世界历史"或以世界历史眼光撰写历史著作，已成为一种新的学术潮流，在观察世界和认识世界上，欧洲也走在其他地区前面。

八　工业革命的完成与资本主义的全球扩展

1800年之前，欧洲的殖民扩张已经改变了世界格局，欧洲列强在世界格局中占据了主导地位。世界格局的这一演变趋势在19世纪进一步加强。随着工业革命在英国的完成和在欧洲国家的展开，欧洲国家力量迅速上升，在世界范围内加强了殖民扩张。亚非国家在反对殖民侵略的同时，被迫寻求变革图强之策。同时，随着资本主义的发展，欧洲国家也发生着巨大的社会变革，形成了新的阶级对抗——资产阶级和无产阶级的对抗，无产阶级开始走上寻求自身解放和全人类解放的道路。

1　英国工业革命的完成

工业革命指近现代历史中从农业和手工业经济向工业经济转变的过程，既是生产技术上的革命，又是社会生产关系上的重大变革。英国是世界上发生工业革命最早的国家。一般认为，英国工业革命发生在18世纪下半叶和19世纪上半叶。

18世纪，英国在工业领域的技术创新是一个渐进的发展过程，在工业革命开始之前也出现了相关的技术创新。例如，1733年，约翰·凯伊发明了飞梭，提高了织布速度。从18世纪60年代起，英国工业领域比较集中地出现了一系列发明创造。下面列举若干主要发明创造。

1761年，约翰·斯米顿发明的带有汽筒的鼓风法开始投入使用，它可以使一座高炉的周产量从10—20吨提高到40多吨。

1764年，詹姆斯·哈格里夫斯发明多锭纺纱机，以其女儿的名字命名为"珍妮机"。

1769年，理查德·阿克莱特取得转轴纺纱机发明专利，后以水力为动力，称为"水力纺纱机"。

1769年，詹姆斯·瓦特获得蒸汽机——单动式蒸汽机发明专利。

1775年，约翰·威尔金森发明了圆筒镗床，对蒸汽机的生产起了决定性作用。

1782年，瓦特发明"复动式蒸汽机"。蒸汽机的出现和广泛应用推动了各个部门的机械化。

1785 年，牧师埃德蒙德·卡特莱特发明自动织布机，使织布功效提高了几十倍。

1789—1794 年，木匠布拉默和他的助手亨利·莫兹利改进了重型螺纹切削机床。

1810 年前后，亨利·莫兹利应用滑动原理发明了滑动刀架，使切削机得到重大改进，解决了制造精密圆柱体和螺丝的技术难题。

1815 年，汉弗莱·戴维发明了安全灯，减少了地下瓦斯爆炸的危险，推动了采煤业的发展。

1821 年，几位工程师制造出金属刨。

1830 年前后，理查德·罗伯茨首次制造标准型板，用以复制机器零件。

19 世纪 30 年代，约瑟夫·惠特沃斯制成新的计量工具，提高了工程的精确程度。

1848 年，罗伯茨发明镗床。

工业革命时期，纺织、冶炼、采煤三大工业迅速发展起来。1785—1850 年，英国全国棉织品由 4 千万码增长到 20 亿码。煤炭开采量由 1770 年的 600 万吨增至 1850 年的 4950 万吨。铁产量由 1788 年的 6.83 万吨增加到 1847 年的 200 万吨。到 19 世纪 40 年代，一个完整的、独立的工业部门——机器制造业发展起来，标志着工业革命的完成。

工业革命时期，运输业得到迅速发展。运河大量开通，汽船广泛使用，铁路投入运营。英国成为远洋汽船运输的主要国家。

工业革命使英国在工业领域取得领先地位，成为"世界工厂"。1850年，英国煤、铁产量分别占世界总产量的60.2%和50.9%。1851年伦敦万国工业品博览会是工业革命的盛会。这次博览会展出了10万多件代表人类文明成果的产品，它们由世界各地近14000名参展者提供，其中一半多是英国厂商。

英国工业革命带来了三大转变。一是从农业国转变为工业国。1851年，英国城市人口达到了51%；二是从手工生产为主转变为以机器生产为主；三是从手工生产机器转变为用机器生产机器。经历工业革命，英国社会阶级对立简单化了，整个社会日益分裂成为两大直接对立的阶级：资产阶级和无产阶级。

为什么工业革命首先发生在英国？这是中外学术界长期探讨的问题。主要有以下原因：一是资本主义手工工场发展较早；二是国内统一市场已形成；三是17世纪的资产阶级革命，沉重地打击了封建专制制度，为英国工业发展创造了良好的政治环境；四是16世纪、17世纪的科学技术革命极大地提高了社会生产力；五是圈地运动为工业革命创造了条件，圈地运动既促进了资本

图44　蒸汽机

原始积累，也为工业生产提供了劳动力；六是殖民掠夺为工业革命提供了资本原始积累；七是优越的地理位置，英国的气候条例非常适合棉纺业的发展，而工业革命正是从纺织业开始的；八是比较丰富的自然资源，特别是丰富的煤炭资源，成为英国制造业的灵魂。

2　工业革命的传播

工业革命发生后，虽然英国一个时期采取了技术限制措施，但工业革命还是传播开来了。1824年，英国取消了阻止熟练工人移居国外的规定；1843年，英国取消了禁止机器出口的规定。欧洲大陆国家地理位置接近英国的，如比利时和法国，发生工业革命较早。总体上，在欧洲大陆，工业革命由西向东传播开来，东欧国家的工业革命发生得晚些。

工业革命期间，除纺织工业发展较快外，冶金工业进展也很迅速，使这一时期成为钢铁时代。制造利用动力的机器需要钢铁材料，英国生产熟铁的技术——搅炼法传入欧洲大陆，推动了铁产量的大幅度增长。1830年，法国的铁产量为27万吨，1870年则达118万吨。德意志的铁产量1830年为4.6万吨，到1870年达140万吨。

19世纪六七十年代，欧洲大陆一些国家特别是德国掀起了新的工业革命。新的工业革命是以电力工业和化学工业的建立和发展为主要标志的，发电机和电动机的发明与远程输电的成功，为工业提供了新能源；用新方法生产纯碱和硫酸，满足了化学工业的大量需求，人造染料、人造纤维的出现，丰富了人们的生活。随着电灯、电话、电车、电报的广泛使用，人们从"钢铁时代"步入了"电气时代"。

在欧洲大陆国家开始工业革命的同时，工业革命也很快传播到了美国。

欧洲列强要加强对殖民地半殖民地的掠夺和剥削，进行资本输出，于是在海外建立工厂、修筑铁路，把一些工业技术扩散到世界其他地区。广大殖民地、半殖民地为了民族生存和复兴，在遭受压迫和剥削的环境下，也有意识地学习和引进西方先进科学技术，促进着自身工业发展。

工业革命是生产力发展史上的一次空前飞跃，欧洲工业革命对欧洲乃至世界产生了重大影响。人类社会的科学技术总是不断向前发展的，第一次工业革命发生以来，世界工业领域不断出现新的飞跃。

工业革命给人类社会带来了深远的影响，促进了人口的迅速增长，推动了城市发展，引起了产业结构变化，使产业发展重点逐渐从农业转移到工业，同时也带动了第三产业的发展。工业革命也导致阶级结构的变化，与大工业相联系的两大基本阶级——资产阶级和无产阶级形成了，它们之间的对立和斗争构成近现代社会生活的重要内容。

3 拉丁美洲独立战争

美国独立和法国革命都促进了拉丁美洲的独立运动，而拉美西班牙殖民地自身矛盾激化则是爆发独立战争的根本原因。西班牙殖民统治严重阻碍了殖民地经济社会的发展。来自西班牙的大官僚、高级僧侣、大商人、大地主霸占着殖民地的行政、军队、法庭和教会的高级职位，是殖民地的统治者和压迫者。土生白人构成殖民地地主集团和中级官吏的核心，他们剥削和压迫下层民众，但与宗主国统治集团也有矛盾。在西班牙统治美洲期间，170个总督中，只有四个是土生白人。土生白人中产生了殖民地工商业资产阶级，也形成了与世界市场有联系的种植园主集团，他们不满西班牙压制殖民地工商业的发展。殖民地的混血人群，虽被视为自由人，但遭到种族歧视，经济社会地位不稳定，要求独立。印第安人和黑人则是社会最底层，遭受民族压迫和阶级压迫，他们的革命性和斗争性是最强烈的。

海地是拉美最早获得独立的国家，海地的独立也推进了整个拉美独立运动。1808年3月，法国军队占领西班牙首都马德里，拿破仑指定其兄长约瑟夫·波拿巴为西班牙国王；1810年，法军占领西班牙全境。消息传到美洲，西班牙殖民地人民相继爆发起义。拉丁美洲独立战争分为三大战场：以委内瑞拉为中心的南美北部战场、以拉普拉塔为中心的南美南部战场和以墨西哥为中心的北美中美战场。

独立战争经历了反复的较量。以委内瑞拉为中心的南美北部战场，较量最为激烈。1811年3月，委内瑞拉召开首届国民代表会议。在米兰达、玻利瓦尔为首的爱国力量推动下，会议于7月5日通过了《独立宣

言》，宣告委内瑞拉共和国诞生。殖民势力进行了疯狂反扑。1812年7月共和国被扼杀，米兰达被解往西班牙囚禁。玻利瓦尔等爱国将领坚持战斗，转战于委内瑞拉、哥伦比亚等地。1814年1月，成立了委内瑞拉第二共和国。但是，由于争取群众不够，团结不力，共和军被摧毁。1818年10月，玻利瓦尔在他占领的地区宣布成立委内瑞拉第三共和国。1822年，玻利瓦尔打败殖民军，解放了基多；厄瓜多尔、委内瑞拉、哥伦比亚联合组成"大哥伦比亚"共和国，玻利瓦尔当选为总统。南美洲北部地区全部解放。

图45 玻利瓦尔

在南美洲南部战场，1810年5月，拉普拉塔总督区首府布宜诺斯艾利斯的爱国力量成立了"拉普拉塔临时执政委员会"，组织力量向殖民势力进攻。1816年7月，建立独立的"拉普拉塔联合省"。拉普拉塔地区独立战争的杰出领导人是圣马丁。1818年2月12日，宣告智利独立。1821年7月，圣马丁率军进入利马，宣告秘鲁独立，出任护国公。1825年，成立玻利维亚共和国。西班牙在南美洲的殖民地全部独立。

1810年9月16日,墨西哥爱国力量领袖伊达尔戈神甫发出了"多洛雷斯呼声"。他向聚集起来的民众说:"你们愿意自由吗?三百年前,可恨的西班牙人夺去了我们祖先的土地,你们愿意夺回来吗?"人们同声回答:"绞死这些西班牙强盗!"接着,他领导群众高呼:"美洲万岁!打倒坏政府!"墨西哥独立战争开始。1813年9月24日,"美洲最高民族代表大会"通过了《墨西哥独立宣言》。代表下层民众利益的伊达尔戈和莫雷洛斯牺牲后,独立战争的领导权落入到代表土生白人上层利益的伊图尔维德手中。1821年2月,伊图尔维德在伊瓜拉城宣布了独立纲领"伊瓜拉计划",提出"宗教、团结、独立"三原则,并组建军队。1821年8月,西班牙接受"伊瓜拉计划",9月墨西哥独立。在墨西哥独立的影响下,中美洲地区亦宣布独立,成立了中美洲共和国联邦。1838年,联邦解体,分成了危地马拉、洪都拉斯、萨尔瓦多、尼加拉瓜、哥斯达黎加五个共和国。

巴西是葡萄牙的殖民地。拿破仑战争期间,葡萄牙王室迁往巴西。王室的直接统治引起了巴西民众的不满。1817年3月,伯南布哥爆发武装起义,要求废除君主制,建立共和国;起义被镇压。1820年8月,葡萄牙本土发生革命，实行君主立宪制。国王若昂六世从巴西回国后，其子佩德罗为巴西摄政王。1822年，巴西宣告独立，也实行君主立宪制，佩德罗为君主，称佩德罗一世。

拉丁美洲独立战争最著名的领导人是西蒙·玻利瓦尔（1783—1830年）。他出生于委内瑞拉的加拉加斯，是西班牙人后裔，九岁时父母双亡。玻利瓦尔从小接受了启蒙思想。1799年到欧洲学习，24岁回国参加独立战争。1814年，成立委内瑞拉第二共和国，任首脑，被称为"解放者"。同年，战争受挫后，逃到牙买加；撰写了《牙买加来信》，分析拉美独立运动形势，总结经验教训，描绘建立代议制共和国的蓝图。1819年，他率军横穿热带雨林，翻越安第斯山脉，在博亚卡突袭敌军，取得大捷。独立后，任大哥伦比亚共和国总统。当委内瑞拉和哥伦比亚的势力发生冲突爆发内战时，他辞去了总统职务，于1830年12月17日病逝。

拉丁美洲国家获得独立后，军事独裁成为一种比较普遍的统治形式，称为考迪罗主义。独立之初，有些考迪罗本人是独立战争参与者，后来的考迪罗为军官或地主集团首领。考迪罗不是世袭的，也不是选举的，主要通过战争或政变获取政权。考迪罗主义的经济基础是半封建的大地产制。这些国家形式上是共和制，而实际上是地主阶级专政，有的国家不断发生动乱。玻利维亚在74年中发生了60次"革命"，哥伦比亚独立后的70年爆发了27次内战。不少拉美国家独立后存在着边界争端，因此也发生多次国家间战争。这种状况严重影响了拉丁美洲国家的发展。西方列强利用考迪罗向拉丁美洲地区渗透，对拉美进行控制和掠夺。拉美国家的半封建大地产制严重阻碍了民族资本主义的发展。当然，大地产制本身也与世界市场建立了联系，在欧洲工业革命的大背景下，19世纪下半叶拉丁美洲国家的民族资本主义也得到了一定发展。19世纪70年代，考迪罗主义走向衰落，20世纪初从拉美国家政治舞台上消失。

4 1848年欧洲革命

工业革命在欧洲大陆展开之际，社会发生急剧变化。1848年，巴黎、柏林、罗马、维也纳、布拉格、布达佩斯等城市都爆发了革命。革命前夕存在着广泛的社会不满，呈现出错综复杂的阶级斗争形势。一方面是资产阶级和劳动人民与封建专制势力的斗争；另一方面是资产阶级与无产阶级的斗争；同时，欧洲一些地区的民族主义高涨，要求国家统一或民族独立，德意志和意大利要求统一，波兰、匈牙利、爱尔兰要求独立。在工业革命的背景下，手工艺者无法与机器竞争，需要救助；工人阶级作为新生劳动力，工作时间长、条件差、工资低且没有保障，居住在拥挤脏乱的贫民窟里；资产阶级也不满，随着财富的不断增长，他们要求获得与其财富相称的政治权力和社会地位；欧洲中部的广大农民憎恨封建残余势力干涉他们的生活，要求获得解放。19世纪40年代，农业受灾，粮食歉收，不少人饿死街头。这是1848年欧洲革命的背景，这种局面也决定了革命形势的复杂性和资产阶级在革命中的妥协性和动摇性。

下面简述几个主要国家的革命经过。

1848年2月23日，法国巴黎爆发起义，口号是"建立共和！"革命群众与政府军展开巷战。24日进攻王宫，国王路易·菲利普逃往英国，资产阶级趁机窃取了胜利果实，成立临时政府。4月23日举行制宪会议选举，工人代表被完全排除在外。资产阶级反而向工人大举进攻，下令禁止集会、结社，解散代表工人利益的卢森堡委员会和国立工厂。6月23日工人起义，四五万人的起义军受到30万人的装备优良的政府军镇压，500多名起义者英勇牺牲；起义失败后，约11000名起义者惨遭屠杀，25000人被捕。1848年12月举行总统选举，代表大资产阶级和君主派利益的路易·波拿巴

（拿破仑的侄子）采取各种手法，以压倒性多数当选。1851年12月，路易·波拿巴发动政变，建立军事独裁。1852年举行加冕礼，终结了成立不久的法兰西第二共和国，建立法兰西第二帝国。

1848年3月，德意志革命在普鲁士爆发。18日，柏林群众包围了王宫，威廉四世调动军队进行镇压，但被击退；威廉四世被迫下令军队撤离柏林，宣布召开国民会议制定宪法和改组政府。这时，靠工人起义取得政权的资产阶级内阁害怕工人斗争的发展，采取了镇压人民革命的举措，给了封建势力反扑之机。6月，工人举行起义，资产阶级内阁下令军队镇压。1848年秋，以国王为首的普鲁士封建反革命势力利用军队的力量，罢免了内阁，解散了国民会议。1848年还召开了全德法兰克福国会，1849年3月通过了"德意志帝国宪法"。这部宪法被普鲁士国王和德意志各邦君主所拒绝；6月，法兰克福国会被解散。德意志革命结束，国家没能实现统一，各邦仍处于分裂状态。

1848年意大利革命和奥地利革命也同样失败了。1848年捷克民族解放运动和匈牙利民族解放运动都被镇压下去。当匈牙利民族解放战争取得初步胜利时，奥地利皇帝请求俄国出兵，有"欧洲宪兵"之称的沙皇尼古拉一世立即响应。在俄奥军队打击下，匈牙利军队腹背受敌，被迫投降。

马克思和恩格斯极为关注并积极参加了1848年的欧洲革命。德意志革命爆发后，他们以共产主义者同盟中央委员会的名义，制定了《共产党在德国的要求》，作为德意志无产阶级革命的行动纲领。6月1日，马克思和恩格斯创办了《新莱茵报》，积极宣传和支持革命。马克思撰写了《1848年至1850年的法兰西阶级斗争》和《路易·波拿巴的雾月十八日》，总结这次革命的经验教训，丰富了马克思主义国家学说。

1848年欧洲革命是资产阶级性质的，但工人阶级和广大人民群众却是革命的主力军。武装斗争起初取得了胜利，而胜利果实多为资产阶级所占有；封建势力受到打击后，又得到了一定的复辟。但是，革命毕竟沉重地打击了欧洲封建专制制度，有利于资本主义的发展。

19世纪五六十年代，欧洲出现了资产阶级民族民主运动高潮。随着工人运动的发展，英国发生了新的议会改革，也进行了文官制度改革；爱尔兰出现了民族解放运动高潮，反对英国剥削和压迫；意大利实现了国家统一；德国也在随后的70年代实现了"小德意志"的统一；俄国发生了废除农奴制的改革。这场民族民主运动高潮推进了资本主义制度在欧洲的确立。

5　俄国的农奴制改革

19 世纪上半叶，俄国仍实行农奴制。1858 年，俄国人口大约为 7400 万，其中 2300 万为私人拥有的农奴，2500 万为国家或其他机构拥有的农民或农奴，还有大约 200 万农奴为沙皇本人所有。农奴文化程度低，生活困苦，没有公民自由，受主人支配。农奴制遭到人民的反抗。俄国进步知识分子坚决反对农奴制。著名诗人普布金具有强烈的自由民主思想，创作了许多反对农奴制、讴歌自由的诗篇，如《自由颂》《致恰阿达耶夫》《乡村》。普布金在《自由颂》中写道：

> 我要向世人歌颂自由，
> 我要抨击宝座的罪愆。
> 请给我指出那个高尚的
> 高卢人的尊贵的足迹，
> 是你在光荣的灾难中，
> 怂恿他唱出勇敢的赞美诗句。
> 颤抖吧，世间的暴君！
> 轻佻的命运的养子们！
> 而你们，倒下的奴隶！

> 听啊，振奋起来，去抗争！

这样的诗句充分表达了俄国人民对沙皇专制和农奴制的痛恨。

俄国由于坚持封建专制和农奴制，资本主义发展缓慢。19 世纪中叶时，与英法等资本主义先进国家相比，明显落后了。这是俄国在克里米亚战争（1853—1856 年）中惨败的主要原因。除其他因素外，俄国枪炮的射程不及英法的远，俄国军队要用帆船对付英国的汽船，农奴出身的士兵在训练上也不及英法士兵。

克里米亚战争的失利加剧了俄国人民对农奴制的痛恨。俄国农民和革命民主主义者坚持主张走"自下而上"废除农奴制的道路。1858—1860 年，共发生了三百次农民暴动；平民知识分子赫尔岑、车尔尼雪夫斯基、杜波罗留波夫等积极组织"自下而上"消灭农奴制的行动。在这种情况下，1861 年 2 月，沙皇亚历山大二世签署了废除农奴制的法令。主要内容是：（1）实现人身自由，地主不能买卖或交换农奴，不能禁止农民结婚，不能干涉农民的家庭生活；（2）农民有权用自己的名义订立契约和打官司，可以从事其他职业，拥有动产和不动产；（3）农民可以得到土地，但必须缴纳赎金。在改革中，俄国每个农民平均分到 3.4 俄亩（1 俄亩≈

1.09 公顷，合 16.35 市亩）土地。废除农奴制改革适应了生产力发展需要，促进了俄国资本主义发展。

图46 农民聚在一起了解农奴制废除法令

此后，俄国还进行了其他有利于资本主义发展的改革。例如，1864年州、县成立地方自治局，代表由选举产生；1864年进行司法改革，实行公开审判；1870年，成立城市杜马，成员由选举产生，但有财产资格限制且杜马的职权限于经济方面。

6 西方列强殖民扩张的加强（约1800—1870年）

19世纪，随着资本主义的发展和工业革命的展开，西方列强加强了海外殖民扩张。拿破仑战争可以说是英法两国长期争霸的最后一次大战，英国确立了霸主地位。有学者称从 1815 年到 1914 年这一百年是"英国的世纪"。在这一百年中，英国完成了"日不落帝国"的构建，是世界殖民霸主。

进入 19 世纪，英国殖民者不断发动兼并战争和运用其他手法，扩大对印度的侵占。19 世纪中期，英国完成了对印度的征服。英国殖民统治下的印度，包括今天的印度、巴基斯坦、孟加拉三国；英国也控制了尼泊尔。

英国在征服印度的同时，也加强了对其他地区的扩张。1802 年，英国从荷兰手中夺取了锡兰。1824 年至 1885 年，英国先后发动了 3 次侵略缅甸的战争，最终侵占了缅甸。1819 年，英国占领新加坡；1826 年，英国将槟榔屿、马六甲、新加坡合并为海峡殖民地；英国不断扩张，把整个马来亚纳入其殖民统治之下。19 世纪，英国在亚洲其他地区，如中国、伊朗、奥斯曼帝国、阿富汗等，也进行了侵略扩张。

19 世纪，英国完成了对整个澳大利亚的侵占；1901 年建立了澳大利亚联邦，作为英帝国中的一个自治领。19 世纪 30 年代，英国人威克菲尔德和英国的新西兰公司实行系统移民计划；1840 年，英国迫使毛利人签订《威坦奇条约》，占领了新西兰。

与此同时，英国在非洲和南美洲也加强了殖民扩张。

1804—1813 年和 1826—1828 年，俄国两次发动侵略伊朗的战争，迫使伊朗签订丧权辱国的《古利斯坦条约》和《土库曼彻条约》。俄国与英国展开殖民争夺，将伊朗变成半殖民地；逐步占领格鲁吉亚和阿塞拜疆。19 世纪，俄国在中亚地区征服和占领了包括哈萨克斯坦在内的大片领土。19 世纪下半叶，俄国加强了在东亚的扩张，迫使清政府签订不平等条约，割占了大片中国领土。

1783 年美国赢得独立战争胜利时，北美 13 块殖民地构成的美国只是今天美国领土的一小部分，局限在大西洋沿岸地区。美国独立后即开始了扩张。在 19 世纪，通过战争抢夺和购买等方式，美国从墨西哥、西班牙、法国、俄国等国谋取了大片土地。同时，美国开展了所谓的"西进运动"，驱赶和屠杀印第安人，直至扩张到太平洋沿岸。美国也在海外进行了扩张。1822 年建立了非洲殖民地利比里亚；1823 年，发表门罗宣言，宣称："美洲是美洲人的美洲"，实际上是美国企图排斥欧洲列强干涉美洲事务，自己独霸美洲。

从 1815 年拿破仑战争结束到普法战争（1870—1871 年），法国也加强了海外殖民扩张，扩张重点在北非地区和东南亚地区。1830年6月,法国派遣大军入侵阿尔及利亚,大肆屠杀;1834年吞并阿尔及利亚,派总督治理。为了加强对阿尔及利亚的统治,法国推行"同化政策",向阿尔及利亚大量移民,1860年达到20万人,其中多数是法国人。法国对印度支那半岛染指很早,17世纪初即有传教士和商人到来。19世纪,法国侵略者将柬埔寨变为"保护国";迫使越南成为其殖民地。

7 两次鸦片战争

在鸦片战争前的中外贸易中,中国长期处于出超地位。康熙年间,清廷解除海禁,开海贸易,设闽、粤、江、浙四海关,加强了对外交流。乾隆二十二年(1757年),清廷宣布一口通商,广州成为中西贸易的港口。在中英贸易中,英国长期处于入超地位。为了改变这种状况,英国便向中国输入毒品鸦片。鸦片的涌入严重毒害了中国人民,并引起白银大量外流,财政拮据,统治危机日益严重,清廷被迫实行禁烟。

1839年6月,林则徐将缴获的鸦片237万余斤,在广州虎门海滩当众销毁。英国以此为借口,对中国发动了侵略战争。1842年8月,英军进逼南京,清政府被迫与英国签订了中国近代史上第一个不平等条约

《南京条约》，赔款、割让香港岛、开放通商口岸。《南京条约》和此后一系列不平等条约，严重损害了中国的主权，中国沦为半殖民地半封建社会。

　　英法等国为适应资本主义发展的需要，进一步扩大商品市场，取得比《南京条约》和《黄埔条约》更多更大的特权，便以"修约"为名，利用"亚罗号事件"和"马神甫事件"，对中国发动了第二次鸦片战争。在这次战争中，英法联军打到北京，火烧圆明园，犯下了滔天罪行。清政府被迫与英法两国签订了《天津条约》和《北京条约》，与俄国也签订了《瑷珲条约》和《北京条约》。第二次鸦片战争使中国的独立和主权又一次受到严重损害。

图47　圆明园大水法

英国发动第一次鸦片战争，是1492年哥伦布远航美洲三个半世纪之后的事。这三个半世纪，欧洲发生了巨大变化，欧洲列强在全球范围内不断殖民扩张，建立殖民帝国。与中国相比，英国已近完成工业革命，从地球"西北角"的小岛国，变成了拥有庞大殖民帝国的世界性大国；中国已处于封建末世，"康乾盛世"已去；亚洲也从世界"发达"地区沦为西方殖民列强宰割的对象。这三百多年，欧洲与中国开展了贸易、外交和文化交流；总的来讲，中国掌握着制定双方交往"游戏规则"的主动权；西方诸国对中国大大小小的军事挑战，最终都以中国的胜利而告结束。欧洲人早有征服中国之心。在16世纪下半期，菲律宾的西班牙殖民者就提出过征服中国的计划。1793年，英国使团第一次到达中国。正是在这一年西方有人用英文出版专著，讨论征服中国的可能性。英国东印度档案馆一份迄今未公开发表的调研报告显示：1792年，英国马戛尔尼使团来华之前，英人对中欧交往史进行了考察，对中国情势进行了评估，认为不能考虑派兵迫使中国接受英国的条件，只能采取外交步骤。马戛尔尼提出的几点要求被清廷拒绝了，但被《南京条约》实现了。1802年和1808年，英国曾两度对中国进行军事试探，都被清廷的强硬行动顶了回去。1816年英国再次派遣使团来华，未能达到目的后就真正考虑动武了，英国舆论也显示了这一趋势。1840年发动鸦片战争时，英国已接近完成对印度的征服，卡扎尔王朝统治下的伊朗正在被英俄等西方国家半殖民地化，曾经威震欧洲的奥斯曼帝国处于衰落之中。欧洲这三个半世纪的殖民扩张总策略是：先弱后强，由近及远。第一次鸦片战争后，国人睁眼看世界，所看到的已不是郑和时代"国威远播，万国来朝"的景象了，而是西方殖民主义者在世界各地横行霸道。世界已变，中国终于扛不住了！这三百多年，可以说是明清王朝坐视西方列强在全球扩张的过程，中国对周边弱小国家遭受西方殖民侵略，几乎无一援手。到1840年时，就轮到自己了！

8　工人阶级走上历史舞台与马克思主义的诞生

　　工业革命的重要后果之一是工业无产阶级的形成与工人运动的发展。19世纪前半期，工人阶级登上了历史舞台。在工人运动发展的基础上，工人阶级的革命理论——马克思主义诞生了。

　　西方资本主义的发展经历了家庭手工业、工场手工业和机器大工业三个阶段。随着资本主义的发展，建立在机器大工业基础上的社会化大生产和资本主义私人占有制之间的矛盾逐渐暴露出来，引发了资本主义国家经济危机，使社会生产力遭到极大破坏，也使无产阶级和资产阶级的矛盾更加尖锐。工业革命期间，工人们起初采取了破坏机器的斗争方式。随着工人力量的增长和思想觉悟的提高，工人们认识到团结起来进行斗争的重要性。在英国，19世纪初就出现了工人组织，并争取到工人结社权利，工会组织罢工斗争。

工人阶级还用武装斗争去反击资本家的剥削。1831年11月，法国里昂纺织工人举行罢工，其他部门的工人和手工业者积极支援。当局派出军警镇压，工人举行起义，提出了"工作不能生活，毋宁战斗而死"的口号。里昂工人于1834年再度举行武装起义，反对政府逮捕工人领袖，反对颁布禁止工人集会、结社的法令。两次里昂工人起义标志着法国工人开始走上独立政治运动的道路，揭开了国际工人运动史上新的一页。1836年至1848年的英国宪章运动是一场工人阶级争取政治权利的运动。1836年伦敦工人协会成立。1838年5月，协会公布了争取普选权的文件，称作"人民宪章"，号召人民签名。1840年7月，全国宪章协会成立。宪章运动采取了多种斗争形式，持续了十几年。1844年6月，德国的西里西亚纺织工人不堪忍受资本家的残酷剥削，举行起义。它是德国无产阶级觉醒的重要标志，它十分明确地提出了反对资本主义私有制剥削的要求。

欧洲工人运动的发展标志着无产阶级作为独立的政治力量登上了历史舞台。无产阶级开始了直接反对资产阶级的斗争，矛头直指资本主义制度；他们不仅进行经济斗争，也进行政治斗争；无产阶级的斗争由分散的个别斗争，转变为有组织的、大规模的斗争。

　　在工人运动发展过程中，出现过各种各样的思想和学说，包括空想社会主义。19世纪，法国的圣西门和傅立叶、英国的欧文提出了空想社会主义思想，为科学社会主义的形成提供了有益的思想材料。19世纪40年代诞生的马克思主义是资本主义的物质生产、阶级斗争、思想文化和自然科学发展到一定水平的产物，也是世界历史发展到一定历史阶段的产物，是马克思、恩格斯根据时代发展和无产阶级解放斗争的需要，进行的伟大理论创新。

　　人类社会发展中的全部优秀文化成果是马克思主义的思想渊源，而德国古典哲学、英国古典政治经济学和欧洲空想社会主义学说则是马克思主义主要的、直接的来源。19世纪自然科学的三大发现，即细胞学说、能量守恒及转化定律和进化论，为马克思主义的创立提供了自然科学理论前提。

　　卡尔·马克思（1818—1883年）出生于普鲁士（在今德国）莱茵省特里尔城的一个律师家庭。18岁时到柏林大学学习，1841年，获得耶拿哲学博士学位，毕业后从事政论写作和报刊工作。1843年10月底，马克思迁居巴黎，特别选择居住在工人区，与工人群众建立密切联系。弗里德里希·恩格斯（1820—1895年）出生于普鲁士莱茵省巴门市的一个工厂主家庭。1841年恩格斯到柏林服兵役；1842年到英国曼彻斯特的"欧门—恩格斯公司"工作。在英国期间，恩格斯深入工人当中，进行深入调研，并查阅了他能找得到的论述英国工人阶级状况的著述，于1845年写成《英国工人阶级状况》，深刻地揭示了英国工人阶级痛苦生活和资产阶级对无产阶级的残酷剥削，揭示了资本主义制度内在的深刻矛盾，强调社会主义必须与工人运动结合起来。

图48　马克思（左）　恩格斯（右）

1844年，马克思在《德法年鉴》上发表了两篇重要文章，《论犹太人问题》和《〈黑格尔法哲学批判〉导言》，标志着马克思已转到唯物主义和共产主义的立场上来了。马克思在《1844年经济学哲学手稿》中，对资本主义经济制度和资产阶级政治经济学进行了批判性考察，揭示了无产阶级与资产阶级的对抗关系。1844年9—11月，马克思、恩格斯合写了《神圣家族》。1845年，马克思写了《关于费尔巴哈的提纲》；1845—1846年，马克思和恩格斯写了《德意志意识形态》；1847年，马克思又写了《哲学的贫困》。在这些著作中，他们形成了唯物史观，阐述了政治经济学的一些基本原理，论证了科学社会主义的一些基本思想，初步创立了马克思主义思想体系。

1846年年初，马克思、恩格斯在布鲁塞尔建立了共产主义通讯委员会。1847年6月，恩格斯出席了在伦敦召开的正义者同盟第一次代表大会。根据马克思和恩格斯的提议，大会决定将正义者同盟改名为共产主义者同盟。1847年11月底12月初，同盟举行了第二次代表大会。大会委托马克思、恩格斯起草一个宣言。在恩格斯起草的《共产主义信条草案》和《共产主义原理》基础上，马克思写成了《共产党宣言》，1848年2月在伦敦问世。《共产党宣言》第一次较为完整地、系统地阐述了马克思主义基本原理，阐明了人类社会发展的客观规律，揭示资本主义必将被共产主义所取代。《共产党宣言》作为党纲阐述了共产党的性质、目的和策略原则；驳斥了对共产主义的种种污蔑，批判了形形色色非科学的社会主义思潮。《共产党宣言》写道：共产党人的目的"只有用暴力推翻全部现存的社会制度才能达到。让统治阶级在共产主义革命面前发抖吧。无产者在这个革命中失去的只是锁链。他们获得的将是整个世界。全世界无产者，联合起来！"《共产党宣言》的问世标志着科学社会主义的诞生。《共产党宣言》后来被译成许多种文字发表，在全世界广泛传播。五四运动爆发后，《共产党宣言》全文被译成中文出版，成为中国革命的指南。

1849年，马克思定居伦敦。马克思和恩格斯毕生不仅积极投身工人解放运动的伟大实践活动，还夜以继日地开展研究工作，撰写理论著作。马克思晚年倾注心血撰写《资本论》，利用大英图书馆的条件，查阅了大量研究资料。1867年，《资本论》第一卷出版。1883年，马克思病逝。恩格斯整理出版了《资本论》第二卷、第三卷。《资本论》是马克思的主要著作，详尽地阐述了劳动价值理论和剩余价值学说，揭露了资本主义剥削的本质和根源，它是"工人阶级的圣经"。

马克思一生做出了两大理论创新：唯物史观和剩余价值理论；前者揭示了人类社会发展规律，后者揭示了资本家是怎样剥削工人的。马克思和恩格斯都是伟大的理论天才。他们毕生勤奋地从事研究工作而又深入社会实践。他们掌握的语言很多，能够熟练地运用德、英、法等文字写作。他们一生都在为人类的解放事业而奋斗。马克思青年时代就立志把自己的一生奉献给"最能为人类服务，最能实现人类幸福"的伟大事业。马克思主义是人民群众的主义，是最推崇民主自由、最讲究公平正义的主义。在马克思主义所要构建的未来社会中，"每个人的自由发展是一切人的自由发展的条件"。

9 亚非拉人民的反殖斗争（约1800—1870年）

殖民扩张、殖民统治必然遭到被压迫民族被压迫人民的反抗。这一时期，世界范围内反抗殖民主义的斗争很广泛，十分激烈。下面略述事例。

1825年，印度尼西亚人民举行起义，反抗荷兰殖民统治。起义领导者是蒂博尼哥罗，斗争中心是爪哇的日惹王国。起义军起初取得了一系列胜利，建立了伊斯兰王国，蒂博尼哥罗为素丹。荷兰殖民者调集力量镇压，同时谋划分裂诱降活动，起义军一些将领投敌。蒂博尼哥罗坚持战斗，不屈不挠，多次拒绝诱降。1830年8月，荷兰殖民者以谈判为名，逮捕并流放了蒂博尼哥罗。起义虽然失败了，但沉重地打击了荷兰殖民者，歼灭了15000多名殖民军。

英国在印度的殖民统治给印度人民带来了沉重灾难。1857年5月，印度掀起了民族大起义。"涂油子弹事件"是印度民族大起义的导火索。这种新子弹用涂有牛脂和猪油的纸包装，使用时必须用牙咬开。印度教徒敬牛，而伊斯兰教徒禁忌猪肉，所以使用这种新子弹伤害了印度士兵的宗教感情，激起了普遍愤慨。英国军事当局对士兵的反抗进行镇压，加速了起义爆发。起义者在印度的传统政治中心德里首先获胜；起义的烈火燃遍了整个印度，特别是北部和中部印度。英国殖民当局极力采取镇压措施。先后攻陷了德里、勒克瑙、詹西等起义中心，各地分散的起义军转入游击战。英国殖民者在进行武装镇压的同时，进一步施展政治分化手法，收买封建主。到1859年起义被镇压下去。

黄金海岸（今加纳）是英国殖民者在非洲入侵较早的地方。1806—1900年，英国先后发动九次入侵阿散蒂联邦的战争。阿散蒂人不断的武装斗争，给英国入侵者以沉重打击。第七次战争发生于1872—1874年，战争结束时阿散蒂联邦趋于瓦解。1900年发生第九次战争，1902年阿散蒂被并入英国已建立的黄金海岸殖民地。

1868年，古巴爆发了反抗西班牙殖民统治争取独立的战争。起义军坚持战斗数年。1877年年初，西班牙派遣2.5万名援军前往古巴，在当地殖民势力支持下，对起义军发起强大攻势，并以收买等手段分化革命队伍。起义军受挫，1878年失败。

在美国的"西进运动"中，为了保护自己的家园，印第安人进行了英勇的反抗斗争。例如，1876年，在小比格霍恩河之战中，苏族和夏安族的印第安人打败了由美国准将乔治·卡斯特领导的美国军队。1890年，印第安人在美国最后一次起义，战败后全部武器被收缴。

19世纪40—70年代，新西兰毛利人多次发动了反抗英国殖民侵略的武装斗争，迫使英国殖民者做出一定的让步。

10　中国的洋务运动

19世纪中叶，中国人民发动了太平天国起义，一方面要推翻成为西方殖民列强掠夺中国人民工具的封建专制王朝；另一方面反抗西方侵略者，遭到清王朝和西方殖民者的共同镇压。

在内忧外患压力下，同治（1862—1874年）年间，一些有识之士兴起了"自强""求富"，学习引进西方先进科技的洋务运动。从事这一活动的官员称为洋务派，李鸿章是中心人物。在两次鸦片战争中，传统的东方泱泱大国败给了昔日的西方蕞尔小邦，割地赔款，丧权辱国，清廷被迫实行"师夷长技以制夷"的策略。

洋务运动的主要内容是：设立总理衙门，处理对外事务；积极创办新式军事工业，训练新式军队，筹建海军；兴办轮船、铁路、电报、采矿、纺织等各种民用企业；兴办新式学堂，派遣留学生，培养洋务人才。

洋务运动引进了西方先进的科学技术，兴建了一批近代企业，客观上为中国民族资本主义的产生和发展起到了促进作用。但是，洋务运动没有效法当时属于先进的西方政治制度，在清朝腐朽没落的封建专制统治下，这种洋务活动不可能达到真正的富国强兵目的；而且，洋务运动本身就存在着严重的封建官僚腐败气息。在1894年爆发的中日甲午战争中，中国败于东瀛小国日本，向国人宣告：30多年洋务运动并未使中国实现富国强兵。

11　日本的明治维新

明治维新是19世纪后半期发生在日本的一场反封建的资产阶级改良运动。从1603年起，日本实行的是幕府专制统治，天皇是名义上的最高统治者，实权掌握在幕府将军手中。将军也是最大的封建主，管理着全国四分之一的土地和许多重要城市，全国其他地区分成大大小小两百多个"藩"，藩的首领大名享有藩的世袭统治权，但要听命于将军。将军与大名都养有自己的武士。

德川幕府从17世纪30年代起，实行锁国政策。严格限制对外贸易，由幕府管理，仅允许中国、朝鲜、荷兰等国在长崎进行贸易；严禁日本船只出海经商，严禁日本人与海外往来；禁止传播天主教。

日本的锁国政策在19世纪50年代被打破。1853年3月，美国舰队到达日本，威胁日本开放港口，限期一年给予答复。1854年3月，日本与美国签订条约，开放下田、函馆等港口，供美国商人进行贸易，同意美国在下田设立领事馆。不久，英、俄、法、荷等国也强迫日本签订类似条约。西方人接踵而至，西方军舰游弋于日本港口；英法两国影响最大，日本幕府所在地也处在西方国家军事威胁之下。英国在横滨驻军，建立了陆海军兵营、弹药库、打靶场等；法国也与幕府签订合同，在横须贺建立海军工厂和炼铁厂。西方人与日本人不断发生冲突；日本西南部的长州藩还发生了与西方军舰相互炮击的事件，被迫向英、美、法、荷四国联合舰队赔款求和。

幕府后期封建专制统治十分腐朽，严重阻碍了社会发展，人民生活困苦，一些大名、武士也对幕府专制统治十分不满。19世纪50年代末期，发生了"尊王攘夷运动"，要求改革幕府，排斥外夷。下层群众的反抗斗争风起云涌；从1860年到1867年，共发生86次农民起义；纪伊发生的一次农民起义，参加者达13万人。同时，"尊王攘夷运动"也演变成了"倒幕运动"——推翻幕府，学习西方，以实现富国强兵。

1867年10月，倒幕派从即位不久的明治天皇弄到了"讨幕密诏"，举兵征讨幕府。1868年4月，德川幕府最后一位将军德川庆喜被迫献城投降。7月，天皇迁往东京；9月，定年号为明治。

新政府成立后，采取了重大改革举措，把封建专制的日本改造成资产阶级国家。这些措施有：废藩置县；废除封建等级制度，取消武士特权；进行土地改革，允许自由买卖土地，废除旧封建领主的土地所有权，确认实际占有者的土地所有权；进行地税改革，凡土地所有者均要缴纳地税。同时，明治政府实行了三大政策："殖产兴业""文明开化""富国强兵"。这些改革举措和新政策的实施，促进了日本资本主义的发展，使日本走上了富强之路。

12　中国的戊戌变法

1898年的戊戌变法是中国资产阶级维新派领导的一次爱国救亡运动。第一次鸦片战争后，列强对中国的侵略和奴役不断加深，中国被迫签订一个个丧权辱国条约；特别是甲午战争失败，被迫签订《马关条约》，丧失国土，巨额赔款，进一步加深了中华民族的危机。列强已呈瓜分中国之势。一批有识之士深刻感受到再不变革图强，中国就会亡国。在《马关条约》签订当天，康有为、梁启超联络来京参加会试的1300多名举人发起"公车上书"，要求"拒和、迁都、变法"。维新派代表康有为多次上书光绪皇帝。以光绪为首的帝党也感到要实行变法。在第五次上书中，康有为讲，若再不变法，则"皇上与诸臣虽欲苟安旦夕，歌舞湖山，而不可得矣；且恐皇上与诸臣，求为长安布衣而不可得矣！"也就是说，再不改革，皇帝和大臣们想当普通百姓的机会都没有。

光绪二十四年（1898年）四月二十三日（6月11日），光绪皇帝颁布"明定国是"诏书，宣布变法。同时，任命康有为为参赞新政，任命谭嗣同、杨锐、刘光第、林旭在军机处帮助主持变法事务。从1898年6月11日变法开始，至9月21日（八月初六）变法失败，历时103天，史称"百日维新"。

百日维新期间，光绪皇帝颁布了一系列变法诏令。主要内容有：设立农工商总局，保护工商业，奖励发明创造；设立矿务铁路总局，修筑铁路，开采矿产；举办邮政，裁撤驿站；改革财政，编制国家预算；改革行政机构，裁汰冗员；提倡官民上书言事；裁减旧式军队，训练海陆新军；推行保甲制度；改革科举制度，废除八股文；设立学堂，学习西学；设立译书局，翻译外国新书；准许自由创立报馆和学会；派遣留学生。

这个时期，清廷中央分成两派，帝党支持变法，以慈禧太后为首的后党反对变法。变法期间，光绪帝和慈禧分别运用了人事任免权，算是世界历史上奇特一幕。颁布变法诏书时，光绪帝任命了几位变法派官员。第四天，慈禧连颁三旨：免除支持变法的帝党代表人物翁同龢军机大臣等一切职务，逐回原籍；凡授任新职的二品以上官员，必须到皇太后面前谢恩；任命亲信荣禄署直隶总督，统领北洋军队，掌控京津一带兵权。七月十九日，光绪帝下令将反对变法、阻挠礼部主事王照上书的礼部尚书怀塔布、许应骙等六名官员一并革职；次日，任命谭嗣同、林旭、杨锐、刘光第为军机章京，赏四品卿衔，参与新政，加紧推行变法。保守派四处活动，请求慈禧重新垂帘听政；慈禧也派人到天津与荣禄密谋。变法派缺乏群众基础，没有掌握实权，企图倚赖骗取了支持维新名声的袁世凯。袁世凯此时统领着七千多名装备精良的新建陆军。在维新派举荐下，八月初一日光绪帝召见了袁世凯，赏以侍郎衔，专办练兵事宜。八月初三日，谭嗣同夜访袁世凯，劝他诛杀荣禄，包围颐和园，解救光绪帝。袁世凯信誓旦旦表示："诛荣禄如杀一狗耳。"八月初四日，慈禧提前从颐和园回宫。八月初五日，袁世凯到天津向荣禄告密。第二天，荣禄派人进京，向慈禧报告维新派"锢后杀禄"计划。慈禧立即囚禁光绪帝，并下令搜捕维新派重要人物。八月十三日，谭嗣同、康广仁、林旭、杨深秀、杨锐、刘光第6人被杀。许多赞同维新的官员被革职。除设立京师大学堂外，变法新政被全部废止。

戊戌变法是中国近代史上一次重大政治事件，也是一次思想启蒙运动，对中国近代社会的进步起了推动作用。变法失败以血的事实揭示：中国只有走革命救国的道路，而无法走改良救国的道路！

13　亚非其他国家变革图强的尝试

19 世纪，亚洲诸封建王朝均面临西方列强殖民扩张的巨大挑战，不变革图强就意味着亡国。在这种情况下，除中国、日本外，亚洲其他一些封建王朝也做出了变革图强尝试。

19 世纪是伊朗卡扎尔王朝时期，也是伊朗沦为半殖民地的时期。在列强的欺压、掠夺和人民反抗斗争的打击下，19 世纪中期，密尔扎·达吉汗任首相期内进行自上而下的改革尝试。主要内容是：加强军事建设，严肃军纪，建立军需工厂，开办军事学校；禁止贪污舞弊和卖官鬻爵；裁员减薪，节约开支；取消部分王子大臣的土地赏赐，改发少量生活津贴。同时，还撤除敌视宰相的高级阿訇，没收其供养田。达吉汗的改革遭到封建贵族、高级阿訇和西方列强的反对，他被赶下台，并于 1852 年被处死，改革失败。

奥斯曼帝国与欧洲国家为邻，更容易感受到欧洲兴起和列强扩张的压力。早在 18 世纪上半叶，达马德·易卜拉欣任大维齐时，就尝试过改革。从 18 世纪末到 19 世纪中期，对外战争的失利，促使奥斯曼封建统治者进行了三次改革。第一次是塞利姆三世（1789—1807年在位）时期，第二次是马赫穆德二世（1808—1839年在位）时期，第三次是1839年阿卜杜尔—梅吉德一世颁布"御园敕令"为标志的改革。第一次改革以失败告终，第七章已阐述。第二次改革主要内容是：成立新军，解散近卫军；废除军事采邑制度，使采邑成为与军役无关的征收土地税的一般私有财产；仿照欧洲国家设立外交部、内政部、财政部、陆军部等；建立地方行政官员制度，选派文官担任地方官员；成立军事科学院；加强社会经济与文化建设，如取消内地关卡，开办邮政，发行报纸。

1839年，阿卜杜尔—梅吉德一世颁布"御园敕令"，宣布保证帝国全体臣民不分宗教信仰一律享有人身、名誉和财产不可侵犯的权利；确定固定税率，废除包税制；建立合理的征兵制度，服役期为五年；严惩卖官鬻爵和贪污受贿行为。以后，又颁布了改组法院、政府机关、军队和教育机构的法令。这个

图49　阿卜杜尔—梅吉德一世

时期的改革派代表人物是穆斯塔法·雷希德—帕沙，他特别重视世俗教育。1848 年，正式确立了大、中、小学三级教育体制；还创建了科学院。但是，国内封建保守势力的破坏和西方资本主义国家的反对，使许多改革举措不能实施。改革的受阻使这个曾经傲视亚欧大陆的帝国逐渐沦为受欧洲列强宰割的"近东病夫"。第一次世界大战时，这个昔日地跨亚非欧三洲的强大帝国最终解体，而只剩下后来的土耳其了。

马达加斯加位于非洲东海岸的印度洋上，18 世纪末形成中央集权的封建国家。19 世纪初，拉达马一世（1810—1828 年在位）完成了全岛统一，进行了近代化改革。改革内容主要有：建立一支近代装备的常备军；奖励教育，创办学校和工厂；实行开放政策，准许传教士传教；实行社会改革，废除奴隶制。改革促进了生产力的发展，开启了近代化的进程，但后来在外国特别是法国侵略下，近代化流产。19 世纪下半叶，法国不断侵略马达加斯加，变其为殖民地。

埃及长期是奥斯曼帝国的一个行省，受欧洲的影响也比较大。1804 年、1805 年，开罗人民两次发动起义，穆罕默德·阿里率部参加，击溃了马木路克军团，土耳其素丹遂任命他为埃及总督。穆罕默德·阿里当政期间，实行了一系列改革。例如，进行土地和农业改革，废除包税制，没收马木路克的土地；没收的土地一半分配给亲属、部下，另一半租给农民耕种；大力兴修水利，引种新作物；发展工业，建立火药厂、造船厂、铸造厂等各种工厂；创建海军，开办军事学校；进行教育改革，建立世俗教育制度。他的改革促进了生产力的发展和阿拉伯文化的繁荣，培养了一批具有先进思想和科学技术知识的人才，加强了埃及的统一。但是，埃及的改革受到欧洲列强的干涉，埃及陷入了半殖民地化。

为了巩固国家的统一，促进社会进步，埃塞俄比亚皇帝西奥多二世（1855—1868年在位）也进行了改革。例如，将各省划小，任命官员管理，取代诸侯，官员领取薪俸，不得在管区私自占有土地和其他财源；削弱教会势力，实行国教政策，维护基督教的地位；确定了休养生息的政策，要求人民恢复自己的祖业，减轻农民的捐税；修筑道路，缩减贸易关卡，废除奴隶贸易；建立新式军队，购买欧洲的武器；引进技术人才，建设近代化军事工业；引进西方技术，发展本国近代工业。但是，英国殖民者暗中支持埃塞俄比亚地方封建诸侯发动叛乱。1867年，英国又利用诸侯叛乱之机，派遣军队干涉埃塞俄比亚，一些封建主倒戈支持英军。西奥多二世拼死抵抗，绝不屈服投降，最后举枪自尽。西奥多二世后来被埃塞俄比亚人民誉称为"马格拉达的雄狮"。

19世纪,西方国家在实现工业化的同时,也用资本主义生产方式改造农业,促进农业走上了资本主义发展道路。农业资本主义发展道路,有两种突出的模式,一种是"普鲁士式道路",另一种是"美国式道路"。前者走的是在农业中逐渐用资本主义经营方式代替封建主义经营方式的改良道路;后者的突出特点是在小农经济两极分化基础上建立起资本主义的大农场。

工业革命完成后,整个社会分成了两大阶级:资产阶级和无产阶级,前者是统治阶级,后者是被统治阶级。工人运动不断发展,无产阶级革命成为时代课题。

同时,工业革命也把世界分成了两类国家。一类是工业化的国家,另一类是以农业为主体的国家,前者先进,后者落后,两者存在着相互依存的关系;工业化的国家需要占有非工业化的相对落后国家的资源和市场,后者需要前者的先进技术。在国际关系中,前者强大,为了获取更多资源和更大市场,千方百计要打开落后国家的大门,控制和掠夺后者;后者则千方百计要摆脱落后挨打的命运,实现民族独立和解放,追赶前者。

九 帝国主义与国际共产主义运动

人类社会发展到 19 世纪下半叶，进入了一个自由资本主义向垄断资本主义过渡的阶段。科学技术得到了前所未有的发展，生产力得到极大提高，世界经历着快速变化。但是，几百年"自由资本主义"的发展伴随着西方殖民扩张和殖民统治，形成了极不平等极不公正的世界秩序和国际关系。在向帝国主义过渡的进程中，这种不平等不公正的关系和秩序得到了进一步加强。人类社会的发展面临新的转折和飞跃，广大无产阶级和被压迫民族被压迫人民正在寻求出路，马克思主义在实践中得到了发展，列宁主义应运而生。

1 科学技术的重大发展

19 世纪是科学技术大发展的世纪。与 17 世纪、18

世纪的科学相比，19 世纪的近代科学进入了系统整理阶段和理论科学阶段。19 世纪，近代科学在天文学、地质学、物理学、数学、生物学、化学等领域都取得了巨大进步。

在天文学方面，天文观测技术取得了进步，望远镜得到改进，发明了天体照相术和光谱学技术。科学家们利用新技术，能够对宇宙空间进行更好的观测，不断加深对宇宙的认识，提出了天体演化理论。德国学者康德（1724—1804 年）首先提出了星云假说，认为太阳系的所有星体是从一团主要由固体尘埃微粒构成的稀薄的原始星云通过万有引力作用而逐渐形成的，这团物质是在排斥和吸引的相互斗争中产生运动的。法国数学家和天文学家拉普拉斯（1749—1827 年）完善了星云说，他出版了《天体力学》一书。当拿破仑问他为何在书中不提造物主时，他回答说："我不需要这个假设。"拉普拉斯批判了牛顿用"全智全能的上帝的创作"来解释太阳系结构的错误观点。

19 世纪，科学家们确立了地质学。英国地质学家赖尔（1797—1875 年）出版了《地质学原理》一书，标志着地质学新时代的开始和地质学的独立。这本书完成了地质科学体系，确立了地质进化的科学概念，总结了地质研究的科学方法。

在物理学方面，19世纪确立了能量守恒定律，并且开展了热力学研究。许多科学家探究了能量守恒问题，而德国科学家迈尔（1814—1878年）则是第一个提出能量守恒定律的人。能量不会凭空产生，也不会凭空消失，只会从一种形式转化为另一种形式，从一个物体转移到其他物体，而能量的总量保持不变。能量守恒定律是自然界普遍的基本定律之一。对能量守恒问题的探究推进了热力学研究。用统计的观点解释热现象，则产生了一门新科学——统计力学。统计力学的出现对物理学和数学的发展都有重要意义。

19世纪科学家们还确立了电磁学理论。英国物理学家法拉第（1791—1867年）是19世纪电磁研究领域最伟大的实验家。英国科学家麦克斯韦（1831—1879年）则是电磁学理论大厦的完成者。1864年，他发表了《电磁场的动力学理论》，导出了电磁场的波动方程；电磁波的传播速度等于当时测出的光速，并预言光也是一种电磁波。科学家们也建立了波动光学。1888年，德国物理学家赫兹（1857—1894年）证实电磁波具有光的一切性质，从此电磁波和光波被确认为是同一种波动；他的名字成为国际单位制中频率单位的名称。

科学家们在生物学领域确立了细胞学说和进化论的思想。细胞学说揭示了细胞是动物和植物基本的生命单位，从而建立了动植物在结构上的统一性，并揭示生物体的一切发育过程都是通过细胞的增殖和生长来实现的。英国科学家达尔文（1809—1882年）是进化论的集大成者，他出版了《物种起源》一书。达尔文曾进行过长期的环球考察，大量事实使他确信物种不是由上帝创造的，而是进化的，一个物种由另一个物种演变进化而来。

在化学方面，科学家们提出了原子论和元素周期律，并推动了有机化学的发展。元素周期律揭示了各种化学元素之间的区别和联系；元素世界中各种元素是具有内在联系的统一体，表明元素性质发展变化的过程是一个由量变到质变的过程。

科学革命必然导致技术革命和产业革命。从19世纪70年代起，电能在人类社会的生产生活各方面得到了广泛应用，开始了以电能开发和利用为主要标志的新的工业革命。人们发明了发电机；建立起发电厂。19世纪70年代起，电能取代蒸汽动力，占据了统治地位。与此同时，远程通信技术发展取得飞跃，发明了电报、电话；无线电通信也被发明和应用。1876年，德国工程师奥托制成了第一台内燃机；1892年，德国工程师狄塞尔发明了柴油机。新的科学技术的开发利用，极大地促进了工业的发展。

图50　19世纪末的德国工厂

新的工业革命促进了社会生产力的发展和产业结构的变化，建立了电力、化学、通信、冶金等一大批技术密集型新兴产业，使技术体系从机械化时代进入了电气化时代。新的工业革命也加速了垄断资本主义的形成，引发了生产关系变革。电力、冶金、通信等生产部门和业务部门朝着垄断化方向发展，形成了一批大型公司，如美国通用电气公司、德国西门子公司。新的工业革命也导致资本主义大国发展的不平衡，后发国家赶超先发国家。

2　帝国主义的形成

什么是帝国主义？学术界是有不同看法的。有学者认为，15 世纪、16 世纪西方开始在世界范围内进行殖民扩张、建立殖民帝国、实行殖民统治，就是推行帝国主义。有的学者还把古代罗马的扩张也视为是搞帝国主义。这里我们讲的"帝国主义"是列宁定义的帝国主义。列宁认为，帝国主义是资本主义的垄断阶段，帝国主义是寄生的或腐朽的资本主义，是资本主义的最高阶段。帝国主义的主要特征有：（1）在生产和资本集中高度发展的基础上形成垄断统治；（2）银行资本和工业资本融合为一，形成金融资本，并在此基础上产生了金融寡头；（3）与商品输出不同的资本输出具有特别重要的意义；（4）瓜分世界的资本家国际垄断同盟已形成；（5）资本主义列强已把世界领土分割完毕。

19 世纪，资本主义向垄断阶段过渡。随着科学技术的发展，企业规模越来越大，要求的资本也越多，于是股份公司这种早已出现的集资经营方式开始得到广泛发展，资本与生产迅速集中。生产的集中引起了垄断组织的产生。到 19 世纪末期，垄断组织在发达资本主义国家普遍发展起来，成为社会经济生活的基础。所谓垄断组织，一般是指资本主义大企业间为了独占生产和市场，为攫取高额利润而联合组成的垄断经济同盟，如卡特尔、辛迪加、托拉斯、康采恩等。

在工业生产集中并形成垄断的同时，银行资本的集中和垄断也达到很高程度，它们控制了社会工商业经营，并在此基础上开始与工业资本相融合，形成"金融资本"。为了攫取高额利润，垄断资本家把大量的"过剩资本"输往落后国家和地区，利用丰富资源和廉价劳动力，攫取高额利润。

垄断组织的出现是生产力不断发展的结果。它使生产得到某些局部调整，以适应市场变化，某种程度上对改善企业经营管理、降低成本、提高质量与生产率更为有利。但是，垄断组织的出现也意味着资本主义剥削性加强。垄断的形成伴随着食利者阶层的出现和殖民掠夺的加剧。帝国主义是以实力作后盾的，它采用暴力手段压迫、剥削和掠夺弱小国家和地区。垄断资本主义把自己的势力伸向全世界，奴役殖民地半殖民地人民。垄断资本的扩张促使了各地区经济联系的加强，但它构建的交往关系和世界秩序是不公平的。帝国主义必然遭到被压迫地区被压迫人民的反抗。

3 德国、美国、日本的崛起

19世纪中期以前，德意志民族长期处于分裂状态。1806年，神圣罗马帝国灭亡，德意志民族形式上的统一也不复存在。1815年，拿破仑战败，"德意志邦联"产生，但并不是一个统一的民族国家，由 30 多个拥有主权的邦国和城市组成，其中普鲁士和奥地利最大。德国的崛起是由普鲁士实行自上而下的改革开始的。普鲁士在 19 世纪 30 年代开始工业革命，50 年代、60 年代经济快速发展。普鲁士凭借其不断增长的经济实力和军事实力，"铁血宰相"俾斯麦纵横捭阖，于 19 世纪 60 年代中期至 70 年代初，通过三次战争，先后击败丹麦、奥地利、法国，实现了"小德意志"（统一的德国不包括奥地利）的统一。国家的统一又极大地推动了工业革命。约至 1890 年德国也完成了由传统农业社会向工业社会的转型，20 世纪初成为欧洲第一工业强国。

1890 年，俾斯麦下野，威廉二世放弃了俾斯麦坚持的"大陆政策"，推行所谓的"世界政策"，积极争夺霸权，与英、法、俄等国的矛盾加剧。崛起后的德国带有浓厚的封建军国主义色彩，走上了争夺世界霸权的战争之路，给世界人民和德国人民带来了深重灾难。在第一次世界大战中，德国战败，国家崛起中断。

美国的崛起进程可以说是从 1783 年赢得独立战争开始的，大致可分为三个阶段。第一阶段是从美国独立战争胜利到 1860 年内战爆发前夕。从经济发展角度看，美国立国后发生了三件大事。一是英国工业革命的成果开始向美国传播。二是成千上万的美国人越过阿巴拉契亚山脉向西迁徙，形成"西进运动"。这是一个领土扩张过程。1776年，美国宣布独立时，十三州面积只有约80万平方公里，而"西进运动"使美国领土不断扩大。同时，美国的制造业、运输业等也随之西移，得到快速发展。三是美国西部形成了三大农业区："棉花王国""小麦王国"和"畜牧王国"，为美国的工业化提供了充足的粮食和原料。美国崛起的第二阶段是从内战到1914年第一次世界大战爆发。1861年，美国爆发内战。经过四年鏖战，北方"工业区"战胜了南方实行奴隶制度的"农业区"，废除了奴隶制度，进一步扫除了美国工业发展的障碍。美国采取了一系列促进工业发展的举措。例如，在1866—1868年，3次豁免工业产品的国产税。美国工业地位在国际上不断提高，1860年其工业总产值在世界工业总产值中的比重占第四位；19世纪80年代末90年代初上升到第一位，美国取代英国成为世界第一工业大国。从第一次世界大战到第二次世界大战是美国崛起的第三阶段。美国相对孤立于世界事务，这两次世界大战，美国参战都晚，利用他国战争之机，大发战争财。第二次世界大战结束后美国成为超级大国。

美国的崛起改变了世界格局，终结了15世纪、16世纪以来欧洲在世界格局中的中心地位；欧洲列强相对削弱，国际地位相对下降。美国的崛起也扩大了西方文明在世界范围内的影响。

日本是近代亚洲唯一崛起过的国家。日本的崛起进程短、速度快。19世纪中叶，日本也面临沦为半殖民地的危险，曾被迫与西方列强签订不平等条约。从1868年起，日本实行明治维新，进行了一系列变革，推行"富国强兵""殖产兴业"和"文明开化"三大政策，全力学习西方，甚至提出"脱亚入欧"。"殖产兴业"的实质就是要以西方列强为师，在"富国强兵"总目标下，推行资本主义近代化。1870年12月，日本设立了工部省，管理工商业；1873年11月，设立内务省，扶植资本主义发展，提出"厚殖民产""振励民业"等方针。同时，日本还建立起了近代军事工业。明治维新极大地推动了日本经济的发展，1874—1890年，年均增速为12.1%。日本通过推行殖产兴业政策，15年间，初步实现了资本主义工业化，为调整对外战略进行大肆扩张奠定了物质基础。

日本的崛起伴随着扩张野心。1874年5月，日本侵犯中国台湾；1876年，强迫朝鲜签订不平等的《江华条约》，开始了在朝鲜的殖民扩张；1879年4月吞并琉球王国，改为冲绳县；1884 年 12 月，在朝鲜策动"甲申政变"，次年迫使朝鲜签订《汉城条约》，进一步扩大了对朝鲜的殖民侵略。1887 年，日本参谋本部拟定了一份《征伐清国策》，预谋五年之后发动侵华战争。1894 年，甲午战争爆发，日本打败中国，迫使清政府于 1895 年签订割地赔款的《马关条约》。日本在对外侵略战争中掠夺了大量财富，刺激了日本经济的发展和进一步扩张的野心。

4 列强瓜分和重新瓜分世界

19 世纪末 20 世纪初，殖民列强掀起了瓜分和重新瓜分世界的高潮，其中瓜分非洲最为典型。

从 15 世纪开始，西方国家就在非洲殖民扩张，但由于热带气候和相关疾病等因素的影响，几百年间主要是在沿海地区进行殖民活动。到 1876 年，英、法、葡、西、荷等西方国家大约侵占了非洲 10.8% 的领土。19 世纪，欧洲列强的探险家们，如英国的利文斯顿，在非洲进行了密集的探险活动，为瓜分非洲创造了重要条件。列强按实力瓜分非洲，把"抢先占领"奉为信条。英国依托在南部非洲开普殖民地和北部非洲埃及的地位，企图从南北两个方向扩张，建立起从开罗到开普敦的纵贯非洲大陆的帝国。这一计划称为"2C"计划，因开普敦和开罗的英文第一个字母都是C。法国的扩张计划称作"2S"计划，因塞内加尔和索马里的英文第一个字母都是S。法国企图征服马格里布各国、苏丹和刚果河流域，建立起从西非塞内加尔到东非索马里的殖民帝国。德国实现国家统一后，加强了殖民扩张，积极参与瓜分非洲行动。德国企图建立起沿赤道非洲两侧从大西洋到印度洋的殖民帝国。除英、法、德外，参与瓜分非洲的国家还有意大利、比利时、西班牙、葡萄牙等。列强在瓜分非洲的过程中，相互激烈争夺，还召开会议协调共同分赃行动。到第一次世界大战爆发时，非洲除埃塞俄比亚和利比里亚保持着政治独立外，其他地区都被列强瓜分完毕，法英两国占领的殖民地面积最大。许多殖民地边界的划分是殖民主义者在地图上用铅笔划定的，边界呈直线，严重地分割了本应在同一政治实体中生活的族群。这为后来非洲国家留下了深重祸患。

列强瓜分非洲后，进行殖民统治，把殖民地当作原料产地和商品市场；推行单一作物制，掠夺矿产资源，实行强迫劳动制度；有的利用当地部落酋长或封建主，实行"间接统治"，有的实行"同化政策"。

这一时期，日本占领了朝鲜；俄罗斯占领了中亚一些地方；太平洋上的岛屿也被瓜分。列强在中国掀起了瓜分狂潮。1895年，日本强迫中国签订《马关条约》，割占了中国的台湾；还企图割占中国辽东地区。1897年，德国强占胶州湾，1898年，清政府被迫同意将胶州湾租给德国，允许德国拥有在山东修筑铁路、开采矿山等特权，山东成为德国的"势力范围"。继德国之后，俄、法、英、日等国纷纷在中国强占租借地和划分"势力范围"。列强在中国形成的势力范围大致是：德国，山东，强租胶州湾；俄国，长城以北和新疆，强租旅顺、大连；法国，广东、广西、云南，强租广州湾；英国，长江流域，强租"新界"、威海；日本，福建，割占台湾和澎湖列岛。

19世纪末20世纪初，列强重新瓜分世界，争斗激烈。代表性的战争有三次：英布战争、美西战争、日俄战争。英布战争（1899—1902年）是英国与布尔人（主要是荷兰殖民者和移民的后裔）之间的战争，是为了争夺南部非洲的殖民地。布尔人在南部非洲保留着两个国家——德兰士瓦共和国与奥兰治自由邦。英国企图吞并这两个国家。1899年双方发生战争，1902年结束，布尔人战败，承认英国的统治权，英国则允许这两个地方成立"责任制政府"。

美西战争（1898年）是美国与西班牙争夺殖民地的战争。1898年4月，美国借机对西班牙发动战争。

九　帝国主义与国际共产主义运动　311

西班牙战败，将其殖民地菲律宾、波多黎各和关岛割让给美国；美国付了 2000 万美元，作为获取菲律宾的代价；西班牙承认古巴"独立"，并承担古巴债务，古巴实际上沦为美国的保护国。

日俄战争（1904—1905 年）是日本与沙皇俄国为争取在中国东北和朝鲜的侵略权益所进行的帝国主义战争。1904 年 2 月，日本舰队突然袭击中国旅顺口和朝鲜仁川港的俄国舰队。经过一年多的较量，俄国战败，日本迫使俄国将在中国夺取的侵略权益中的南满铁路、旅顺和大连的租借权转让给日本；迫使俄国承认日本在朝鲜的特权，并割让库页岛南部。这场战争主要发生在中国的土地上，中国人民深受战乱之苦。两个侵略者在中国抢劫争夺，腐败无能的清政府却宣布保持"局外中立"。

1870—1900 年，英、俄、法、德、美、日六个帝国主义国家共夺得殖民地 2500 万平方公里，殖民地面积从原来的 4000 万平方公里增加到 6500 万平方公里。到 1914 年，这六个国家和其他殖民国家如葡、荷、比，所占殖民地面积总和达到了 7490 万平方公里，占地球陆地面积的 55%。20 世纪初，世界地图上布满了殖民帝国。大英帝国最为庞大，称为"日不落帝国"，其领土约占世界陆地总面积的四分之一，帝国人口也约占世界总人口的四分之一。

5 帝国主义军事集团的形成

19世纪末20世纪初,在列强瓜分和重新瓜分世界的浪潮中,列强之间在相互矛盾与冲突中出现了结盟趋势,到第一次世界大战爆发前夕形成了两大帝国主义集团。

在1870—1871年的普法战争中,法国战败,被迫割地赔款,普鲁士则实现了德国的统一。法国不甘受辱,积极重振军备,企图重当欧洲大陆霸主。德法矛盾成了欧洲大陆国际关系中的主要矛盾。1879年10月,德国与奥地利签订了同盟协定。主要内容是:缔约一方受到俄国进攻时,两国应以全部军事力量相互支持,不得单独媾和;如果一方遭到别的一个国家进攻,则另一方保持善意中立。1882年5月,德、奥、意三国签订同盟条约。主要内容是:缔约国不参加反对它们中任何一国的同盟或协定;如果法国进攻意大利,其他两国应给予意大利军事援助;若法国进攻德国,意大利也有同样义务;缔约国中的一国同其他任何一国发生战争时,其他两国要保持善意中立;如果一国遭到两个大国进攻,则缔约国中其他两国应给予军事援助。

1892—1894年,法俄两国也形成了类似军事同盟协定。在19世纪一个时期,英国实行不结盟的所谓

"光荣孤立"政策。1902年英国放弃了这一政策，签订了《英日同盟条约》。法俄协约形成后，英国由于与德国的矛盾上升，于1904年和1907年分别签订了《英法协定》和《英俄协定》，协调了英法、英俄在世界各地殖民地和势力范围争夺中的矛盾和分歧。这样英、法、俄结成同盟，称作"三国协约"。

欧洲两大军事集团的形成为世界大战爆发做好了准备。20世纪初，不断出现具有列强争霸背景的地区性危机，如两次摩洛哥危机（1905—1906年，1911—1912年）和两次巴尔干战争（1912—1913年）；还发生了意土战争（1911—1912年）。列强离世界大战越来越近了。

6 巴黎公社与第一国际、第二国际

19世纪下半叶是世界资本主义快速发展的时期，自由资本主义实现了向垄断资本主义的过渡，帝国主义形成。同时，随着工人队伍的壮大和工人运动的发展，这个时期也是国际共产主义运动蓬勃发展的时期，诞生了第一国际，爆发了巴黎公社革命，成立了第二国际，在世界事务中产生了重要影响。

1864年9月28日，英、法、德、意、波等国的工人代表在伦敦举行国际工人会议，抗议俄国对波兰人民起义的镇压，会议决定成立国际工人组织，并选举了领导机构。10 月，正式定名为国际工人协会，即第一国际，这是世界无产阶级第一个国际联合组织。马克思和恩格斯参加了协会的领导工作；马克思起草了第一国际纲领性文件《国际工人协会成立宣言》和《国际工人协会临时章程》。

第一国际存在十多年，积极开展各种活动。一是促进各国工人运动的发展，如组织和支持工人罢工；二是支持被压迫民族解放斗争，如支援波兰和爱尔兰争取民族独立的斗争；三是号召各国工人阶级学习《资本论》。第一国际在确立了马克思主义领导地位的同时，开展了与普鲁东主义、工联主义、巴枯宁主义等非马克思主义的斗争。第一国际的活动推动了世界工人阶级的联合斗争，促进了巴黎公社革命的爆发。巴黎公社失败后，第一国际生存环境恶化，被迫把总委员会驻地迁往美国纽约，并于 1876 年被解散。

1871 年 3 月 18 日，巴黎工人发动革命。革命的爆发是法国乃至欧洲工人运动发展的结果，普法战争中法国战败则是导火线。起义胜利后，巴黎人民建立了世界上第一个无产阶级政权——巴黎公社。巴黎公社采取了以下革命举措。第一，废除资产阶级议会制，成立新国家机关——巴黎公社。第二，取消征兵制，废除常备军，建立人民武装——国民自卫队。第三，镇压反革命，如逮捕忠于凡尔赛政府的官员、军警和反革命分子。第四，颁布政教分离法令。第五，防止国家机关工作人员由社会公仆变为社会主人。一是对公职人员一律实行选举制和撤换制；二是取消高薪制，规定任何工作人员年薪不超过 6000 法郎，相当于一个熟练工人一年的工资。第六，积极组织和恢复生产，采取保护人民群众利益的政策，如实行 10 小时工作制，征用逃亡地主、官僚和资本家的房子，分配给贫民。第七，发展教育和文化事业。例如，规定小学实行免费义务教育。第八，实行男女平等的社会政策。第九，实行无产阶级国际主义与和平对外政策。

法国资产阶级梯也尔政府与入侵的普鲁士军队相勾结，共同镇压了巴黎公社。5 月 27 日，最后一批 200 名巴黎公社战士与 5000 名凡尔赛士兵展开肉搏，大部分壮烈牺牲，被俘者全部被枪杀于拉雪兹神父公墓的一堵墙下，这堵墙被称为"公社社员墙"。在白色恐怖中，巴黎公社战士一共有 3 万人遭到屠杀，5 万多人被逮捕。马克思起草了《法兰西内战》，总结了巴黎公社的经验教训。

巴黎公社的失败是对世界工人运动的一个沉重打击，是国际共产主义运动遭受的重大挫折。19 世纪七八十年代，世界工人队伍特别是欧美国家工人队伍不断壮大，工人运动重新高涨，马克思主义在工人运动中的影响也不断扩大，工人政党和团体在欧美各国普遍建立起来了，成立新的无产阶级国际组织的条件日益成熟。1889年7月14日，法国大革命100周年纪念日，国际社会主义代表大会在巴黎隆重召开。会场高悬标语："全世界无产者，联合起来！""从政治上和经济上剥夺资本家阶级，实行生产资料社会化！"这次大会标志着第二国际的诞生。

第二国际积极开展反对资本主义和帝国主义的斗争。例如，领导和发动工人阶级，举行游行示威和罢工，开展经济斗争和政治斗争，领导和组织妇女解放运动，维护工人阶级的利益；以发表宣言和通过决定等形式，开展反对帝国主义的斗争，如1912年11月第二国际代表大会通过了《关于国际局势和反对战争的统一行动宣言》，号召用一切手段反对帝国主义战争。

但是，第二国际在组织上比较松散，在成分上比较复杂，除各国社会主义政党外，参加第二国际的也有无政府主义、改良主义和机会主义的工人组织。因此，第二国际内部斗争十分激烈，特别是与伯恩斯坦的修正主义的斗争。1899年伯恩斯坦出版了他的代表作《社会主义的前提和社会民主党的任务》。他反对革命，主张改良，促使资本主义自然地"和平长入社会主义"；主张放弃共产主义的奋斗目标，认为"社会主义的最终目的是微不足道的，运动就是一切"。伯恩斯坦的修正主义对第二国际产生了很大的消极影响，修正主义在第二国际中逐渐占据了主导地位。第一次世界大战爆发后，第二国际大多数党支持本国政府参加帝国主义战争。这样，第二国际实际上陷入了破产。

7 列宁主义

列宁（1870—1924年）是马克思、恩格斯之后伟大的无产阶级革命导师，是苏联共产党和苏维埃社会主义共和国联盟的创始人。列宁少年时生活在伏尔加河流域，目睹俄国人民群众悲惨的生活处境。他的哥哥亚历山大因参加反对沙皇的革命活动，被判处死刑。列宁在喀山大学读书时，参加革命小组，学习和宣传马克思主义；后因参加学生运动被捕并遭

图51 列宁

流放。因从事革命活动，1895年列宁再次被捕入狱，并于1897年流放到西伯利亚，直到1900年。列宁很早就认真研究了马克思和恩格斯的著作，并积极传播马克思主义。列宁掌握了几门外语，还自己把德文版《共产党宣言》译成俄文。列宁在领导俄国革命实践活动中，坚持马克思主义和俄国革命实际相结合，深入研究了资本主义发展到帝国主义阶段的规律，创造性地运用和发展了马克思主义，形成了列宁主义。列宁主义是帝国主义和无产阶级革命时代的马克思主义。

列宁分析了帝国主义的本质和特征，认为帝国主义是资本主义的最高阶段，是垄断的、腐朽的、垂死的资本主义，是无产阶级革命的前夜。列宁认为无产阶级要取得革命胜利，必须建立一个集中统一的政党；这个党是无产阶级的先锋队，是工人阶级组织的最高形式，必须以马克思主义理论为指导；党员除承认党纲和在物质上帮助党外，还必须参加党的一个组织；党内要实行民主集中制。无产阶级通过革命斗争，武装夺取政权。无产阶级要坚持国际主义的原则。第一次世界大战爆发后，列宁提出各国无产阶级不能支持本国政府的帝国主义战争，而要变帝国主义战争为国内战争，发动革命，夺取政权，建立无产阶级专政，建设社会主义国家。在民族和殖民地问题上，列宁主张各民族完全平等，各民族有自决权，支持被压迫民族的解放斗争。

列宁发展了马克思主义，特别是提出了社会主义"一国胜利论"。马克思和恩格斯认为，无产阶级革命只有同时在几个先进的资本主义国家爆发，才能取得胜利。列宁根据帝国主义和世界工人运动发展的新形势，认为在帝国主义链条的"薄弱环节"，无产阶级革命有可能取得胜利，首先在少数甚至单个资本主义国家获得胜利。俄国正是当时帝国主义链条中的"薄弱环节"。列宁的社会主义"一国胜利论"激发了广大无产阶级的革命主动性和首创精神，为俄国十月革命的胜利打下了理论基础，为后来苏联社会主义建设实践和取得伟大成就打下了理论基础，也为经济文化比较落后的国家进行社会主义革命提供了理论指导。

8 亚非拉民族觉醒与反帝反封建斗争

亚洲曾经长期处于世界发展领先地位。到近代，欧洲迅速兴起。20世纪初，整个亚洲除个别国家外，大都沦为西方列强的殖民地或半殖民地。殖民主义、帝国主义的压迫和落后腐朽的封建专制主义，严重阻碍了亚洲国家的发展，使广大人民群众遭受深重的苦难。为了救亡图存，亚洲人民必须开展反对帝国主义、封建主义的斗争，19世纪末20世纪初掀起了斗争高潮。

19世纪末20世纪初，印度掀起了反对英国殖民统治的民族主义运动高潮。1885年12月，印度国大党成立，成为印度民族主义力量的聚合点。印度资产阶级民族运动领导人提拉克在1895年提出了司瓦拉吉纲领，司瓦拉吉意为独立或自主。提拉克主张采取一切形式的斗争，以实现印度独立。1906年，国大党通过了要求印度自治的决议。在国大党领导下，印度掀起了反对英国殖民统治的斗争高潮。英国殖民当局采取"分而治之"手法，破坏印度民族主义阵营的团结。1906年英国支持成立了穆斯林联盟，弱化了国大党对印度民族主义运动的领导。英国人又拉拢国大党内部的温和派，将激进派开除出国大党。1908年6月23日，提拉克被逮捕，印度民族主义运动暂时转入低潮。

1905年12月，伊朗爆发了资产阶级革命。德黑兰群众举行抗议示威，要求改革，召开国会，得到全国各地响应。为了维持岌岌可危的统治，国王于1906年8月签署了召集国会的敕令；接着进行国会选举，召开第一届国会，颁布宪法。1907年，伊朗人民在北部地区建立了自己的政权机关和革命武装，得到全国响应。伊朗革命遭到英俄的干涉。1911年秋，英俄两国决定公开镇压伊朗革命，从南北两个方向向革命力量发起进攻。伊朗的反革命集团趁机在德黑兰发动政变，占领了国会大厦，解散国会，大规模屠杀革命者。卡扎尔王朝恢复了专制统治。

奥斯曼帝国也于1908—1909年发生了资产阶级革命。1908年7月，"青年土耳其党"在马其顿发动起义，得到士兵和当地人民的支持，接着向首都伊斯坦布尔进军。哈米德二世被迫于7月24日下诏恢复1876年宪法，召开国会。1908年年底，新国会开幕，青年土耳其党获得多数席位。1909年4月，哈米德二世被废黜，穆罕默德·雷夏德成为新素丹；青年土耳其党控制政权。奥斯曼帝国实行亲德政策，并在第一次世界大战中加入了德奥同盟国集团作战。

中国人民也掀起了反对帝国主义和封建主义的斗争高潮。1900年，八国联军入侵中国，义和团运动掀起了波澜壮阔、可歌可泣的反帝斗争，沉重地打击了帝国主义侵略者，粉碎了列强瓜分中国的图谋。中国人民的坚决反抗使八国联军头目瓦德西认识到："故瓜分一事，实为下策。"1905年，中国同盟会在日本成立，其纲领是以建立民族民主国家为核心的"驱除鞑虏，恢复中华，建立民国，平均地权"。11月，孙中山在《民报》发刊词上把它理论化为民族、民权、民生的"三民主义"。1911年10月10日，武昌起义，辛亥革命爆发，得到全国响应，腐朽的清王朝迅即崩溃。1911 年年底，孙中山从海外回到上海，已宣布"独立"的各省代表在南京开会，选举孙中山为临时大总统。1912 年 1 月 1 日，孙中山在南京宣誓就职，改国号为中华民国，成立中华民国临时政府，通过了一系列有利于民主政治和资本主义发展的政策和法令。1912 年 3 月 10 日，手握兵权并获得帝国主义国家支持的袁世凯在北京就任中华民国临时大总统。3 月 11 日，孙中山在南京颁布了《中华民国临时约法》，希望用法律形式把资产阶级民主共和国确定下来。4 月 1 日，孙中山自行解除大总统职务；临时参议院、内阁随即北迁。大地主大买办阶级窃取了革命果实，掌握了政权，中国近代史进入北洋军阀的反动统治时期。

发生在亚洲的反帝反封建革命运动在亚洲乃至世界历史上都具有重大的意义，是亚洲民族解放运动取得胜利的前奏。1896 年被西班牙殖民当局杀害的菲律宾反殖斗争知识分子何塞·黎萨尔在就义前写道："方见天际破晓，我即与世长辞，朦胧夜色已尽，光明白日将至。"亚洲的反帝反封建斗争与欧美无产阶级革命斗争相互激荡。

19 世纪下半叶和 20 世纪初，随着工人运动的发展，欧美国家诞生了一系列社会民主党。起初无产阶级政党大多用社会民主党这个名称，但社会民主党在发展进程中受到修正主义影响，逐渐发生变化，放弃了马克思主义，而以民主社会主义作为指导思想。坚持马克思主义指导的力量从社会民主党中分离出来，组成共产党。社会民主党逐渐演变成了资产阶级性质的政党。第一次世界大战结束后，在西方国家中，工党、社会党、民主党等成了主张民主社会主义的政党。民主社会主义在指导思想上放弃马克思主义；在经济上主张私有制主体地位；在政治上主张多党轮流执政；反对革命，主张对资本主义制度进行改良。社会民主党在一定程度上为下层群众谋取利益，也获得了许多工人的支持，但社会民主党总体上是维护资本主义制度的。

19世纪末20世纪初，帝国主义形成，世界历史发展进入了帝国主义和无产阶级革命的时代。帝国主义把世界分成两个部分：压迫民族和被压迫民族。在经济关系上，帝国主义国家使经济落后的国家和地区处于受剥削、受控制的依附地位。

十　两次世界大战与
　　世界格局的变化

　　人类社会几千年文明发展，伴随着不断发生的大大小小的战争。这一现象到近现代并没有发生改变。相反，随着资本主义先进国家在世界范围内的殖民扩张以及相互争霸斗争，战争持续不断。例如，在17世纪，英国同殖民地的人民和其他殖民国家发生过29次战争；在18世纪，发生过119次战争；19世纪，发生过46次战争。弱肉强食成为帝国主义者的行事准则；战争是他们争夺利益、解决争端的惯用手段。而且，随着军事技术的提高，国家动员能力的加强，战争规模变得更大，更加具有国际性、破坏性。20世纪初，已形成了相互对峙的帝国主义国家集团。这是爆发世界大战的前提条件，是资本主义发展到一定阶段的产物。

1　第一次世界大战

进入 20 世纪，欧洲战云密布。奥匈帝国为了向塞尔维亚炫耀武力，决定在邻近塞尔维亚边境地区举行军事演习，把塞尔维亚当作假想敌。这一行动引起了塞尔维亚民族主义者不满，他们策划刺杀奥匈帝国皇储弗兰茨·费迪南。1914 年 6 月 28 日，在属于奥匈帝国的波斯尼亚首府萨拉热窝，费迪南夫妇参加军事检阅，被出生于波斯尼亚的塞尔维亚族青年普林西普枪杀。这一事件成为第一次世界大战的导火索。

7 月 26 日，奥匈帝国在德国的支持下对塞尔维亚宣战。俄国一向以斯拉夫东正教小国的保护者自居，不能容忍奥匈帝国对塞尔维亚的进攻，7 月 30 日开始总动员，并得到法国声援。7 月 31 日，德国向俄法两国同时发出最后通牒，遭到拒绝后，于 8 月 1 日向俄国宣战，8 月 3 日向法国宣战。8 月 4 日，德国侵入比利时，英国对德宣战，英帝国的自治领加拿大、澳大利亚、新西兰等也加入了战争。奥斯曼帝国加入了德奥一方参战；日本加入了协约国一方参战；其他一些国家后来也加入了战争，中国于 1917 年加入协约国一方。

第一次世界大战的战场主要在欧洲，欧洲战场主要有四条战线。西线：英、法、比军队与德军对抗；东线：俄军与奥匈帝国、德国军队对抗；巴尔干战线：主要是塞尔维亚、罗马尼亚、希腊的军队与奥匈帝国和保加利亚的军队对抗；意大利战线：意大利军队在英法军队支持下对抗奥匈帝国军队。此外，还有近东战线，主要是英国军队与奥斯曼帝国军队作战；在高加索战线，俄军对奥斯曼帝国军队作战。其中西线和东线是主要战线，西线具有决定性作用。

1914年战争开始后，德国集中优势兵力于西线。9月，爆发了马恩河战役，英法军队取得胜利，德军被迫后撤。这次战役宣告德国短时期内打败法国的计划破产。西线战争逐渐转入僵持的阵地战。在东线，德国军队击败了俄国军队，俄军退出东普鲁士。但俄军在加利西亚战役中重创奥匈帝国的军队，迫使其退守喀尔巴阡山脉一线。

1915年，德军把主攻方向转向东线，企图首先打败俄国，迫其媾和，以摆脱两线作战困境。在果尔利策战役中，德国和奥匈帝国军队突破俄军防线，俄国西南方面军全线溃败，后撤100多公里。5月，意大利对奥匈帝国宣战；9月，保加利亚加入德奥集团，对塞尔维亚用兵。

1916年是决定性的一年，在西线和东线爆发了三大战役。1916 年 2 月，德国用 50 个师的兵力向凡尔登一带发动进攻，法军及时增援，稳住了防线。12 月战役结束，战线回到原地。为减轻凡尔登方面的压力，1916 年 6 月 24 日，英法军队发起了索姆河战役。这是第一次世界大战中最大的一次战役，地点在法国北部，是一场阵地战、消耗战。德国在战役之前做好了充分准备。在坚实的白垩土中精心构筑了分隔开来的地下坑道网，深度有 12 米。这些堡垒包括厨房、洗衣房、急救站等设施，以及庞大的弹药储备；用柴油发电机为堡垒提供电力。即使最沉重的轰击，也不能打穿地下掩体，阵地易守难攻。7 月 1 日，英军离开堑壕，发起冲锋，结果到日落时 6 万多死伤的英军遍布德军堑壕之前。在这次战役中，英军后来使用了新式武器——坦克。这场战役 11 月结束，英法军队没有实现突破德军阵线的预期目标。英军损失 40 万人，法军损失 20 万人，德军损失约 55 万人。

　　1917 年德军在各条战线基本上处于守势，加强和完善在西线的防御阵地，对英国进行海上封锁。1917 年 2 月，德国发起了无限制潜艇战，事先不发出警告，就可击沉任何开往英国水域的商船。这一战术威胁到美国船队，损害了美国利益。1917 年 4 月 6 日，美国对德宣战。美国参战立即显示出强大的战争潜力。

图52　英军在索姆河战役中首次使用坦克

1917年，俄国爆发了二月革命和十月革命。十月革命爆发后的第二天，俄国向所有交战国提出休战建议，并宣布俄国退出战争。进入1918年，由于美军参战，协约国优势明显，组织反攻，德军节节败退。1918年11月11日，德国被迫签订停战协定，第一次世界大战结束。

这场战争是人类的浩劫，动员人力总共达6500万人，直接消耗军费1860亿美元，海陆财产损失和其他间接损失为2500亿美元；军人死亡900万人，伤2200万人，其中700万人为终生残疾；数千万平民死于战火、疾病和战争引起的贫困。1917年中国加入协约国参战后，向欧洲战场派出了10多万名劳工，不少劳工死于战场。

第一次世界大战实质上是两大帝国主义集团的非正义战争。战争使欧洲列强严重削弱，美日两国利用战争之机增强了自己的力量。战争引起了一系列革命，也促进了民族解放运动新高潮的到来。

2 十月革命

由于第一次世界大战中的失利和国内矛盾的激化，1917年2月俄国爆发了"二月革命"，推翻了沙皇专制制度。俄国出现了资产阶级临时政府和工兵代表苏维埃并存的局面。1917年4月，列宁回国，在党的会议上作了著名的报告《四月提纲》，即《论无产阶级在这次革命中的任务》。列宁指出，革命的根本问题是政权问题；现在资产阶级民主革命已基本完成，党的任务是使政权转到无产阶级和贫苦农民手中。

6月16日，全俄工兵代表苏维埃第一次大会在彼得格勒召开。会上布尔什维克党仍居少数，会议被机会主义派别孟什维克控制，通过了支持临时政府的决议。7月17日，首都工人举行示威，高举"全部政权归苏维埃"的标语，遭到临时政府镇压。七月事件后，布尔什维克党有序地转入地下。1917年8月，布尔什维克党在彼得格勒举行第六次全国代表会议，选举了以列宁为首的中央委员会，做出了关于武装起义的决定。1917年11月6日，举行武装起义；11月7日（俄历10月25日）上午，整个首都（圣彼得堡）几乎全部落到起义者手中，冬宫被占领，临时政府被推翻，十月革命取得胜利。接下来的一系列斗争，巩固了十月革命的胜利果实。

十月革命是帝国主义和无产阶级革命时代的划时代事件，具有伟大的历史意义。第一，把马克思主义关于无产阶级革命的理论变成了现实，开启了无产阶级革命的新时代；第二，建立了世界上第一个社会主义国家，开辟了人类历史的新纪元；第三，沉重打击了帝国主义，鼓舞了资本主义国家的革命运动；第四，激励了殖民地半殖民地的民族民主革命运动，开始了世界民族解放运动的新阶段；第五，促进了马克思列宁主义的传播和一大批无产阶级政党的建立。

十月革命的胜利引起了帝国主义国家的恐慌。协约国勾结和支持俄国反动势力，1918年3月开始武装干涉苏俄，英国、美国、日本等10多个国家派军队进占苏俄沿海地区。俄国人民在列宁的领导下，开展了艰苦的反对国外武装干涉和国内反革命叛乱的斗争，红军力量不断壮大，到 1920 年粉碎了国内外敌人的进攻，保卫了新生的苏维埃共和国。1922 年 10 月，外国武装干涉力量被全部逐出苏俄领土。十月革命后，苏俄成为人类历史上第一个社会主义国家，开始了社会主义建设的伟大实践。

3　巴黎和会与凡尔赛体系

巴黎和会是结束第一次世界大战的会议。这次会议是在欧洲处于革命高潮的情势下召开的，作为战胜国的与会列强，一方面要商讨如何处置战败国，另一方面要防止革命浪潮在欧洲蔓延，还要考虑如何对付新生的社会主义苏俄。在巴黎和会上唱主角的几个大国是英、法、美、意、日，苏俄没有参加和会，德国是战败国，只有听候列强处置。

1919 年 1 月 18 日，巴黎和会在凡尔赛宫召开。6 月 28 日签订了协约国对德和约《凡尔赛和约》；稍后还与奥地利签订了《圣日耳曼条约》，与匈牙利签订了《特里亚农条约》，与保加利亚签订了《纳伊条约》，与土耳其（奥斯曼帝国解体后，只剩下其"中心部位"土耳其了）签订了《色佛尔条约》。这些条约合称为"巴黎和平条约"，其中以《凡尔赛和约》最为重要和著名。

图 53　巴黎和会"四巨头"

《凡尔赛和约》的主要内容有：德国割让阿尔萨斯和洛林给法国；承认波兰、捷克斯洛伐克独立；萨尔煤矿区由法国开采 15 年，其行政权由国际联盟代管 15 年，再由公民投票决定归属；德国与奥地利不得合并；禁止德国实行义务兵役制；德国陆军被限制在 10 万人以下；莱茵河左岸的领土由协约国军队占领 15 年，右岸 50 公里以内为不设防区。和约还剥夺了德国全部海外殖民地，由主要的战胜国以"委任统治"形式瓜分。根据国际联盟盟约，太平洋德属领地分别被英日等国瓜分；非洲的多哥和喀麦隆由英法瓜分；德属东非的坦噶尼喀归英国；卢旺达—乌隆迪归比利时。奥斯曼帝国的部分领土为国联委任统治地，其中伊拉克、约旦、巴勒斯坦为英国的委任统治地，叙利亚、黎巴嫩为法国的委任统治地。协约国赔偿委员会决定，德国共需赔偿1320亿金马克。

总体上，巴黎和会是一次帝国主义列强的分赃会议。中国是战胜国之一，派代表参加了会议，但列强不顾中国反对，将德国在中国山东攫取的侵略权益转交给了日本，而不归还中国。这激起了中国人民的极大愤慨，成为五四爱国运动爆发的导火索。迫于压力，中国代表拒绝在和约上签字。

国际联盟盟约是《凡尔赛和约》的一部分。根据这一盟约，成立了国际联盟。国联标榜促进国际合作，维护国际和平与安全，但实际上是英法等资本主义大国争夺霸权的工具。美国没有参加国联；苏联被长期拒之门外；日、德、意相继退出。国际联盟对维护国际和平实际上没有发挥多少作用。联合国成立后，国际联盟宣布解散。

通过巴黎和会，列强在欧洲、近东和非洲建立了战后资本主义世界秩序——凡尔赛体系。巴黎和会对战败国极为苛刻，必然导致战败国与战胜国之间矛盾加剧。在建立凡尔赛体系过程中，帝国主义国家最初企图消灭苏俄，继而企图孤立苏俄，把凡尔赛体系变成了反苏、反共的工具。巴黎和会后，由于美国参议院拒绝批准《凡尔赛和约》，美国未加入国际联盟。因此，战胜国通过对战败国缔结和约的方式建立新秩序的企图未能完成。列强在远东和太平洋地区的矛盾也没有解决。

4 华盛顿体系

第一次世界大战之前，亚太地区的霸权角逐者有：英、法、俄、德、美、日等国。战后，美日矛盾最为突出；英日之间也有矛盾，但仍保持着同盟关系。为了协调大国关系，1921年11月，美、英、日、中、法、意、比、荷、葡九国在华盛顿开会。12月，美、日、英、法签订了《关于太平洋岛屿属地和领地的条约》，简称《四国条约》，缔约各国同意相互尊重它们在太平洋区域内岛屿属地和领地的权利；英日同盟终止，取而代之的是四国同盟。1922年2月，美、英、法、意、日签订了关于限制海军军备的条约，称为《五国海军条约》。条约承认了美英海军力量对等原则，标志着英国海上霸权结束，并使日本扩军计划受到一定限制。条约规定，五国主力舰总吨位的限额是：英、美各52.5万吨，日本31.5万吨，法意各17.5万吨，就是一般说的5∶5∶3∶1.75∶1.75的比例；主力舰排水量不得超过

3.5万吨，舰炮口径不得超过16英寸；各国航空母舰总吨位的限额是：英美各为13.5万吨，日本8.1万吨，法意各为6万吨。

1922年2月，中日签订了《解决山东问题悬案条约》，中国在山东的主权得到一定恢复。1922年2月，与会国签订了《九国公约》，核心是列强确认并同意把"门户开放""机会均等"作为它们共同侵略中国的原则，但这对日本独占中国的野心是一个限制。

华盛顿会议是巴黎和会的继续，它在承认美国在远东和太平洋地区占有相对优势的基础上，建立了战后帝国主义列强在亚太地区的国际关系构架。这样，第一次世界大战后形成了"凡尔赛—华盛顿体系"。国际联盟是这个体系的重要组成部分。1920年1月《凡尔赛和约》生效，国际联盟正式成立。国际联盟作为凡尔赛—华盛顿体系的有机组成部分，是列强战后构建国际政治经济新秩序的工具。

5　第一次世界大战结束后初年世界形势的变化

第一次世界大战和巴黎和会导致世界版图与国际格局变化。德国战败，被迫割地赔款，国力大为削弱；奥匈帝国解体，除了奥地利、匈牙利单独成立国家外，中欧地区还形成了新国家——捷克斯洛伐克，部分地区成为波兰、南斯拉夫、罗马尼亚等国的领土。第一次世界大战也促使奥斯曼帝国最终解体。在整个 19 世纪，奥斯曼帝国处于衰落之中，帝国内一些地区相继获得独立或被他国占领。例如，希腊在 19 世纪 30 年代独立；1877—1878 年的俄土战争确立了塞尔维亚、罗马尼亚、保加利亚的独立地位，波斯尼亚被奥匈帝国占领，塞浦路斯被英国占领；19 世纪末期，英国占领埃及和苏丹；1830—1912 年，奥斯曼帝国在北非的省份尽失，阿尔及利亚在 1830 年被法国占领，突尼斯于 1881 年被法国占领，利比亚于 1912 年被意大利占领。巴黎和会后，帝国的部分地区又成为英法两国的委任统治地。经过第一次世界大战，奥斯曼帝国就完全变成为土耳其了。

英、法、意等国虽然是战胜国，但国力严重削弱；欧洲之外的美国和日本经过第一次世界大战，国力上升。这样，在世界格局中，欧洲地位下降，美日地位上升。第一次世界大战后国际形势最大的变化是苏联的诞生，帝国主义的沙皇俄国变成了社会主义的苏联。

十月革命促进了国际共产主义运动的发展。为了联合各国共产主义组织，在列宁和布尔什维克党的努力下，1919 年 3 月在莫斯科召开了国际共产主义代表大会，参加大会的有来自欧洲、美洲和亚洲的 21 个国家

35个政党的代表。这就是共产国际（第三国际）的成立大会，大会通过了《共产国际行动纲领》《共产国际宣言》《告世界各国工人书》《关于组织问题的决议》等重要文件。共产国际的任务是：宣传马克思主义，团结各国工人阶级和劳动群众，为推翻帝国主义和资本主义的统治、建立无产阶级专政、消灭剥削制度而斗争。共产国际的总部设在莫斯科，参加共产国际的各国共产党都是其支部。社会主义国家的诞生和共产国际的成立极大地推动了国际共产主义运动的发展。

战后初年，资本主义大国出现了重要经济和政治发展变化。第一次世界大战期间，广大工人群众包括许多妇女参加了战争，这为战后他们赢得政治权利打下了一定的基础。加上十月革命的影响，战后欧美国家选举制度得到了发展，特别是选举权得到扩大，陆续向普选制迈进。例如，英国在1918年规定21岁的男子和30岁的女子有选举权；德国在1919年宣布男女公民都有选举权；美国在1920年第一次给予妇女选举权。选举权的扩大成了欧美国家的普遍现象。工人运动得到新发展，工人阶级的权利有所加强。英国工党第一次成为执政党。广大殖民地半殖民地被卷入战争，为协约国取得胜利做出了贡献。这也有利于战后殖民地半殖民地民族解放运动的发展。

6　两次世界大战之间的亚非拉民族解放运动

第一次世界大战后,英法两国通过委任统治形式获得了大片海外领土,采取了加强殖民开发与掠夺的举措。一方面要应对殖民地民族解放运动,另一方面要加强殖民地的开发和利用,以促进自身经济的发展。例如,1929年英国通过了《殖民地发展法》,规定每年英国将提供100万英镑,"援助和发展殖民地的农业和工业,同时促进英国的工业和商业"。

第一次世界大战和十月革命促进了世界范围内的民族解放运动。一些殖民地半殖民地成立了共产主义性质的组织。例如,印度1920年成立了共产主义小组;1920年中国也成立了共产党早期组织,1921年中国共产党成立。有的亚非国家也成立了新的民族主义政党和组织,如埃及的华夫脱党。新政党的诞生使民族解放运动有了新生的领导力量。

战后,广大殖民地半殖民地爆发了广泛的反殖反帝斗争。例如,1919年3月1日,朝鲜爆发了反抗日本殖民统治的起义,30万名群众举行游行示威,高呼"朝鲜独立万岁""日本人和日本军队滚出朝鲜"等口号。日本占领军对示威群众进行血腥镇压,激怒了朝鲜人民，反日示威立即转为武装起义。起义被日本殖民主义者残酷镇压。"三·一起义"是朝鲜历史乃至世界历史上的一次声势浩大的反殖斗争。中国爆发了1919年的反帝反封建的五四爱国运动和一系列的反动帝国主义的斗争。在印度，国大党发动了影响深远的非暴力不合作运动。为反对英国殖民当局的残酷高压政策，国大党于1919年4月6日举行总罢工，各地爆发了大规模的游行示威和罢工活动，有些地区还发生了武装冲突。1919年，阿富汗取得了反对英国入侵的胜利，迫使英国承认阿富汗独立。1919年埃及爆发了反对英国占领的武装起义，1922年2月迫使英国宣布埃及独立，放弃了对埃及的"保护"。与此同时，在叙利亚、黎巴嫩、伊拉克也掀起了反对法英占领的斗争；从1920年下半年起，叙利亚和黎巴嫩各地的反法斗争不断发生。1925年，叙利亚和黎巴嫩人民爆发了民族大起义，反对法国委任统治。法国政府增调大军镇压，1927年7月起义被镇压下去。1921—1926年，摩洛哥里夫地区爆发了反对西班牙和法国殖民统治的起义，一度成立了里夫共和国。在东南亚，1926—1927年，印度尼西亚爆发了反抗荷兰殖民统治的起义。1930—1931年，越南掀起了反抗法国殖民统治的斗争高潮。

两次世界大战之间，民族解放运动既有蓬勃发展和取得进展的一面，也有受到挫折的一面。有些地区如埃及和伊拉克在反抗殖民主义斗争中虽然取得了成就，但仍被殖民国家强加了不平等条约。这表明帝国主义在这一阶段还有相当大的力量镇压殖民地半殖民地的民族解放运动。这个时期法西斯帝国主义国家在亚非地区进行了疯狂的侵略。1935年10月，意大利法西斯主义者调动几十万大军入侵埃塞俄比亚，并于1936年5月吞并埃塞俄比亚。在东方，日本在1931年发动了"九一八"事变，随即侵占中国东北地区。1937年又制造了"七七"事变，发动全面侵华战争。

7　经济大危机（1929—1933年）

经济危机是资本主义制度的必然产物。自1825年英国爆发第一次经济危机后，资本主义国家不断发生周期性的经济危机。最大的一次危机发生在1929年，一直延续到1933年，席卷资本主义国家。经济危机是由资本主义社会基本矛盾所决定的，即资本主义制度下的生产社会化与生产资料私人占有之间的矛盾。

这次危机首先在美国爆发。1929年10月24日，美国纽约股票市场出现抛售股票的浪潮，一天内抛出了1280万股，而平常股票交易量每天约二三百万股。

这一天被称为"黑色星期四"。此后一个月内股票价格下跌了40%；1929—1932年，纽约股票交易所的55家的股票价格由252美元下降到61美元。工业生产总值和国民收入暴跌。到1933年商品贸易下降了三分之一。

图54　1929年"黑色星期四"的华尔街

这次经济危机是世界性的，资本主义世界工业生产缩减了36%，世界贸易额减少近三分之二。危机导致大量失业。在危机期间，美国失业人口估计为1400多万，约占全部劳动力的四分之一；英国失业人口近300万，占劳动力的五分之一至四分之一；德国的失业人口达到600万。全球失业工人达3000多万，几百万小农破产，上万家银行倒闭。

经济危机导致多国相继筑起关税壁垒。1931年，美国对890种商品提高税额。这一行动立即引起连锁反应，多国采取报复性措施，筑起关税壁垒。危机也导致货币贬值。1931年9月，英国放弃了金本位制度，英镑贬值了三分之一。随后20多个国家放弃了金本位。1933年3月，美国也放弃了金本位，禁止黄金出口；1934年，美元贬值40%。世界上形成了英镑区、美元区等货币集团，世界经济体系被分割为对抗性的集团。

面对世界经济大危机，各国进行了政策调整，采取了多种应对措施。总的趋势是：利用国家权威，提高关税，增加出口，努力保证国内经济平衡；通过贷款等途径，援助主要经济部门增加生产；由政府出面，开建公共工程，提供就业机会；采取救济失业的措施。美国经济危机最为突出，采取的反危机措施也十分典型，称为"罗斯福新政"。

8　罗斯福新政

1929年经济危机爆发后，美国总统胡佛仍然坚信美国的经济制度是健全的，恪守自由放任政策，反对联邦政府大规模干预经济和实施救济政策，结果经济危机加深，失业人数和贫困人口剧增。许多人沦为乞丐，流落街头，蜷伏在用包装盒、破木板、破铁皮围成的棚子中；这样的棚户区被时人讥称为"胡佛村"。1933 年，富兰克林·罗斯福任美国总统，放弃了胡佛的自由放任主义政策，加强政府对经济活动的干预，采取了一系列新举措。

罗斯福新政的主要内容有：

1. 整顿银行与金融业。通过了加强银行管理的法案，加强银行整顿，规定联邦储蓄银行管理银行投资，使投资银行和商业银行分开，限制银行投机活动；成立证券交易委员会，加强管理，防止欺诈行为；放弃金本位制，使美元贬值，以便刺激出口。

2. 采取复兴工业的措施。通过了《国家工业复兴法》，规定各工业企业制定本行业公平经营规章，确定各企业的生产规模、价格水平、市场分配、工资标准和工作日时数等。成立了"全国复兴署"，协调国家、企业主、劳工的关系。凡是接受了法规的企业，一律印上"我们尽我们的职责"的蓝鹰标志，约 200 万名雇主接受了有关法规。

3. 大力兴建公共工程，增加就业，刺激消费，促进经济发展。根据工业复兴法，成立了公共工程署，兴建各种工程，如兴建立体交叉公路、体育馆、美术馆、医院等。最著名的是实施田纳西河工程，包括控制洪水泛滥、改良土壤、加强航运、建立水电站等。

4. 通过了农业调整法。缩减耕地面积，以控制生产过剩来增加农民收入；增收加工税，补贴减少耕地的农民的经济损失；保持农产品的平价，以政府补贴来维持农产品价格。

5. 加强社会保障体系建设。1935年8月，国会通过了社会保障法，对失业者、老人、残疾人给予一定的社会保障。

6. 加强救济工作，实施"以工代赈"。

《国家工业复兴法》实施期间遭到保守的雇主势力的反对。1935年5月，美国最高法院宣布该法违宪。为了改善劳工关系，罗斯福推动国会通过了《全国劳工关系法》，用以代替被废除的工业复兴法中的有关内容。该法规定，不公平地对待劳工的行为为非法，如解雇参加工会活动的工人，把他们列入黑名单，等等。1938年，又通过了新法案，规定了最低工资和最高工时；每周工作40小时，每小时工资不少于40美分。

1933—1939年的"罗斯福新政"取得了明显成效，运用政权的力量，加大经济干预力度，调整了经济政治体制中一些不适应现代资本主义经济运转的环节，帮助美国走出了经济危机，促进了经济发展，有利于改善劳工关系和社会稳定。罗斯福新政开启了现代资本主义发展的一种新模式，推动了新的资产阶级经济学理论——凯恩斯主义的形成。凯恩斯主义主张国家干预经济，反对自由放任，成为第二次世界大战后一个时期在资本主义国家占主导地位的经济学理论。

在各个资本主义大国发生严重的经济危机时，新生的社会主义苏联却正在顺利地实施"五年计划"，经济社会欣欣向荣，蓬勃发展。应该说苏联的成功也是罗斯福推行"新政"的一个刺激因素。

9　苏联社会主义建设成就

十月革命胜利后，苏俄政府立即宣布退出世界大战，并于1918年3月与德国签订了《布列斯特和约》。依约，苏俄丧失了100万平方公里领土，并付出巨额赔款，但和约为巩固十月革命的成果赢得了时间。德国战败后，苏俄即宣布废除该和约。苏俄接着进行了反抗外国武装干涉和国内反动势力的斗争。

1918年夏至1920年年底，苏维埃政权为了击退国内外反革命的武装进攻，实行了一些非常政策和举措，按照军事共产主义原则对产品的生产和分配进行调整，故被称为"战时共产主义"。主要政策有：实行余粮征收制；禁止私人自由贸易，实行配给制；实行工业的全部国有化，在经济领域推行总管理局制度；实行普遍义务劳动制度。1922年，正式成立苏联——苏维埃社会主义共和国联盟。

内战结束后，苏俄改行"新经济政策"。主要内容有：以粮食税代替余粮征收制；恢复私人自由贸易和发展商业；支持私人小企业的发展；实行租让制、租赁制、合作制、代购代销制；实行统一领导、分级管理的体制，扩大企业经营自主权，实行国营企业的经济核算制，废除平均主义的实物供给制。新经济政策的实施促进了苏联工农业的发展。

20年代末，苏联开始实施第一个五年计划（1929—1932年）和第二个五年计划（1933—1937年）。两个五年计划都提前半年多完成。第三个五年计划只实施了三年多，就被德国入侵所中断。五年计划的实施是苏联实现现代化的过程。先后建立起了拖拉机、汽车、航空、化工、机床制造等工业部门，建设了一批大型机器制造工厂、冶金工厂、发电站；在苏联东部地区建立起一批新工业基地；采矿、冶金、化工等部门的生产水平和发展速度大大提高，建立起了一定规模、结构齐全的军事工业综合体。同时，苏联还顺利地实行了农业集体化，成功地把分散落后的个体小农经济改造成了社会主义大集体经济。到 1937 年时，90% 多的农户参加了集体农庄。

图 55　建设中的第聂伯河水电站

五年计划的顺利实施使苏联面貌发生了巨大变化，取得了举世瞩目的成就。第一，极大地发展了社会生产力，实现了以重工业为中心的国家工业化，综合国力空前提高。"一五"计划期间，工业生产的年均增长率达到了 19.2%；"二五"计划期间工业生产年均增长率为 11.7%。两个五年计划期间整个工业生产提高了 3.5 倍，其中有 80% 的工业产品是由新建或改建的企业生产的。1929—1935 年，西方资本主义大国经历了严重的经济危机，而苏联工业却增长了 250%。1937 年，苏联工业生产水平上升为欧洲第一位、世界第二位,在世界工业总产值中的比重由1913年(沙俄时期)的2.6%上升为1937年的10%。

第二,人民物质生活和文化水平有了明显提高。"一五"计划结束时,全国已基本上消灭了失业现象。1940年全国职工实际工资比1913年增加了5倍。随着物质生活的改善,人民群众文化水平也有很大提高。在1920—1940年,全国共扫盲5000万人,中学生和大学生人数大幅增加。第二个五年计划结束时,苏联在培养大学专业人才方面从一个欧洲落后国家跃居为世界第一;1937—1938学年,苏联大学生人数超过英、德、法、意、日五国大学生人数的总和。这一点充分体现出社会主义制度的优越性,可以说是苏联走向强大的决定性因素之一。

第三,科学技术取得了巨大进步。科研队伍扩大,1932年苏联全国科学工作者有近五万人;建立起大型的国家实验设计研究中心,极大地推动了飞机制造和航空工业的发展;在分子物理学、晶体物理学、核物理学、化学肥料、合成橡胶等科学研究领域取得了显著成就。

斯大林领导苏联社会主义建设实践,创造了人类社会发展的奇迹,有力地展示了社会主义制度的优越性,提高了苏联国力和社会主义威望,也为在第二次世界大战中击败极度疯狂的德国法西斯打下了坚实的经济、政治和军事基础。当然，苏联在社会主义建设取得伟大成就的同时，也出现了一些问题，如发生了极"左"的大清洗事件，不少无辜者受到迫害，苏共党内出现了个人崇拜现象。

10　中国共产党的诞生与中国人民的革命斗争

中国自第一次鸦片战争开始沦为半殖民地，深受列强欺侮，中国人民遭受着帝国主义和封建主义双重压迫。中华民族的志士仁人不断寻求救国救民的真理，以改变中国半殖民地半封建社会的落后挨打状态。近代中国的革命与改良的历史告诉人们一切封建主义和资本主义的思想武器都不能真正解决中国的问题。十月革命一声炮响，给中国送来了马克思列宁主义。马克思主义在中国的传播是一场伟大的思想解放运动，是中国历史上前所未有的一场启蒙运动，使中国先进分子深刻认识到只有改造社会的经济基础才能改造社会，深刻认识到历史是由人民群众创造的，深刻认识到必须通过阶级斗争才能推翻旧社会、建立新国家，深刻认识到社会主义是世界发展的前途，并形成了只有社会主义才能救中国的思想认识。十月革命的胜利推进了国际共产主义运动，中国先进分子开始建立共产主义性质的组织。

在共产国际的推动下，1921年7月23日至8月初，中国共产党第一次代表大会在上海和浙江嘉兴南湖召开，大会通过了党的第一个纲领和第一个决议，宣告中国共产党成立。毛泽东、董必武、李达等13位代表出席了大会，共产国际的代表马林和尼克尔斯基列席了会议，大会选举陈独秀为书记。中国共产党的第一个党纲规定：以无产阶级革命军队推翻资产阶级，由劳动阶级重建国家，直到消灭阶级差别。

在共产国际的推动下，中国共产党与中国国民党实现了合作。1924年1月，孙中山领导下的改组后的国民党在广州召开一大，实施"联俄、联共、扶助农工"的政策，标志着国共合作正式形成。在苏联的支持和中国共产党的帮助下，孙中山创办了黄埔军校，为国共两党培养了大批军事人才。1925年3月，孙中山先生逝世。1926年7月，国共合作开始北伐，用半年时间就消灭了北洋军阀吴佩孚和孙传芳的势力，占领了长江流域大部分省。

但是，正当北伐战争顺利开展之际，1927年4月和7月，以蒋介石为首的国民党右派和以汪精卫为首的国民党"左派"先后背叛了孙中山制定的国共合作政策和反帝反封建纲领，对共产党人和革命群众进行大逮捕、大屠杀，国共合作发动的大革命失败。

中国共产党在血雨腥风中寻找中国革命的道路。大革命的失败使党认识到，必须建立自己独立领导的军队，枪杆子里面出政权。1927年8月1日，在周恩来等人的领导下，举行了南昌起义，打响了中国共产党武装反抗国民党反动派的第一枪。1927年9月，毛泽东等人领导发动了湘赣边界秋收起义。武装斗争的初步实践表明，中国革命不能走以进攻大城市方式夺取革命胜利的道路。南昌起义和秋收起义部队都被迫进行了转移。毛泽东在带领秋收起义部队转移到江西永兴三湾村时，对部队进行了改编，决定支部建立在连上，以确立党对军队的领导。

1927年10月，毛泽东带领部队进入井冈山，建立农村革命根据地，以保存和发展革命力量，开始走上了符合中国革命实践的农村包围城市、武装夺取政权的革命道路。这一革命道路的探索逐渐在党内形成共识，是中国共产党对马克思列宁主义的发展。1928年4月，参加南昌起义的一部分部队在朱德、陈毅的领导下，也经转战上了井冈山，与毛泽东领导的部队会师，并成立了工农革命军第四军，后改称红军第四军。在开展游击战争中，红军逐渐形成了十六字方针："敌进我退，敌驻我扰，敌疲我打，敌退我追。"

中国共产党在全国其他地区也领导了一系列武装起义，更多的革命根据地逐步建立起来了，如湘鄂西、鄂豫皖、海陆丰的根据地。到 1930 年夏，全国建立起了 10 多块根据地，分布在 10 多个省的边界地区或偏僻山区，红军发展到约 10 万人。在根据地，党开展了土地革命，主要是没收公地和地主的土地，分配给无地农民，实现"耕者有其田"。土地革命消灭了封建土地所有制，解放了根据地的生产力，激发了广大农民的革命热情。

在根据地建设发展过程中，党采取了不断加强党的建设和军队建设的举措，不断提高干部队伍和军队的素质，形成了"三大纪律八项注意"。古田会议更加明确了要用无产阶级思想加强党的建设和军队建设。

国民党反动派对革命根据地不断进攻，红军充分发挥游击战、运动战的特点，不断粉碎国民党军队的"进剿"、"会剿"和"围剿"，扩大了根据地，加强了红军力量。赣南、闽西根据地在取得第三次反"围剿"胜利后，中国共产党决定在中央根据地建立全国性的政权。1931 年 11 月，中华苏维埃第一次全国代表大会选举产生了中华苏维埃共和国临时中央政府。大会通过了《中华苏维埃共和国宪法大纲》《中华苏维埃共和国土地法令》《中华苏维埃共和国劳动法》《中华苏维埃共和国关于经济政策的决定》等文件。1931年11月27日，中央执行委员会第一次会议选举毛泽东为中央执行委员会主席，项英、张国焘为副主席；会议还选举毛泽东任人民委员会主席，项英、张国焘任副主席。临时中央政府设在江西瑞金。

在根据地，中国共产党不断加强红军建设，加强党的组织建设和思想建设，成立了各类红军学校，加强军事训练。红军形成了符合中国实际和战争规律的基本作战原则：依托根据地作战；实行战略退却，诱敌深入；集中兵力实行运动战、速决战、歼灭战。

1933年3月，中央根据地取得了反对国民党蒋介石第四次反"围剿"的胜利。

在反"围剿"的同时，中国共产党加强了根据地建设。成立了各级工农兵代表大会，实行选举制度，建立起精干的苏维埃政府；加强经济建设，大力发展农业生产，增加农业投入，组织农民开荒，兴修水利；建立公营的军需工厂和厂矿企业，鼓励发展个体手工业生产；加强与国民党统治区的贸易；同时，根据地的财政、金融、邮电、交通等事业也得到一定的建设和发展。这样，革命根据地形成了当时中国先进的新民主主义经济雏形。根据地的文化教育事业也得到了大力发展。创办了马克思共产主义学校，培养党、政、工会干部；还成立了列宁师范学校、列宁团校、中央农业学校，举办职业高级培训班等，培养各方面的干部和技术人才；为提高广大工农的文化水平，还建立了夜校、半日学校、实习学校、识字班、俱乐部等；创办了许多报纸杂志，如《红色中华》《青年实话》《斗争》《红星》等；成立了新闻通讯社、文艺团体等。

根据地采取各种措施，加强党的自身建设，培养出了大批能够艰苦奋斗、廉洁自律、带领群众克服困难、赢得群众拥戴的干部。根据地流行这样的民歌："苏区干部好作风，自带干粮去办公。日穿草鞋干革命，夜走山路访贫农。"

中国的革命根据地是在敌人不断围剿的艰苦环境下诞生和发展的，呈现出欣欣向荣、成就伟大事业的气派！

但是，这个时期中国共产党在革命实践中，也犯了错误，特别是临时中央在中央根据地实行了"左"倾教条主义，给中国革命带来了重大挫折。共产国际对中国革命给予了很大帮助和密切指导，为中国革命的开展做出了重要贡献。但中国共产党在土地革命期间的"左"倾错误，也是与共产国际脱离中国实际的指示精神分不开的，党内一些同志不顾中国革命的具体实际，照搬苏联经验，犯了严重的教条主义错误。

1933年下半年，国民党蒋介石调集百万大军向中央根据地发动进攻。在第五次反"围剿"当中，毛泽东正确的作战方针没有能够落实，而实行了左倾军事冒险主义，第五次反围剿严重受挫，中央红军被迫进行战略大转移——长征。中央红军在长征途中，最惨烈的一仗是湘江战役。红军长征突破多道封锁线到达广西境内湘江地域时，蒋介石已调集了数十万大军围堵。红军抢渡湘江，与敌军展开了血战，终于突破敌人的湘江防线。经过这一战役，中央红军和中央机关人员由长征出发时的8.6万多人锐减到3万多人，数万红军战士血染湘江。

图56 遵义会议会址

红军长征到达遵义后,召开了中国革命进程中具有生死攸关转折点性质的会议。这次会议克服了"左"倾教条主义在中央的统治,确立了毛泽东在中央和红军中的领导地位。红军长征历经千辛万苦,经历了无数次荡气回肠、让人扼腕长叹的战斗,付出了极大牺牲。在党中央的英明指挥下,1935年10月中央红军胜利到达陕北;1936年10月,三大主力红军会师。红军长征到达陕北后,巩固和加强了根据地建设,击败了国民党军队的进攻,站稳了脚跟。长征的胜利宣告了国民党反动派围追堵截的失败,保住了中国革命取得胜利的种子。红军到达陕北后,着手奔赴抗日前线,积极开展建立抗日民族统一战线的宣传工作,提高了中国共产党在全国人民心目中的地位,有力地分化了国民党各派力量,使蒋介石的"攘外必先安内"反动政策破产。中国共产党利用西安事变之机,逼蒋抗日,促成了抗日民族统一战线,为中国人民取得抗日战争胜利和世界反法西斯战争的胜利创造了条件。

11 两次世界大战之间的英国与法国

英国和法国是第一次世界大战的战胜国,在海外领土分赃过程中,获得的份额最大,是占有殖民地面积最大的两个帝国。但是，这两个有代表性的老牌资本主义国家，在两次世界大战之间，都面临各种内外挑战。

英国在第一次世界大战中遭受了巨大的人力、物力损失。经过第一次世界大战，英国从美国的债权国变成了美国的债务国；伦敦不再是世界唯一的金融中心，英镑地位发生动摇；丧失了长期保持的海上霸权；经济竞争力下降，部分海外市场也被实力强劲的美日占有；失业问题严重，广大工人对现实不满；政局变化也比较大；帝国内白人自治领的离心力增强，广大殖民地反抗斗争不断。

1926年，英国终于爆发了前所未有的总罢工。煤矿工人是这次罢工的先行者。矿主对矿工斗争的打压是总罢工爆发的重要原因。总罢工从5月3日午夜开始，5月4日，全国工业心脏几乎停止了跳动，电车、汽车、火车停驶了；正规的新闻报纸停刊了。参加总罢工的有运输、印刷、化学、铁路、金属等行业的工人，全国罢工总人数达到600万。在政府的软硬兼施下，英国职工大会的代表与政府进行了谈判；总罢工持续9天，宣布停止。

1929年在美国爆发的世界经济危机也给英国带来巨大冲击。

在外交方面，1925年，七国代表在瑞士召开会议，在英国操纵下订立了《洛加诺公约》。公约使德国与各国完全处于同等地位，德国与英、法、意、日一样同为国际联盟常任理事国。英国和法国企图通过公约固定第一次世界大战后德国的西部边界，而把德国的侵略矛头引向东方。1927年，英国刻意废除了与苏联的商约，并宣布与苏联断绝外交关系。这种孤立苏联的行为有利于法西斯主义兴起。1931年，日本发动"九一八事变"入侵中国，英国却在国际联盟对日本表现出友善和纵容态度。1935年，意大利入侵埃塞俄比亚，英国也采取了纵容态度。1936年，西班牙爆发内战，英国宣布保持中立，执行"不干涉主义"，实际上纵容和支持了获得德国和意大利支持的西班牙法西斯势力；在西班牙内战中，法西斯分子佛朗哥获胜，建立了独裁政权。英国对法西斯德国不遵守《凡尔赛和约》的一系列行动采取了姑息纵容态度。

法国也是第一次世界大战的战胜国，在第一次世界大战中直接遭受战火的重创。法国战后重建得力，经济恢复较快；其工业指数以1913年为100，则1919年为57，而1930年则为140；1920年法国工业在世界工业中的比重是5%，1930年达到了8%。

1929年爆发的世界经济危机对法国也造成巨大冲击。经济出现衰退，农产品价格猛跌；危机影响最显著的1935年，钢减产一半，铁减产三分之二，棉纱和汽车都减产35%。

法国实行多党制，党派林立，且缺乏纪律性，总理难以控制议院，内阁变换频繁。从第一次世界大战结束到1933年1月，法国共有27届内阁。但法国左翼力量比较强，在大选中屡屡获胜；不过，左翼没有掌握经济大权和舆论工具。

30年代中期，欧洲共产党人十分担忧法西斯主义得势，一些国家的共产党就同社会党、自由党以及温和派政党结成反法西斯左翼同盟——"人民阵线"。法国在1936年选出了由社会党人布鲁姆领导的人民阵线政府。同年2月，西班牙也选出了人民阵线政府，7月，西班牙右翼军人佛朗哥发动叛乱，内战发生。法国人民阵线的力量比较强大，防止了国内法西斯势力的膨胀和上台。但是，在国际舞台上，法国却未能积极遏止法西斯主义；在西班牙内战中，法国追随英国奉行了所谓的"不干涉主义"。

《凡尔赛和约》很大程度上满足了法国打压德国的愿望，然而极不平等的和约也埋下了新的仇恨种子。战后，法国人十分担忧德国东山再起，而又没能采取坚决果断的措施阻止德国法西斯坐大。在20世纪30年代，法国对希特勒采取了妥协态度，推行绥靖主义。

12　德、意、日法西斯主义

法西斯主义是资本主义发展到 20 世纪上半期特殊历史条件下的产物，它由垄断资产阶级支持并代表着垄断资产阶级的利益。法西斯主义政治上极为反动，对内专制独裁，对外侵略扩张。全世界共产党人反对法西斯主义最坚决。

意大利是法西斯主义者上台早的国家。"法西斯"一词产生于古代罗马，是执法官吏的一种权力标志，象征着执法官吏有权对违背其意志者处以鞭笞或死刑。第一次世界大战中的重大损失和对巴黎和会上分赃不足的不满，使意大利民族主义情绪上升。面对战后初年的经济困难，意大利垄断资产阶级选择了与法西斯分子相结合的道路。1919 年 3 月，墨索里尼组织了法西斯战斗团，提出了欺骗性的改革纲领，如建立共和国，废除义务兵制，实行普选等。在企业界的支持下，战斗团的实力迅速增强。1921 年 11 月，法西斯党正式成立，党员人数飙升。1922 年 7 月，意大利政府发生危机，邀请法西斯党参加政府。墨索里尼并不满足于和自由党联合组阁，10 月 22 日发动了向政府夺权的进军罗马行动，3 万多名法西斯行动队员分四路进逼罗马。10 月 29 日，国王任命墨索里尼为首相，法西斯党上台执政。墨索里尼当政后，于 1926 年宣布取消法西斯党以外的一切政党。意大利共产党坚决反对法西斯统治，因此受到残酷迫害，总书记葛兰西也被捕入狱。法西斯主义者奉行侵略扩张政策。1935 年 10 月，墨索里尼派遣大军对埃塞俄比亚不宣而战，1936 年 5 月吞并埃塞俄比亚，将埃塞俄比亚、厄立特里亚、意属索马里合并为意属东非。在欧洲，墨索里尼与希特勒合谋，干涉西班牙内战，支持西班牙法西斯分子佛朗哥上台。

德国法西斯主义头子是希特勒。早在 1920 年，希特勒就抛出了《二十五点纲领》，大肆鼓吹民族主义，提出废除《凡尔赛和约》，建立大德意志帝国；同时也提出了一些争取群众的口号，如取消地租、禁止土地买卖、处死奸商、禁止童工等。1921 年，希特勒组建冲锋队。1923 年，在慕尼黑发动"啤酒馆暴动"，结果失败被捕入狱。在被关押期间，希特勒撰写了《我的奋斗》一书，鼓吹"生存空间"论、种族优越性、独裁政权和用武力摆脱《凡尔赛和约》的束缚。1925 年成立党卫军，成为纳粹党的特务组织和军事组织。在 1929 年世界经济危机冲击下，德国社会困难重重，政局不稳，人心思变，给了希特勒上台的机会。纳粹党人迅速增多，在国会选举中接连获胜；1933 年 1 月，希特勒受命组阁。希特勒上台后，立即下令禁止德国共产党的示威游行，查抄德共在柏林的办事处。1933年2月27日，纳粹分子制造了耸人听闻的"国会纵火案"，诬陷共产党，逮捕了包括德共领袖台尔曼和侨居德国的保加利亚共产党领导人季米特洛夫在内的4千多名共产党人。1933年3月，德国举行议会选举，尽管受到"国会纵火案"的打击，德共仍然获得了81个议席。但是，希特勒无视宪法规定，宣布共产党的议席无效，以便控制议会并捞取内阁部长位置，加强法西斯专制。1934年8月，希特勒操纵国会通过了《元首法》，把总统和总理权力合二为一，确立了权力一体化的"元首原则"；接着希特勒策划了一次"公民投票"，使自己成为国民意志的体现，魏玛共和国（德意志帝国战败覆亡，德国发生革命后成立的共和国）名存实亡，极权制度确立，第三帝国形成。希特勒统治下的德国迅速走上了扩军备战道路。希特勒鼓吹雅利安人种优越论，对犹太人进行残酷迫害，第二次世界大战期间对犹太人实行了大屠杀。

日本是另一个法西斯国家。1929年的世界经济危机席卷日本。1931年，日本进出口贸易比1929年下降了约50%，工业生产总值比1929年下降了三分之一，主要工业部门开工率只达50%。为了刺激生产，日本政府采取了多种措施，包括实行"军需通货膨胀"政策。所谓的"军需通货膨胀"政策，就是通货膨胀和政府扩大军事开支与军事订货相结合的政策，推动国民经济向军事化方向发展。这一政策促使财阀大力发展与军事有关的新工业新产品，这样军阀和财阀就紧密结合起来了，出现"军财抱合"现象，使日本进一步军国主义化。第一次世界大战结束后不久，日本就出现了法西斯组织。世界经济危机爆发后，法西斯团体如"急进爱国社""神武会""国家社会党"等纷纷涌现。日本法西斯分子适应民众心理，提出了"打倒财阀和政党""保障工人与妇女权利"等口号，鼓吹扩大对华侵略的所谓"解决满蒙问题"，使法西斯势力在民间和军部得到膨胀。法西斯分子还策划了多次军事政变。1936年，军队中占领导地位的"统制派"在三井、三菱、住友、安田四大财阀的支持下，组成了以法西斯分子广田弘毅为首的新内阁。广田弘毅听命于军部，加速了日本政权的法西斯化。

法西斯分子在日本上台后，1936年11月，德国和日本签订了《反共产国际协定》，联合起来反共反苏。1937年11月，意大利也加入了这一协定，德、意、日在反共产国际的旗号下形成了"柏林—罗马—东京轴心"，成为世界大战的策源地。三国还于1940年9月签订了同盟条约。

13　慕尼黑阴谋

希特勒上台后加快扩张步伐，英法等国一再退让。1938年，希特勒借口保护捷克斯洛伐克境内苏台德地区的德裔人口，企图入侵捷克斯洛伐克。1938年9月30日，英国首相张伯伦、法国总理达拉第与希特勒、墨索里尼签订了慕尼黑协定。协定的主要内容是：将捷克斯洛伐克苏台德地区割让给德国；在德意志居民是否占多数不确定的地区，以公民投票方式确定归属；捷克斯洛伐克的新国界由英法保证不再受侵犯。捷克斯洛伐克政府被迫接受该协定，德国随即兼并了苏台德地区。但是，希特勒并没有就此停止侵略步伐，1939年3月出兵布拉格，吞并了整个捷克斯洛伐克，为发动更大规模的侵略战争打下了基础。英法帝国主义者通过牺牲捷克斯洛伐克利益，换取与希特勒的妥协，企图将德国法西斯这股"祸水东引"，使其侵略矛头指向苏联，让德苏两败俱伤，从而达到维护自身利益的目的。英法这种纵容法西斯侵略、牺牲他国利益、引开祸水的做法被时人称为"慕尼黑阴谋"。

"慕尼黑阴谋"是30年代英、法、美等西方大国对法西斯国家推行绥靖政策的一部分，是绥靖政策的高潮。30 年代，西方国家绥靖主义盛行，主张对法西斯国家采取妥协态度。德国法西斯破坏《凡尔赛和约》，实行义务兵役制，建立空军，出兵莱茵非军事区，英、法、美等国都没有阻止。1935 年 10 月，意大利侵占埃塞俄比亚，英、法、美等国袖手旁观。1936 年，西班牙爆发内战，德、意出兵支持西班牙法西斯分子，英、法、美等国却采取了"中立"态度。1938 年 3 月，德国兼并奥地利，英、法、美等国也没有什么举动。

1937 年"七七事变"发生后，日本发动了全面侵华战争。西方大国对日本的侵略行径同样表现出了绥靖主义倾向。"七七事变"后，英国采取了观望姑息态度，并与日本交涉，维护其在华利益。1939 年 7 月，英国政府在与日本交涉中声明：完全承认中国的现状和在华日军的特殊需求。1939 年 7 月 24 日，英国和日本签订了《有田—克莱琪协定》，承认日本在中国进行大规模侵略战争，日军有权"铲除任何妨碍日军或有利于敌人之行为与因素"。在中国抗战极为困难的时刻，英国政府竟同意关闭滇缅公路 3 个月，切断了援助抗战物资的运输通道。

"七七事变"发生后的第 6 天，美国国务卿赫尔与日本驻美大使谈话时就确认：在中日冲突中，美国对日本采取"友好的、公正无私的"态度。实际上，美国大发战争财，积极向日本出售战略物资。数据显示，日本侵华战争的大部分军事物资是由美国提供的。例如，就煤炭一项而言，日本国产量只能够供给10%的需要；日本发动全面侵华战争的前三年所消耗的4千万吨汽油，70%为美国供给。

牺牲中国利益与日本妥协，是"东方慕尼黑阴谋"的组成部分。

牺牲捷克斯洛伐克的"慕尼黑阴谋"是几百年来西方列强在世界范围内推行殖民主义、帝国主义政策的符合逻辑的演进。"慕尼黑阴谋"作为绥靖政策的高潮，并没能阻止法西斯侵略步伐。德国入侵波兰后，英法随即向德国宣战，却宣而不战，坐视德军入侵，德军用一个多月时间灭亡了波兰。在此期间，英法并没有在西线向德国发起进攻。德国占领波兰后几个月，英国和法国都没有向德国发起进攻，出现了人们称作"西线无战事"的"奇怪战争"。

英美等国的"东方慕尼黑阴谋"结果也是搬起石头砸了自己的脚。欧洲的"慕尼黑阴谋"促使了第二次世界大战在欧洲爆发；"东方慕尼黑阴谋"促使了太平洋战争的爆发。由于西方资本主义大国美、英、法等对法西斯国家妥协退让，并且企图将法西斯祸水引向苏联，苏联也与德国进行了谈判，并于 1939 年 8 月签订了《苏德互不侵犯条约》。

14　第二次世界大战

第二次世界大战是德、意、日三个法西斯国家发动的。关于第二次世界大战爆发于何时，中国学术界主要有两种观点。一说是 1939 年 9 月 1 日德国进攻波兰，另一说是 1937 年日本发动"七七事变"。

1937 年 7 月 7 日，日本发动全面侵华战争。中国军民顽强抵抗，挫败了日本法西斯主义者三个月灭亡中国的狂想。1937 年 12 月，日军攻占南京，实行了惨无人道的南京大屠杀，犯下了滔天罪行。当国民党主导的正面战场接连失利时，中国共产党领导的人民抗日力量挺进敌后，开辟敌后战场，建立起广泛的敌后根据地，有力地配合了正面战场的战斗，沉重地打击了日寇和汉奸势力，陷日寇于人民战争的汪洋大海之中，极大地鼓舞了全国人民取得抗战胜利的信心。

1939 年 9 月 1 日，希特勒按照准备已久的侵略波兰的"白色方案"，向波兰发动突然袭击。第二次世界大战在欧洲爆发。英法向德国宣战，但却宣而不战。1940 年 5 月 10 日，希特勒打破"西线无战事"的局面，开始全面进攻。15日荷兰投降，28日比利时投降，卢森堡不战而降，德军长驱直入。英、法、比联军约40万人被围困在敦刻尔克海岸地区。英国政府展开渡海营救，包括22万英军在内的30多万人撤到英国，这就是有名的"敦刻尔克大撤退"。6月10日意大利对法宣战，6月14日德军占领巴黎，6月22日法国签订投降协定。

1940年7—9月，意大利从东非的埃塞俄比亚和北非的利比亚，向英属索马里、肯尼亚、埃及和苏丹进攻。1941年5月中旬，东非意军战败，向英军投降。北非意军也接连失败。希特勒为了维持轴心国影响并保持北非这块战略要地，1941年2月，派遣隆美尔率军到达利比亚，与英军在北非展开了拉锯战。

1941年6月22日，德国法西斯实施"巴巴罗萨计划"，出动190个师、550万人的兵力，配备近5000架飞机、4000多辆坦克，在1800公里战线上分三路对苏联发动突然袭击。意大利、罗马尼亚、匈牙利、芬兰等国也加入了对苏战争。9月30日，中路德军向莫斯科发起进攻，苏联军民奋起抗击，德军攻势受阻。12月6日苏军大举反攻，到1942年4月取得了莫斯科保卫战的胜利。

1941年12月7日，日本舰队偷袭美国夏威夷的珍珠港。12月8日，美、英对日宣战，太平洋战争爆发。日军大举向东南亚进攻，到1942年5月，日军占领了泰国、马来亚、菲律宾、缅甸、印度尼西亚以及太平洋的许多岛屿。

　　1942年元旦，26个国家在华盛顿举行会议，签署了《联合国家共同宣言》，保证用自己全部军事和经济资源，反对德、意、日轴心国及其附庸，保证相互合作，不单独同敌人缔结停战协定。《宣言》的发表标志着国际反法西斯统一战线的最终形成。

　　苏德战场是欧洲反法西斯战争的主战场，斯大林格勒会战则是欧洲主战场的转折性战役，也是第二次世界大战具有决定性意义的战役。1942年7月，希特勒利用英美拖延在欧洲西部开辟第二战场的机会，集中150万人的兵力，在苏德战场发动夏季攻势，企图占领斯大林格勒，切断伏尔加河交通，夺取高加索石油产区，然后向北包抄莫斯科。7月17日，德军逼近斯大林格勒，与苏军鏖战。斯大林发出了"寸步不退"的号召。9月13日，双方展开巷战。"寸步不退"的口号成了苏军战士的座右铭。苏军进行了无比英勇顽强的战斗，许多重要据点几度易手；第一火车站的争夺持续了一周之久，13次易手。为争夺每一个街区、每一条街道、每一幢房屋都要展开残酷的战斗；而在每一幢楼中，每一层楼、每一个房间都要进行反复的争夺战，后来还要争夺废墟。苏联红军的许多小分队被包围后，拼死抵抗，宁死不屈。他们拍给司令部的最后电报是："我们被包围了，弹药和水都没有，宁死不投降！""为祖国捐躯，但绝不投降！"近卫军中士雅科夫·巴甫诺夫领导一个战斗小组死守一座6层大楼达两个月之久。第二次世界大战后大楼被重建时，命名为"巴甫诺夫大楼"。共青团员潘尼卡科用完了所有的手榴弹，只剩下两瓶液体混合燃料。他从战壕探出头来，抡起燃烧瓶，正要烧毁最近的一辆德军坦克时，一颗子弹打穿了高举在他头上的燃烧瓶，烈火烧遍了战士的全身。但他没有去扑灭身上的火焰，而是一跃跳出战壕，跑到法西斯坦克跟前，对准发动机口的外壳打破了第二个燃烧瓶。火舌和浓烟吞没了这位英雄和法西斯的战车。共产党领导下的苏联人

图57　斯大林格勒战役

民就是用这种大无畏的牺牲精神与无比疯狂的德国法西斯侵略军展开殊死搏斗的。

斯大林格勒会战后期，苏联强大的战争动员能力和军工生产能力得到了充分显示。苏军在武器装备上超过了德军，将进攻斯大林格勒的德军包围。1943年2月2日，苏联取得斯大林格勒会战的胜利。苏军仅在包围圈就消灭敌军约30万人，其中俘虏91000人，击毙147200人，34000名伤员在战争进行期间被运出阵地。

1942年11月，英军取得阿拉曼战役的胜利，这是北非战场的转折点。1942年6月，美军取得在太平洋中途岛战役的胜利，日本从此丧失了在太平洋的战略主动权。1943年7月，英美军队在意大利西西里岛登陆，9月意大利投降。1944年，苏军在本土和东欧国家乘胜围歼和追歼德军。1944年6月6日盟军在诺曼底登陆，开辟了欧洲第二战场。1945年年初，苏军和英美等国军队分路攻入德国本土。1945年4月16日，苏军发动柏林战役，4月30日希特勒自杀身亡，5月2日苏联攻克柏林。5月7日、8日，德国分别向西方盟军司令部和苏军司令部投降，欧洲战场的反法西斯战争胜利结束。

1945年7月26日，英、美、苏发表《波茨坦公告》，敦促日本立即无条件投降，重申《开罗宣言》的条件必须实施。1945年8月6日和9日，美国分别在广岛和长崎投放一枚原子弹。1945年8月8日苏联对日宣战，8月9日出兵中国东北，迅速击败日本关东军。1945年8月15日，日本宣布无条件投降。9月2日，日本投降签字仪式在东京湾的美国军舰密苏里号上举行，中国抗日战争和世界反法西斯战争胜利结束。

全世界共产党人反对法西斯最坚决。苏德战场是欧洲反法西斯战争的主战场，苏联是欧洲反法西斯侵略的中坚力量。希特勒在欧洲大陆发动侵略战争的过程中，非共产党领导的国家在面临强大的德国法西斯侵略军时，或迅速溃败或妥协投降。例如，德国进攻波兰时，号称陆军欧洲第五位的波兰一个月就亡国了。1940年5月10日，德军全面进攻荷兰、比利时、卢森堡，三国或迅速溃败投降或政府逃亡他国。即使是拥有300万大军，号称欧洲第一陆军强国的法国，在希特勒大举进攻下，短短六周就投降了，成立傀儡政府。在侵略战争中取得巨大胜利的希特勒，纠集了德国及其仆从国550万人的大军对苏联发动"闪电战"。战争初期苏军败退，蒙受巨大损失。德军兵临莫斯科城下，但苏联在共产党的坚强领导下，没有妥协投降，而是坚决战斗；党的领袖斯大林坐镇莫斯科；参加红场阅兵的战士直接开赴前线与进攻莫斯科的德军决战。苏联广大军民同仇敌忾，奋勇杀敌；共产党员冲锋陷阵，在战争中发挥了中坚作用。苏联先后取得了莫斯科战役、斯大林格勒战役、库尔斯克战役等重大战役的胜利，扭转了战争局面，一步步把法西斯侵略军赶出国土，并接连解放了东欧诸国，攻克柏林。

中国是世界反法西斯战争的东方主战场。从"七七事变"到太平洋战争爆发，中国一国坚持抗战，与疯狂的日寇进行殊死搏斗。当国民党主导的正面战场节节败退时，中国共产党领导的八路军、新四军却坚定地挺进敌后，建立广泛的敌后根据地，开辟敌后战场，沉重地打击了日本侵略者，牵制了日军在正面战场的进攻，坚定了全国人民的抗战信心。当国民党的亲日派汪精卫叛国投敌后，正是因为有了中国共产党领导的全国抗日民族统一战线，共产党坚持抗战，阻止了蒋介石妥协投降。苏联之所以能够战胜德国法西斯侵略者，是因为有苏共领导全国人民进行反侵略的人民战争。中国抗日战争能够取得胜利，也正是因为有共产党领导的全民的全面抗战，陷日寇于人民战争的汪洋大海之中。共产党是无产阶级政党，代表着广大人民群众的根本利益，与人民群众血肉与共，因此能够成功地领导广大人民群众进行反侵略的人民战争。全世界共产党人为取得反法西斯战争的胜利，付出了巨大牺牲，功勋不可磨灭。

第二次世界大战是人类历史上空前规模、空前惨烈的战争，60多个国家和地区、20多亿人口卷入战争，造成了巨大人员伤亡和物资损失，给世界人民带来了深重灾难。

　　反法西斯战争的胜利沉重地打击了帝国主义，德、意、日三个帝国主义国家被打垮；英法等老牌帝国主义国家受到严重削弱；苏联变得更加强大；国际共产主义运动和亚非拉民族解放运动蓬勃兴起。

15　联合国的建立与世界秩序

　　第二次世界大战的爆发说明第一次世界大战后成立的国际联盟无力协调大国之间关系，维护世界和平。第二次世界大战期间，同盟国就在考虑成立联合国的问题。1942年元旦发表的《联合国家共同宣言》，不仅提出要打败法西斯国家，还为建立联合国打下了基础。1943年10月30日，中、美、英、苏发表了尽速"根据一切爱好和平国家主权平等的原则"，成立大小国家均得加入的"普遍性国际组织"的《普遍安全宣言》，以维持国际和平与安全。1944年8—10月，美、英、苏三国代表在华盛顿附近的敦巴顿橡树园举行会议，讨论战后国际组织的章程，签署了《关于建立普遍性的国际组织的建议案》，建议未来国际组织定名为"联合国"。1945年2月，雅尔塔会议解决了关于创始会员国和安理会表决程序两个问题，确定了"五大国一致同意"原则，中、美、苏、英、法五个常任理事国都有"否决权"。

图58　董必武在联合国宪章上签字

1945年4月25日—6月26日，联合国家国际组织会议在美国旧金山举行。6月25日，会议全体一致通过了联合国宪章。6月26日，举行签字仪式，参加签字的51个国家是联合国的创始会员国。1945年10月24日，美、苏、英、法、中和其他多数签字国递交了批准书后，联合国宪章开始生效。后来，这一天被定为"联合国日"。

联合国的主要组织机构有：（1）联合国大会，简称"联大"，是联合国的主要审议、监督和审查机构，由全体会员国组成；（2）安全理事会，简称安理会，由五个常任理事国和选举出来的若干非常任理事国组成，安全理事会的职责是维护国家之间的和平与安全；（3）经济及社会理事会，简称"经社理事会"，在推动国际经济和社会合作及发展方面对大会进行协助，经社理事会成员国由大会选出，任期三年；（4）托管理事会，是联合国实行国际托管制度的主要机构，适用于国际托管的领地包括第二次世界大战结束时尚未独立的前国际联盟的委任统治地和战后割自敌国的土地；（5）国际法院，位于荷兰海牙，是联合国的主要司法机构，由15名法官组成，法官任期9年，由联合国大会和安理会选举产生，必须来自不同国家；（6）秘书处，从事联合国日常工作。

联合国成立后对维护战后世界和平与促进全球经济发展发挥了积极作用。当然，在第二次世界大战后一个时期，某种程度上它也是美国等国或国家集团推行霸权主义的工具。到1995年联合国成立50周年时，共有会员国185个，其中发展中国家占大多数，广大发展中国家在联合国的影响力日渐增长，联合国在国际事务中的作用也因此逐渐发生变化。

16　战后世界的新变化、新挑战、新趋势

十月革命胜利后，人类社会的发展就进入了从资本主义向社会主义过渡的历史时期。这个时期是长期的，也可能是曲折的，但历史发展大趋势不会改变。

第二次世界大战后，世界形势发生了巨大变化。国际共产主义运动经历了高潮与挫折，又展示出了新气象。战后初年出现了国际共产主义运动高潮，东欧的波兰、捷克斯洛伐克、罗马尼亚、保加利亚、南斯拉夫、匈牙利、民主德国、阿尔巴尼亚，在苏联的影响和支持下成为社会主义国家；亚洲的中国、朝鲜、越南等国也取得了革命胜利，成为社会主义国家；拉美的古巴于50年代末取得革命胜利，成为社会主义国家。在世界范围内，形成了资本主义阵营和社会主义阵营。苏联在社会主义建设中取得了巨大成就，成为超级大国之一。然而，20世纪80年代末90年代初，苏东剧变，东欧社会主义国家复辟了资本主义，苏共亡党亡国，苏联解体，国际共产主义运动遭受严重挫折。中国等社会主义国家则进行了改革，积极探索符合本国国情的社会主义道路。进入21世纪，世界社会主义逐渐走出低谷，显示出了社会主义发展的新气象。

第二次世界大战后，殖民帝国纷纷解体，广大发展中国家兴起。二战结束时，日本帝国终结，但西方老牌殖民帝国尚在。第二次世界大战后，西方殖民帝国迅速解体，广大殖民地获得独立，成为新生的发展中国家。从1945年到1991年，全世界有90多个国家摆脱了殖民统治或附属国地位而获得独立，世界政治地图发生了翻天覆地的变化，世界历史发展实现了划时代的转折。此后，在世界格局中，发展中国家总体上处于上升状态。但是，不少发展中国家特别是弱小国家在发展进程中还面临着许多困难，经济上处于国际分工的低端，科学技术上相对落后，作为"外围"国家，经济上受制于处于"中心"的发达资本主义国家。对不少发展中国家而言，这种"依附"状态进入21世纪仍然尚未发生根本性变化。

　　科学技术日新月异，不断改变人类社会生产状况和生活面貌。第二次世界大战后出现了新的科技革命。以科学最新成就为基础、知识高度密集、对经济与社会发展起先导作用的新兴技术，包括信息技术、材料技术、能源技术、生物技术、空间技术，不断出现新的突破。这种高新技术的发展，特别是信息技术的发展，每天都在改变着人们的生活方式和生产方式。随着计算机和相关高新技术的发展，人类进入了"信息时代"。全球各地交流日益密切，相互距离"越来越短"，世界日趋一体化。科技创新没有止境，人类社会不断向前发展。今天，高科技发展水平成为衡量一个国家综合国力的主要标志，高新科技竞争能力是一个国家国际地位高低的决定性因素；科技兴则国家兴。落后国家如果不力争占领高新科技制高点，将会长期处于受制于人的依附状态。

资本主义依然显示出了强大的发展活力，在克服危机中继续前进。资本主义社会是人类社会发展到一定程度的产物，是人类社会发展进程中的一个阶段，有其开始，也将有其终结。战后，资本主义国家分成两类，一类是发达国家，另一类是发展中国家。这两类国家是相互依存的；发达国家需要众多的发展中国家，发达国家的富有和先进是建立在发展中国家的相对贫穷落后的基础之上的。随着一系列发展中国家如中国、印度、巴西等的兴起，发达资本主义国家在垄断国际市场、干涉他国内政、转移内部矛盾、保持科技优势、谋取超额利润等方面将会越来越困难。这样，从总趋势上看，资本主义基本矛盾造成的破坏在发达资本主义国家内部将会越来越突出。当然，资本主义还有一定的生命力，还能通过自我调节克服危机和困难，西方发达资本主义国家不会很快就衰落下去，短期内也不会发生急剧的社会变革。资本主义具有两大"魔力"。一种魔力来自竞争；竞争推动着科技创新；科技创新带来社会新的发展。另一种魔力来自资产阶级集团维护共同利益的自觉性；在资本主义社会，一般而言，一旦成为富人，就会自觉地维护富人当家做主的资产阶级专制机器。大大小小"各个级别"的资本家的这种自觉性有利于维护社会的稳定。

全球范围内环境污染严重，资源短缺突出，生态危机存在加深的危险。在全球工业快速发展进程中，出现了影响人们生产和生活的严重危机，如资源短缺、环境污染、生态破坏。就全球范围而言，正是长期的资本主义发展模式造成了这种危机。各国在发展进程中，自然资源贫乏或资源过度消费造成了资源需求量超过资源供应量，出现资源短缺，且日益突出。与此相联系的是生态危机的加深。生态环境的破坏，使人类的生存与发展受到威胁。这主要由人类盲目的和过度的生产活动所引起的。生态一旦遭到破坏，在较长时期内很难恢复。全球气候变暖就是一种严重的警告。正是面临这种危机，生态社会主义思潮在发达资本主义国家兴起了，其影响将会不断扩大。

全球人口增长压力短期内将会不断加大。世界人口总的讲呈增长趋势，人口越来越多。2500年前世界人口大约两亿人；1800年，世界人口大约10亿；1900年，世界人口大约16.5亿；1950年，世界人口大约25亿；1975年，世界人口大约40亿；2000年，世界人口大约60亿。到2025年，估计世界人口约78亿；2050年，约89亿。人是生产力中最活跃的因素，也是决定性因素，是社会发展的根本动力，但人口的过度增长将给人类社会带来巨大压力，可能激化社会矛盾与国际矛盾，也会给地球带来沉重负担，加剧全球生态危机。人口的过度增长是人类社会面临的一个巨大挑战。在短期内，这种压力还会加大。

贫富两极分化的趋势在加强，社会矛盾可能加深。在资本主义制度下，资本向少数富人高度集中，必然导致一国之内贫富两极分化。美国是世界上最富有的国家之一，是发达资本主义国家的代表，但美国贫富差距却十分悬殊。根据2011年度福布斯美国富豪榜，美国最富有的两人比尔·盖茨和沃伦·巴菲特的净资产分别是590亿美元和390亿美元。而在2010年，美国却有160万名儿童无家可归。从1968年至2013年，美国的基尼系数上升了23%。两极分化不仅发生在一国之内，也发生在国与国之间。在世界范围内，在资本主义占主导地位的数百年间，资本向少数强国、富国集中，出现了穷国与富国的两极分化，今天则突出地表现为少数富裕的发达资本主义国家与许多贫穷落后的发展中国家之间的贫富差距。有学者研究揭示,"第一世界"与"第三世界"人均收入的差额之比,在1500年是3∶1;到了1850年,相差至5∶1;1900年是6∶1;1960年是10∶1;1970年达到14∶1。这一差距呈扩大之势,到21世纪初,更为悬殊。有资料显示,今天世界上最富有国家的人均财富是最贫穷国家人均财富的几百倍。这种国内和国际的贫富两极分化,正是资本主义社会基本矛盾的体现,是在资本主义制度下无法克服的。

社会主义社会取代资本主义社会是人类社会的发展方向。资本主义社会是一个私有制占主体地位的社会,是一个人剥削人的社会。资本主义无法克服自身的基本矛盾,即生产社会化与生产资料私有制之间的矛盾。资本主义基本矛盾的存在和深化必然给人类社会带来各种问题和危机。这一基本矛盾在当今国际事务中,突出地表现在以下一些方面。第一,资本主义基本矛盾造成的资本主义一国内部的穷人与富人和世界范围内的穷国与富国之间的两极分化,十分悬殊且在进一步加剧。第二,霸权主义盛行,国际冲突不断。第三,一方面穷困问题严重,而另一方面军费开支奇高。2011年,美国军费预算是7082亿美元,约占全球军费开支的一半。而同时,世界一半人口为了生存每天所花费的钱不到两美元。高额的军费本可以用来改善人们的生活，但在资本主义国家占主导地位的时代，却用来相互防范和攻杀。第四，全球环境压力增大，生态危机加剧。

而在另一方面，科学技术的发展也在为资本主义的灭亡创造着物质条件。人类社会前进的方向是共产主义社会。共产主义社会是一个物质财富极为丰富的社会，能够充分满足人们的需要的社会。科学技术越发展，人们创造的物质财富越多，人类社会离共产主义就越近。而在资本主义社会向共产主义社会过渡的进程中，有一个比较长的社会主义社会时期。

中国特色社会主义道路或将成为取代资本主义道路的一条光明大道。在资本主义世界经济关系中，发达资本主义国家处于国际分工的高端，不断获取高额利润甚至超额利润；而广大发展中国家则处于国际分工的低端，处于受剥削的地位。这种相互间的关系状态在资本主义制度下是难以打破的，发达资本主义国家利用已有的经济、政治、军事、文化等各方面的优势，极力维持这种不平等关系。只有建立新的社会主义制度，才有可能摆脱这种不平等关系。中国特色社会主义的不断发展壮大，也带动着广大发展中国家的发展；中国的不断强大将会逐渐减弱发达资本主义国家对发展中国家的掠夺和控制，给发展中国家带来新的发展机遇。中国与广大发展中国家的共同发展壮大将会逐渐摆脱西方发达资本主义国家对国际秩序的主宰。"中国道路"的影响力在国际上正在日益扩大。随着中国特色社会主义的不断发展壮大，社会主义的力量将会在世界范围内不断增强，遏制战争的正义力量也随之不断增强。随着世界正义力量不断增强，人类命运共同体将会克服各种困难和挑战，向未来的美好社会迈进！

在人类社会历史发展的长河中，存在着这样一种现象，即在一种社会形态中最发达、最典型或最早进入某一社会形态的国家，往往不是率先进入下一种社会形态的国家。这是世界历史发展不平衡规律的一种表现。中国是世界上进入封建社会较早的国家，创造了辉煌的封建社会文明，在封建时代长期处于世界领先地位。但是，从封建社会率先过渡到资本主义社会的不是中国，而是进入封建社会较晚、封建文明发展程度较低的"贫穷落后"的西欧地区。在世界近现代率先成功进行社会主义革命的国家不是那些资本主义发展程度最高、最先进的国家，而是资本主义发展程度相对较低的俄国和资本主义没有全面发展的半殖民地半封建社会的中国。曾经在世界历史发展进程中长期处于领先地位的尼罗河流域和西亚两河流域,创造了辉煌的奴隶社会文明,但后来长期落后于其他国家和地区。今天世界上最发达的资本主义国家美国不太可能率先建成发达的社会主义国家,这是符合世界历史既往的规律性现象的。而中国率先建成居世界发展前列的发达社会主义也是符合人类社会历史发展趋势的。

部分中文参考文献

《马克思恩格斯文集》，中共中央马克思恩格斯列宁斯大林著作编译局编译，人民出版社2009年版。

《马克思恩格斯选集》，中共中央马克思恩格斯列宁斯大林著作编译局编译，人民出版社1995年版。

《列宁专题文集》，中共中央马克思恩格斯列宁斯大林著作编译局编译，人民出版社2009年版。

《列宁选集》，中共中央马克思恩格斯列宁斯大林著作编译局编译，人民出版社1995年版。

《毛泽东选集》，人民出版社1991年版。

《邓小平文选》，人民出版社1993年版。

崔连仲等主编：《世界通史》（6卷本），人民出版社1997年版；崔连仲等主编：《世界通史》（6卷本修订版），人民出版社2017年版。

白寿彝总主编：《中国通史》第二版，上海人民出版社、江西教育出版社 2013 年版。

吴于廑、齐世荣主编：《世界史》（6 卷本），高等教育出版社 2011 年版。

周一良、吴于廑主编：《世界通史》，人民出版社 1973 年版。

齐世荣总主编：《世界史》（4 卷本），高等教育出版社 2006 年版。

中国社会科学院世界历史研究所：《世界历史》（38 卷本），江西人民出版社 2012 年版。

武寅主编：《简明世界历史读本》，中国社会科学出版社 2014 年版。

中国社会科学院历史研究所《简明中国历史读本》编写组编：《简明中国历史读本》，中国社会科学出版社 2012 年版。

靳文翰等主编：《世界历史词典》，上海辞书出版社 1985 年版。

《国际共产主义运动史》编写组：《国际共产主义运动史》，人民出版社、高等教育出版社 2012 年版。

萧国亮、隋福民编：《世界经济史》，北京大学出版社 2007 年版。

中共中央党史研究室：《中国共产党历史》，中共党史出版社 2011 年版。

张海鹏主编：《中国近代通史》，凤凰出版传媒集团江苏人民出版社 2007 年版。

联合国教科文组织编：《非洲通史》，中国对外翻译出版有限公司 2013 年版。

朱贵生、王振德、张椿年等：《第二次世界大战史》，人民出版社 2008 年版。

《西方哲学史》编写组：《西方哲学史》，高等教育出版社、人民出版社 2012 年版。

刘文鹏：《古代埃及史》，商务印书馆 2000 年版。

沈汉：《资本主义史》，人民出版社 2015 年版。

王觉非主编：《近代英国史》，南京大学出版社 1997 年版。

蒋孟引主编：《英国史》，中国社会科学出版社 1988 年版。

张密生主编：《科学技术史》，武汉大学出版社 2015 年版。

宋则行、攀亢主编：《世界经济史》，经济科学出版社 1993 年版。

斯塔夫里亚诺斯：《全球分裂》，迟越、王红生等译，商务印书馆 1993 年版。

彭树智主编，王新中、冀开运著：《中东国家通史·伊朗卷》，商务印书馆 2004 年版。

彭树智主编，黄民兴著：《中东国家通史·土耳其卷》，商务印书馆2007年版。

罗伯特·拜德勒克斯、伊恩·杰弗里斯：《东欧史》，韩炯等译，庞卓恒校，东方出版中心2013年版。

皮埃尔·米盖尔：《法国史》，桂裕芳、郭华榕译，中国社会科学出版社2010年版。

约翰·C. 舒佩尔、布莱恩·K. 特里：《世界历史上的宗教》，李腾译，商务印书馆2015年版。

芭芭拉·A. 萨默维尔：《印卡帝国》，郝名玮译，商务印书馆2015年版。

芭芭拉·A. 萨默维尔：《阿兹特克帝国》，郝名玮译，商务印书馆2015年版。

古尔·鲁巴尔卡巴：《玛雅诸帝国》，郝名玮译，商务印书馆2015年版。

王绳祖主编：《国际关系史》（10卷本），世界知识出版社1995年版。

许明龙主编：《中西文化交流先驱》，东方出版社1993年版。

柯春桥主编：《世界军事简史》，解放军出版社2015年版。

约翰·德斯蒙德·贝尔纳：《历史上的科学》，伍况甫、彭家礼译，科学出版社2015年版。

W. C. 丹皮尔：《科学史》，李珩译，中国人民大学出版社 2010 年版。

夏征难：《外国军事名著精要》，解放军出版社 2015 年版。

弗兰克·萨克雷、约翰·芬德林主编：《世界大历史》，新世界出版社 2014 年版。

赫尔曼·库尔曼·迪德玛尔·罗特蒙特：《印度史》，王立新、周红江译，中国青年出版社 2008 年版。

周一良、吴于廑主编：《世界通史资料选辑》，商务印书馆 1974 年版。

张芝联、刘学荣等主编：《世界历史地图集》，中国地图出版社 2002 年版。

印卡·加西拉索·德拉维加：《印卡王室述评》，商务印书馆 1993 年版。

威廉·麦克尼尔：《世界史》，施诚、赵婧译，中信出版社 2013 年版。

艾周昌主编：《非洲黑人文明》，中国社会科学出版社 2000 年版。

丁建弘：《德国通史》，上海社会科学院出版社 2012 年版。

哈全安：《土耳其通史》，上海社会科学院出版社 2014 年版。

郝名玮、徐世澄：《拉丁美洲文明》，中国社会科学出版社1999年版。

雷蒙德·卡尔：《西班牙史》，潘诚译，东方出版中心2009年版。

刘文鹏主编：《古代西亚北非文明》，中国社会科学出版社1999年版。

孟钟捷：《德国简史》，北京大学出版社2012年版。

米尔顿·奥斯本：《东南亚史》，商务印书馆2012年版。

吴国庆编著：《法国》，社会科学文献出版社2014年版。

阿瑟·格尔德施密特、劳伦斯·戴维森：《中东史》，哈全安、刘志华译，东方出版中心2015年版。

姚介厚、李鹏程、杨深：《西欧文明》，中国社会科学出版社2002年版。

叶渭渠主编：《日本文明》，中国社会科学出版社1999年版。

于沛、戴桂菊、李锐：《斯拉夫文明》，中国社会科学出版社2001年版。

约翰·惠特尼·霍尔：《日本史》，邓懿、周一良译，商务印书馆2013年版。

约翰·朱利叶斯·诺维奇：《地中海史》，殷亚平等译，东方出版中心 2011 年版。

詹森·汤普森:《埃及史:从原初时代至当下》,郭子林译,商务印书馆 2012 年版。

周启迪主编:《世界上古史》,北京师范大学出版社 2004 年版。

全国干部培训教材编审指导委员会组织编写:《世界历史十五讲》,人民出版社 2006 年版。

张顺洪等著:《大英帝国的瓦解》,社会科学文献出版社 1997 年版。

尼尔·福克纳:《世界简史——从人类起源到 21 世纪》,张勇译,新华出版社 2014 年版。

后 记

本书在撰写过程中的分工是：第1—5章由郭子林执笔；第6—10章由张顺洪、甄小东执笔。我们能顺利完成这本书，主要得益于学界已有的研究成果，部分参考文献已列出；在此，我们对学界前辈和同人表示衷心感谢！前两年，我们参加了中国社会科学院世界历史研究所"图解世界史"课题，参加这个课题组的还有廖学盛、郝名玮、郭方、王旭东、董欣洁、张炜等同志，在与他们共同研讨中获益匪浅，对这些同志我们表示特别的感谢！本书的撰写和出版得到了中国社会科学院创新工程经费的资助，对此我们表示衷心感谢！限于我们的学识，本书难免有错误和不妥之处，敬请学界同人和广大读者批评指正，以便在今后修订再版过程中完善。

本书作者
2017年2月28日